증평 曾坪
곡산연씨 谷山延氏 일가 一家의
독립운동

증평 曾坪
곡산연씨 谷山延氏 일가 一家의

독립운동

박걸순 편

景仁文化社

발 간 사

우리는 반만년의 유구한 역사를 가진 자랑스러운 민족이며, 이 땅에서 풍요롭고 행복한 삶을 추구했던 우리 선조들은 외세의 침입에 굴하지 않고 당당하게 맞서 자랑스러운 역사를 만들어 왔습니다.

일제 강점기에 우리 고장에서도 나라를 수호하고, 민족정신을 계승하기 위하여 연병환 선생님, 연병호 선생님, 연미당 선생님을 비롯하여 이찬의 선생님, 임창무 선생님, 연병룡 선생님 등 불굴의 독립지사들이 일제의 만행에 대항하여 싸우셨습니다.

이러한 독립지사의 무한한 희생 위에 오늘날 우리나라는 선진국 대열에 합류하게 되었습니다. 또한 우리 고장 증평은 개청 10년 만에 전국의 이목을 이끌어 낼 정도로 발전하고 있으며, 지금도 '전국 최고의 살기 좋은 증평' 건설을 위하여 노력을 다하고 있습니다.

이러한 눈부신 발전 속에서도 우리 군은 역사인물에 대한 선양사업을 통해 과거를 돌아보고, 희망의 미래를 보고자 노력하고 있습니다. 그 노력의 결실로 '연병호 항일역사공원' 준공을 앞두고 있으며, 연병호 선생을 비롯한 그 일가에 대한 선양 사업을 지속적으로 추진하고 있습니다.

이번에 간행되는 「증평 곡산연씨 일가의 독립운동」은 연병호 선생 일가의 독립 운동에 대한 기록입니다. 이러한 기록은 후세에 영원히 남아 자랑스러운 교훈으로 남을 것이고, 우리 증평군정의 지침으로서의 역할

을 하게 될 것입니다. 또한 지역문화의 상징성이 되어 우리 군민들에게
는 자랑스러운 지역 역사 정체성 제고에 큰 역할을 할 것으로 기대해
봅니다.

　그동안 「증평 곡산연씨 일가의 독립운동」 발간을 위해 노력해 주신
충북대학교 박걸순 교수님, 독립기념관 한국독립운동사연구소장 장석홍
교수님을 비롯한 연구진의 노고에 감사를 드리며, 앞날에 무궁한 발전이
있기를 기원합니다.

2015년 12월

증평군수 홍 성 열

책을 펴내며

2014년 11월 14일, 중국 상해 송경령능원未慶齡陵園에서 88년 만에 유해가 국내로 봉환되며 새롭게 주목된 독립운동가가 있다. 충북 증평군 도안면 석곡리 출신의 독립운동가 연병환延秉煥(1878~1926)이 그 주인공이다.

필자는 연병환의 유해 봉환 뉴스를 접하며 적잖이 놀라고 죄송스러운 마음을 금할 길 없었다. 그럴만한 사연이 있다. 상해는 한국인 관광객이 많이 찾는 관광 명소이다. 1993년 복원된 마당로의 대한민국 임시정부 청사와, 윤봉길의사의 의거 현장에 조성된 매헌기념관은 한국인이 방문하는 필수 코스이다. 그러나 당시 독립운동을 하였던 순국선열들이 안장되었던 송경령능원(당시 만국공묘)을 찾는 관광객은 거의 없다. 그간 여러 차례 상해로 독립운동유적지 탐방단을 인솔했던 필자는 송경령능원을 반드시 답사 코스로 넣도록 하였고, 순국선열들의 묘비를 일일이 찾아 설명하고 헌화와 묵념을 하도록 하였다. 유적지의 형태에 따라 느끼는 바가 다르지만, 인물의 마지막 유적이라 할 수 있는 무덤과 묘비 앞에서 느끼는 독립운동의 역사는 역시 다르다. 그런데 박은식 묘비 바로 우측에 연병환의 묘비가 있고 유해가 안장되어 있었으나, 정작 그 곳을 수차 찾은 필자는 그를 알아내지 못했던 것이다.

박은식 묘비의 바로 오른쪽에 있는 묘비명은 'YAN PUNG HAN'으로 되어 있다. 사실 연병환이 2008년 건국훈장 대통령표창에 추서되기 전까지 그의 존재는 전혀 알려지지 않았다. 설령 그를 알았다고 하더라도

이 영문 묘비명을 연병환으로 읽지도 않았을 것이다. 따라서 필자를 비롯한 대부분의 사람들은 그를 중국인으로 여겼던 것이다. 그런데 그가 상해 정안사 영국인 묘지에 'YUN PIUNG HAN'이란 이름으로 안장되었다가 이리로 옮긴 연병환이었던 것이다.

그의 유해가 국내로 봉환된 후인 2015년 여름, 필자는 탐방단을 인솔하고 두 차례 이곳을 다시 찾을 기회가 있었다. 유해는 본국으로 송환되었으나, 여전히 남아 있는 그의 묘비명 앞에서 탐방단원들에게 그의 기구한 사연을 특별히 설명하며 송구한 마음의 짐을 조금이나마 덜어낼 수 있었다.

연병환은 가족의 독립운동을 이끈 기둥이었다. 연병환은 그 자신보다는 애국지사 연병호延秉昊(1963년 건국훈장 독립장)의 형으로 더 잘 알려져 있다. 그러나 그는 자신이 실제 독립운동을 했고, 연병호 등 동생들을 중국으로 불러 독립운동을 하게 만든 인물이었다. 뿐만 아니라 그의 딸은 한국광복진선청년공작대와 대한민국 임시정부에서 활동한 연미당延薇堂(1990년 건국훈장 애국장)이고, 그의 사위 또한 임시정부에서 활동한 엄항섭嚴恒燮(1989년 건국훈장 독립장)이며, 외손녀 엄기선嚴基善(1993년 건국포장)도 임시정부에서 활동한 독립유공자이다. 곧, 연병환은 3대에 걸쳐 5명의 독립유공자를 배출한 가문의 중심적 인물이었다.

국외에서 전개된 독립운동은 가족 단위의 망명을 통해 이루어지는 경우가 많다. 따라서 부자·형제·부녀 독립운동가가 많다. 또한 이들끼리 혼사가 성립되어 한 집안에서 부부 등 여럿의 독립운동가가 배출되는 경우가 많다. 신규식-민필호-김준엽은 장인-사위 관계로 이어지는 대표적인 독립운동가이다. 그런데 연병환의 가족처럼 아우·딸·사위·외손녀까지 3대에 걸쳐 독립운동가를 배출한 것은 그리 흔한 경우가 아니다.

연병환은 고향 도안에서 중농 정도의 토지를 소유하고 있었다. 이는 『광무양안光武量案』을 통해 확인된다. 그는 국내 주요 해관에서 근무하다가 안동을 거쳐 용정세관에 근무하였다. 다른 사람들보다 훨씬 많은 월급을 받았던 그는, 이를 배경으로 독립운동을 지원하였다. 1919년 용정 3·13 만세시위 직후 일제 영사관에 끌려가 고초를 겪고, 곧 상해세관으로 전임되었다가 다시 복주 삼도오로 옮긴 것은 일제의 탄압으로 인한 결과였다. 연병환의 민족운동은 동생, 딸과 사위, 외손녀로 이어지며 더욱 빛을 발하였다. 그의 동생 연병호는 3·1운동 직후 대한민국청년외교단 참여를 시작으로 독립운동에 투신한 이래, 중국 대륙을 누비며 방략과 이념을 가리지 않고 독립운동계의 혁신을 불러일으킨 선봉으로서 새 시대를 이끌어간 독립운동가였다. 나머지 동생 병주와 병한(병오)도 중국에서 대학을 졸업하고 일정하게 독립운동에 참여한 사실이 확인된다. 이는 형 병환의 지원에 힘입은 바 크다. 한편 그의 딸 연미당은 사위 엄항섭과 함께 한국광복진선청년전지공작대와 임시정부에서 활동하였으며, 외손녀 엄기선도 부모를 도와 독립운동에 참여하였다. 다만, 아들 연충렬의 의혹의 행적과 죽음, 엄항섭의 납북, 손자들의 중국과 북한 거주는 식민지 지배와 분단, 디아스포라가 빚은 한국근현대사의 굴곡이 드리운 가족사의 그림자라 할 것이다.

그러나 연병환의 가족 독립운동에 대한 학문적 연구는 전무한 실정이었다. 그나마 증평지역 향토사학자들의 노력으로 생가 복원 등 기념사업과 자료집 발간이 진행된 것은 고맙고 다행스런 일이다. 많은 분의 노력이 있었으나, 고故 유병택 님과 연창흠 님의 열정과 노고를 특별히 새겨두고자 한다.

2014년 12월 19일, 증평군청 대회의실에서 '연병호 항일역사공원' 조성 계획을 계기로 「증평 출신 곡산 연씨의 독립운동 조명」이란 학술회의가 열렸다. '연병호 항일역사공원'은 총 사업비 45억 원을 들여 그의 생가인 도안면 산정길 21(석곡리 555) 인근 3만 304m²에 전시관과 조형물을 조성하고자 하는 것으로 2016년 4월 완공 예정으로 진행 중인 기념사업이다. 이날 학술회의에서는 연병환·연병호·연미당에 대한 연구 발표가 진행되었다. 이 학술회의는 증평 출신 곡산 연씨를 주제로 한 최초의 종합 학술회의라는 점에서 연구사적 의의가 컸다. 뿐만 아니라, 국내에 거주했던 연병환의 딸 혜경 가족과 중국에서 낳은 연미당의 후손들이 처음으로 자리를 함께 하는 뜻 깊은 자리가 되기도 하였다. 사실 연미당은 증평의 곡산 연씨 족보에 기재되어 있지 않다. 문중에서 그녀를 가족으로 인정하지 않았기 때문인데, 이날 처음 만나 손을 잡는 두 가족을 보며 많은 생각을 하게 되었다.

이 책은 이 학술회의에서 발표한 원고를 보완하고, 관련 사진자료를 통해 독자의 이해를 높이고자 하였다. 원고를 발표하고 보완해 준 장석흥(국민대, 한국독립운동사연구소장) 교수와 이명화(독립기념관 한국독립운동사연구소 수석연구위원) 박사께 감사드린다. 또한 한시준(단국대, 동양학연구원장) 교수는 엄항섭에 대한 글을 실을 수 있도록 허락해 주었다. 이 책의 말미에는 중국에서 태어나 1997년 영주 귀국해 증평에 살고 있는 연규은(72, 연병호의 손자) 선생의 구술을 채록해 독립운동가 후손의 파란만장한 삶을 정리하였다. 수차 증평을 왕래하며 구술 채록과 원고 정리에 애쓴 김건실(영동대 강사) 선생께도 감사의 말을 전한다. 아울러 관련 사진과 자료 제공에 도움을 주고 게재를 허락해 주신 독립기념관과 백범김구기념관 관계자 여러분께도 감사의 말씀을 드린다.

지역의 역사문화를 소중한 자산으로 활용하고 인프라를 구축하는 것은 그 어떤 것과 비교할 수 없는 정신적 가치이다. 홍성열 증평군수는 지자체 단체장으로서 역사문화 자산에 대해 훌륭한 마인드를 지니고 있다. 작년 학술 발표에 이어 금년 책자 발간까지 지원해 주심에 깊은 감사의 말씀을 드린다. 뉴시스 강신욱 기자의 관심과 성원에도 감사드린다. 편집과 교열에 애쓴 충북대학교 대학원 홍순영과 최소라 양의 수고도 새겨둔다.

광복 70년, 분단 70년의 뜻 깊은 해가 오히려 역사를 퇴행시키는 한국사 교과서의 국정화 강행 결정으로 저문다. 그 어떤 명분이든 독립운동사를 폄훼하거나 축소시키는 것은 반역사적 작태이다. 대한민국의 중심적 기축이요 최고의 가치는 독립운동의 역사이다.

지난 12월 28일 한일 양국의 외교부 수장이 '일본군 위안부' 문제를 협의하고 합의 내용을 발표하였다. 물론 이번 합의는 한일간 최대의 난제를 해결한 진전된 면이 있다. 그러나 '최종적이고 불가역적'인 이 합의에 대해 졸속적이고 굴욕적이란 비난의 후폭풍이 거세다. 정작 누구를 위한 해결인지 이런저런 의혹을 떨칠 수 없다. 이래저래 역사적으로 뜻 깊은 한해가 오히려 역사문제로 얼룩져 버린 것 같아 마음이 무겁다.

증평 출신 곡산 연씨 일가의 삶은 우리나라의 과거-현재-미래의 지향점을 제시해 주고 있다. 이들의 독립운동사를 종합적으로 정리할 수 있어 다행스레 생각한다. 독립운동이 자랑스러운 대한민국을 세운 밑거름이 되었다는 사실을 이해하는데 일조하기를 바란다.

2015년 을미년 세밑
저자를 대표하여
박걸순

목 차

연병환延秉煥의 생애와 민족운동

충북대학교

Ⅰ. 머리말

2014년 11월 14일, 중국 상해 송경령능원宋慶齡陵園 에서 88년 만에 유해가 국내로 봉환되며 새롭게 주목된 독립운동가가 있다. 충북 증평군 도안면 석곡리 출신 연병환延秉煥(1878~1926)이 그 주인공이다.

연병환

연병환은 그 자신보다는 애국지사 연병호의 형으로 더 잘 알려져 있다. 그러나 그는 자신이 실제 독립운동을 했으며, 연병호 등 어린 동생들을 중국으로 불러 독립운동을 하게 만든 인물이었다. 뿐만 아니라 그의 딸은 한국광복진선청년공작대와 임시정부에서 활동한 연미당延薇堂이고, 그의 사위또한 임시정부에서 활동한

연병환이 안장되어 있던 송경령능원 외국인묘역

송경령능원 박은식 우측의 연병환 묘표.
'YAN PUNG HAN'으로 되어있다

독립운동가 엄항섭嚴恒燮이며, 외손녀 엄기선嚴基善도 임시정부에서 활동한 독립유공자이다. 곧, 연병환은 3대에 걸쳐 5명의 독립유공자를 배출한 가문의 중심적 인물이라 할 수 있다.[1]

그러나 연병환과 그 가족의 독립운동에 대한 연구는 전무한 실정이다. 그러다 1980년대 들어 생가 복원과 공훈비 건립이 진행되었고, 지역 인사들을 중심으로 기념사업회를 발족하여 연병환·연병호·연미당 관련 자료를 모아 발간하는 등 노력을 기울여 왔다.[2] 2008년에는 연병환이 독립유공자로 추서되고, 최근에는 금석문에 새겨진 기록의 오류를 바로잡는 노력도 진행되었으나,[3] 정작 본격적인 학술 연구는 진행되지 못하였다.

<hr />

1 연병환은 2008년 정부로부터 독립운동의 공적을 인정받아 대통령표장에 추서되었다. 그런데 아우 연병호는 1963년 건국훈장 독립장, 딸 연미당은 1990년 건국훈장 애국장, 사위 엄항섭은 1989년 건국훈장 독립장에 추서되었으니, 연병환보다 3~4등급 높은 훈격으로 건국훈장을 받았다. 뿐만 아니라 외손녀 엄기선도 1993년 건국포장을 수여받았으니, 아우·딸·사위·외손녀까지 3대에 걸친 독립유공자 집안인 것이다. 아우인 연병주와 연병한(연병오)도 1995년에 독립유공자 포상 신청을 하였으나, 자료의 미비와 적극적 독립운동 성격 불분명의 사유로 포상이 보류 중이다.

2 증평군·증평문화원, 『애국지사·제헌국회의원 원명 연병호』, 2006; 애국지사 연병환·연병호선생선양사업회, 『애국지사 연병환·연병호』, 2013; 『연미당의 愛國千秋』, 2013. 기념사업과 자료집 발간에는 유병택과 연창흠의 열정과 노고가 있었다.

3 연병호생가보존회는 1981년 생가 내에 연병환·연병호·연병주의 공훈을 새긴 비를 건립하였다. 그러나 기록의 오류가 많고, 刻字 상태도 좋지 않아 판독이 불가능한 상태였다. 이에 연병호기념사업회에서 2009년 사당 입구에 「애국지사 연병호 공훈사」를 새긴 비를 새로 세웠다. 또한 2011년 연병환공적비건립추진위원회

유해 봉환식(2014.11.14)

본고는 이 같은 문제의식에서 증평 출신 곡산 연씨의 독립운동을 견인한 연병환의 생애와 민족운동을 검토하고자 한 것이다. 먼저 곡산 연씨의 도안道安 세거 과정을 살펴보고, 연병환의 민족운동의 사회경제적 배경으로서 1902년에 시행된 토지조사 기록인 『충청북도청안군양안忠淸北道淸安郡量案』(이하 『광무양안光武量案』)에 기재된 연병환과 그의 부친 연채우의 토지소유를 분석하기로 한다. 이로써 그가 직접 독립운동의 전면에 나서지는 않았으나, 고향에 남겨둔 처자의 생계를 염려하지 않고 재정적으로 독립운동을 후원할 수 있었던 단서를 찾을 수 있을 것이다. 그 단서는 그가 중국 세관에 근무하며 받은 월봉의 비교 분석을 통해 더욱 명확해질 것이다. 그리고 독립운동가의 회고나, 일제 비밀문서 등 파편적 기록을 통해 그의 국내 활동 및 중국 이주와 독립운동 지원 사실을 규명하고자 한다. 마지막으로 연병호 등 동생들, 연미당과 엄항섭, 엄기선으로 이어지는 가족 3대의 독립운동을 통해 그의 유지가 계승된 사실을 주목

는 생가 뒤편에 「愛國志士延秉煥先生功績碑」를 새로 건립하고, 기존의 비석은 '생가 및 주변정비공사'의 일환으로 철거하여 2014년 11월 그 현장에 매립하였다.

하고자 한다. 이 과정에서 그간 잘못 이해된 오류를 바로 잡고, 새로운 사실이 밝혀질 것으로 기대한다.

II. 도안 세거와 사회경제적 배경

1. 곡산 연씨의 도안 세거와 선대

곡산 연씨의 시조는 고려 때 문하시중을 지낸 충장공忠壯公 계령繼苓이다. 관향조貫鄉祖는 충렬왕 때 좌복야左僕射를 지내고 황해도 곡산에서 여생을 보내며 그곳을 본관으로 삼은 7세 수창壽菖이다. 『만성보萬姓譜』에 의하면, 수창은 원래 중국 홍농弘農 출신으로 충선왕과 혼인한 제국공주齊國公主를 호종하여 고려로 건너왔다고 한다.[4]

도안 화성 「울어바위유래비」(곡산 연씨 세거지)

시조 이후 연병환의 선조를 살펴보기로 한다. 경鏡(8), 조祚(9), 단서丹瑞(10), 주柱(11)는 고려 때 곡산 연씨의 맥을 이어 온 인물들이었다. 경은 문과에 급제하고 삼중대광문하시중태사三重大匡門下侍中太師를 지냈다. 조祚는 음보蔭補로 벼슬길에 나서 좌우위산원左右衛散員을 지냈는데, 조선 개국 이후 함흥으로 이거하였다. 단서는 1364년(공민왕 13) 여진족이 쳐들어 왔을 때 화주에서 승리하여 여진족을 선춘령 밖으로

---

4 谷山延氏大同譜所, 『谷山延氏大同譜』 卷之一, 回想社, 2002, 2~3쪽.

몰아내어 왕으로부터 자금어대紫金魚袋를 하사받고 좌리공신이 되었다. 주는 한성부윤을 지냈으나, 고려가 망하자 함흥으로 돌아가 이성계가 여러 번 불렀으나 나가지 않았다.

12세 사종嗣宗은 주의 차남으로 조선 초기에 명신으로 널리 이름을 떨쳤다. 사종은 이성계의 위화도회군에 종군하여 개국원종공신開國原從功臣이 되었고, 2차 왕자의 난 때 좌명공신佐命功臣이 되고 곡성군谷城君에 봉해졌으며 서울 노원구 하계동을 사패지로 받았다. 그는 노모 봉양을 위해 사직하는 등 효행이 뛰어나 정문이 세워졌다. 사종은 곡산 연씨의 실질적인 시조로 추앙되고 있다.[5] 고려말 조선초에 무신으로서 명성을 떨치며 번성하던 곡산 연씨 가문은 중기에 들며 정치적 소용돌이에 휩싸였다. 음曮(13)은 회양도호부사淮陽都護府使와 회양진관병마첨절제사淮陽鎭管兵馬僉節制使를 겸임하였다. 정렬井洌은 연안도호부사延安都護府使와 해주진관병마첨절제사海州鎭管兵馬僉節制使를 겸임하였으나, 기유사화 때 화를 입었다.

곡산 연씨가 도안에 세거하게 된 것은 정렬의 아들인 사직공 정侹(1486~1549) 때부터이다. 그는 부친이 성종 21년(1490)에 죽은 후 형인 인仁·건健과 함께 어머니 상산 김씨의 친정인 음성군 원남면 조촌리助村里에 내려와 살게 되었다.[6] 그 후 정은 안동 김씨와 결혼하면서 처가인 도안으로 이주하게 되었고, 정미사화에 연루되어 유배되었다가 안변에서 사

---

5 곡산 연씨 가문 인물들의 묘소는 화성리 6·7구(명암) 뒤편 야산에 있다. 언덕 입구의 홍살문을 지나면 황희가 지은 사종의 신도비가 있고, 그 뒤편 언덕 맨 위에는 북한에 있는 조상 5명(壽菖·鏡·祚·丹瑞·柱)의 神位碑를 모신 祠壇이 있고, 그 아래에 사종과 그 아들인 庇와 曮의 묘소가 있다. 이 묘소는 원래 사종의 사패지인 서울 노원구 하계동에 있었으나 도시개발로 1973년 음의 묘소, 1990년 사종과 비의 묘소를 이곳으로 이장한 것이다. 이곳에는 사종의 虛塚도 있는데, 하계동에서 옮겨온 묘석으로 조성하였다. 홍살문 오른쪽 언덕에는 입향조인 侹을 비롯한 그 후손들의 묘소가 있다.

6 『谷山延氏世譜』 淑人商山金氏墓表.

도안 화성 곡산 연씨 묘소(선영)

망하였다.[7]

　정은 7형제를 두었는데, 그의 손자 대에 곡산 연씨는 도안 일대에서 충위공파忠衛公派·교위공파校尉公派·안음공파安陰公派·사직공파司直公派·진사공파進士公派·눌문파訥文派·금당파金塘派 등 7개의 분파를 형성하게 되었다. 따라서 곡산 연씨의 경우 동족 촌락이 분가와 이주를 통해 새로운 집성촌락을 형성한 것이라 할 수 있다.[8] 곡산 연씨는 혼인과 사우 관계 등으로 볼 때 노론계열이었던 것으로 보인다.[9]

　성종·연산군대 즈음에 입향한 곡산 연씨는 임진왜란 때에 창의하여 의병활동을 하였다. 충수忠秀는 청안에서 의병을 일으키고 후에 안음현감

---

7 『谷山延氏世譜』 司直公墓表陰記.

8 이해준, 『조선시기 촌락사회사』, 민족문화사, 1996, 74~76쪽.

9 송준길의 증조모가 곡산 연씨이고, 송시열은 『谷山延氏世譜』의 舊序와 司果公 再熙의 묘지명을 썼으며, 그 후손인 송환기가 연사종·순흥 안씨·청송 심씨의 효열 정려기를 지었다. 世鴻·壽昌 등은 이인좌의 세력을 진압하여 공신에 책록되기도 하였다.

을 지낸 바 있고, 영조 '무신정변戊申政變'때 연세홍·연수창 등은 이인좌 세력을 진압하여 공신에 책록되었다. 이 가문은 청안 『사마록司馬錄』에 가장 많은 19명의 인물이 입록되어 있는 것으로 보아, 이 지역을 대표하는 사족 가문이었음을 알 수 있다. 그리고 사마소 역시 숙종 28년(1702) 이 가문의 연세화延世華 등이 중심이 되어 복설되었고, 5번에 걸쳐 정려·효자각이 세워졌다.[10]

눌문파조訥文派祖인 예수禮秀와 아들 택澤은 충좌위부사과忠佐衛副司果를 지냈으나, 진영震榮(19)과 세권世權(20)은 벼슬을 하지 못하였다. 명만鳴萬(21)은 관직이 충좌위忠佐衛라고만 되어 있고, 종대宗大(22)는 관직을 하지 못하였다. 그런데 연병환의 고조인 계원繼源(23)과 증조인 완회完會(24)는 모두 계자系子인데, 계원은 통훈대부에, 완회는 비서승에 증직되었다.[11] 그런데 그의 조부 종기鍾基는 무과武科에 급제하였다고 하며, 부친 채우는 통정대부 중추원의관通政大夫中樞院議官이었다고 하나 관찬사료에서 확인되지 않는다. 아무리 증직贈職이라 하더라도, 후술하는 바와 같이 채우가 빈농 수준의 토지를 소유하고 있었음을 감안하면 과도한 직책으로 사료된다.[12]

연병환의 선대를 정리하면 다음과 같다.

계령繼笭(시조)—한공漢公(2)—성惺(3)—경보景輔(4)—회회晦(5)—세린世麟(6)—수창壽菖 (관향조, 7)—경경鏡(8)—조祚(9)—단서丹瑞(10)—주柱(11)—사종嗣宗(12)—음廕(13)—정 렬井洌(14)—정侹(부사과공파副司果公派, 15)—정원定遠(16)—예수禮秀(눌문파조訥文派祖, 17)—택澤(18)—진영震榮(19)—세권世權(20)—명만鳴萬(21)—종대宗大(22)—계원繼源(계 자, 23)—완회完會(계자, 24)—종기鍾基(25)—채우彩羽(26)—병환秉煥(27)[13]

---

10 김의환, 「도안의 성씨와 인물」, 『道安面誌』, 도안면지편찬위원회, 2001, 142~144쪽.

11 繼源의 생부는 益大이고, 完會의 생부는 繼尹이다(『谷山延氏大同譜』卷之三, 108쪽).

12 鍾基는 무과 급제가 확인되지 않을 뿐만 아니라, 贈嘉善協辦에 임명되었다고 하며, 彩羽는 陞嘉善宮內府侍從院副卿이라 되어 있는데, 증직 명칭도 맞지 않는다.

2. 『광무양안光武量案』에 기재된 토지소유

1900년대 연병환의 사회경제적 상황은 『광무양안』을 통해 잘 알 수 있다.[14] 『광무양안』은 20세기를 전후한 한국사회의 농업사와 사회사를 연구하는 중요자료이지만,[15] 특히 독립운동가의 사회경제적 배경을 이해하는 데 귀중한 단서를 제공해준다.[16] 연병환의 고향인 청안군의 『광무양안』이 작성된 것은 그가 20대 초반으로 한창 관직생활을 하고 있던 1901년이었다. 다행히 당시 그의 고향이었던 청안(현, 도안면)의 『광무양안』이 전하여 그의 사회경제적 처지를 파악하는 데 큰 도움이 된다.

먼저 연병환의 사회경제적 상황을 이해하기 위하여 『광무양안』에서 그의 부친 연채우 소유의 토지 관계를 정리하면 다음의 표와 같다.

---

13 『谷山延氏大同譜』 卷之三.

14 量案에는 해당 군현의 촌락명과 옛 지명, 토지소유주와 경작인, 지목, 토지 위치와 등급, 가옥의 주인과 위치 및 규모, 관아와 점포, 주막과 물레방아 등 당시의 농업사와 사회사 연구에 필요한 중요 사항이 기재되어 있다. 그러나 時主와 時作의 성격과, 양전사업의 성격 및 근대적 토지소유관계 등에 대한 논란이 있다(김의환, 「충주 豊德마을의 모습과 농민층의 토지소유」, 『歷史와 實學』 42집, 역사실학회, 2010, 191~192쪽).

15 충북대학교 중원문화연구소는 한국연구재단의 지원을 받아 2002년부터 2007년까지 양안 연구와, 수록 내용의 데이터베이스화 작업을 진행하였다. 이에 대해서는 신영우 편, 『광무양안과 진천의 사회경제 변동』, 혜안, 2007; 『광무양안과 충주의 사회경제구조』, 혜안, 2010; 『광무양안과 진천의 평산 신씨 무반가문』, 혜안, 2012 참조.

16 박걸순, 「安澑의 현실인식과 자정 순국」, 『한국근현대사연구』 제61집, 2012, 87~88쪽.

〈『광무양안』에 기재된 연채우 소유의 토지〉17

時主	地目	田品	尺	結	時作	가옥	초가칸	기와칸	위치	당시 面
연채우	전	3	600	42	연채우(가주)	1	2	0	산정	북면
	전	5	845	34	연채우	0	0	0	진암	북면
	답	5	1,400	56	연채우	0	0	0	진암	북면
	전	3	391	27	연채우(가주)	1	2	0	김당리	북면
	전	4	1,166	64	연채우	0	0	0	김당리	북면
	전	4	1,200	66	연병하	0	0	0	김당리	북면
계			5,602	289		2	4	0		

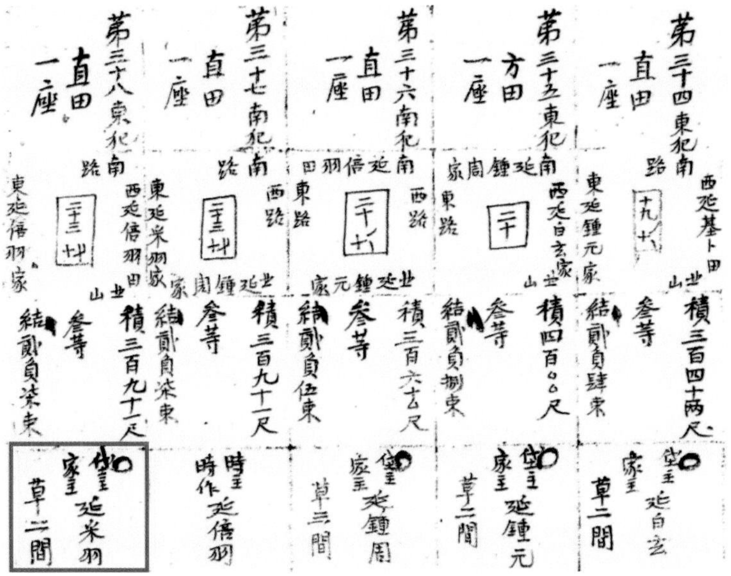

부친 연채우의 토지 소유 기록(『광무양안』)

17 『忠淸北道淸安郡量案』 北面 坤(北面下 中草). 여기에 延彩羽는 延釆羽로 표기되어 있다. 그런데 延釆羽는 延彩羽와 거주 지역이 동일하고, 동향에서 동일한 한글명 이름을 사용한 사람이 확인되지 않으며, 安潚의 사례에서 확인된 것처럼 초명이나 호까지 사용하여 동일한 時主名을 여러 이름으로 기재하거나(박걸순, 「安潚의 현실인식과 자정 순국」, 87~88쪽), 성명을 오기한 사례도 적지 않기 때문에 동일인으로 보아도 무방할 것이다. 그런데 延彩羽는 1916년 延綵羽로 개명하여 호적을 정정하였다.

연채우가 소유한 토지는 모두 6필지였는데 그 중 전田 5필지, 답畓 1필지로 전이 대부분이다. 이는 그의 고향의 입지적 조건 때문으로 여겨진다. 그가 소유한 토지는 모두 고향 인근에 위치하고 있었으며, 전품은 3~5등급으로 중하中下에 속하였다. 그가 소유한 토지는 모두 5,602척, 28부 9속(0.61정보)으로 소농小農으로 분류되기는 하나, 사실상의 빈농貧農 수준이었다.[18] 그는 금당리 소재 1필지만 연병하에게 경작시키고 나머지는 직접 경작하였다. 그의 가옥은 현재 연병호 생가가 있는 마을인 산정과 금당리에 초가 1채씩 2채가 있었으나, 각각 2칸에 불과하였다.

연병환의 사정은 부친보다는 훨씬 나았다. 『광무양안』에서 연병환 소유의 토지 관계를 정리하면 다음의 표와 같다.

〈『광무양안』에 기재된 연병환 소유의 토지〉[19]

時主	地目	田品	尺	結	時作	가옥	초가칸	기와칸	위치	당시 面
	답	4	2,583	142	연병환	0	0	0	청당평	읍내면
	전	1	225	23	연병환(水春)	0	0	0	청당평	읍내면
	전	6	1,612	40	연병환	0	0	0	청당평	읍내면
	전	3	204	14	연병환	0	0	0	옥현평	읍내면
연병환	전	3	140	10	연하일(가주)	1	3	0	옥현평	읍내면
	전	3	624	44	연병환(가주)	1	7	0	방곡리	읍내면
	전	3	324	23	연전석(가주)	1	3	0	방곡리	읍내면
	전	4	5,916	325	연병환	0	0	0	방곡리	읍내면
	전	2	640	54	연경일(가주)	1	6	0	방곡리	읍내면
計			12,268	675		4	16	0		

18 당시 농민층의 사회경제적 처지는 소유 토지를 기준으로 할 때, 1결 이상은 富農, 50부~1결 미만은 中農, 25부~50부 미만은 小農, 25부 미만은 貧農으로 구분한다 (김용섭, 『朝鮮後期農業史研究 1』, 일조각, 1970, 144쪽). 이를 정보로 환산한 경우, 5정보 이상은 지주, 1.6정보~5정보는 부농, 0.6정보~1.5정보는 소농, 0.5정보 이하는 빈농으로 구분하기도 한다(최윤오, 「대한제국기 광무양안의 토지소유와 농업경영에 관한 연구」, 『역사와 현실』 58, 2005).

19 『忠淸北道淸安郡量案』 邑內面 坤(邑內面 中草).

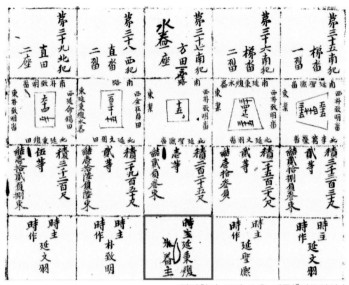

연병환의 토지 소유 기록(『광무양안』)

　연병환의 소유 토지 또한 9필지 중 8필지가 전이고 답은 1필지에 불과하다. 그가 소유한 토지는 모두 읍내면 일원에 있었는데, 전품은 1~6등급이 고루 분포되어 있으나, 대개 중간 등급 정도였다. 그가 소유한 토지는 모두 12,268척, 67부 5속(1.3정보)로 중농에 해당하였다. 그는 9필지 중 3필지를 타인에게 경작시켰는데, 이는 그가 관직 생활을 하고 있던 시기였기 때문으로 이해된다. 그의 가옥은 초가 4채에 16칸이었으나, 실제로 그가 가주家主인 것은 초가 1채에 7칸으로 큰 규모이다.[20]

　그런데 연병환의 청당평 소재 토지 중 1등품에 해당하는 곳에 물레방아[水舂]가 설치되어 있어 주목된다. 물레방아는 그의 영농 규모를 짐작케 해주는 존재이다.[21] 그가 중국으로 건너가 생활하는 동안에도 고향의

20　충주의 경우 초가 7칸 이상은 전체 호수의 4.4%에 불과하다(신영우 편, 『광무양안과 충주의 사회경제구조』, 280~281쪽).

21　진천군의 경우, 총 70개의 물레방아가 있었는데, 덕문면과 백락면처럼 1개도 없는 면도 있었다(신영우 편, 『광무양안과 진천의 사회경제변동』, 366쪽).

토지는 처분하지 않고 부인이 남아서 경작했던 것으로 보인다.[22] 따라서 그는 고향 가족의 생계를 염려하지 않을 정도의 농토가 있었으므로, 자신의 넉넉한 봉급으로 독립운동을 지원할 수 있었던 것이다.

연채우와 함께 연병환의 소유 토지가 확인되는 것은 조사 당시 그가 23세였기 때문에 분재分財가 이뤄졌고, 연병호는 7세에 불과했기 때문에 분재가 이뤄지지 않았던 것으로 보인다.[23]

III. 연병환의 민족운동

1. 국내 활동

연병환은 1878년 10월 21일, 충북 증평군 도안면 석곡리 555번지에서 연채우와 전주 이씨 사이에서 장남으로 태어났다. 초명은 병우秉佑, 자는 순재舜哉, 호는 석란石蘭이다.

그의 어릴 적 행적이나, 국내에서의 활동사항에 대해서는 별로 알려진 바가 없다. 이와 관련한 기록은 『곡산연씨대동보谷山延氏大同譜』가 전부이며, 생가 내의 「연병우병환선생공훈사延秉佑秉煥先生功勳史」나 「애국지사연병환선생공적비愛國志士延秉煥先生功績碑」 등 금석문에 새겨진 내용은 모두 이를 옮긴 것에 불과하다.

그는 5세 때 사숙에서 한문을 수학하였다. 그리고 "과문科文을 졸업하였다"는 기록으로 보아 과거에 응시할 뜻을 지녔던 것으로 보인다. 20세

---

22 연병환의 처 안동 김씨(金思永)는 金基三의 장녀로 1879년생인데, 남편을 따라 중국으로 가지 않고 국내에 남아 생활하다가 1935년 사망하였으며, 묘소는 음성군 원남면 문암리 선영에 있다.

23 『光武量案』에 延秉昊와 한자 이름이 다른 延秉浩 명의의 토지가 보이나, 다른 인물로 여겨진다.

연병환 생가. 1910년 건립되었고 1986년 복원되었다(충청북도 기념물 제122호)

에는 시詩·부賦·표表를 하였다고 하니, 일정하게 유교적 소양도 지녔던 것으로 이해된다.[24] 그런데 그가 1910년대 초반의 인명록에 기재되었다는 사실은 당시 그의 사회적 지명도를 가늠케 해준다.

『곡산연씨대동보』에 의하면 그는 1897년 관립외국어학교를 졸업하고 처음 궁내부 주사에 임명되었다가 인천해관仁川海關 방판幇辦으로 전임되었고, 1898년 부산해관 방판으로서 외무부 주사를 겸임하였다고 한다. 관립외국어학교는 1891년부터 1898년까지 일어日語·영어英語·법어法語·아어俄語·한어漢語·덕어德語학교가 별개로 존재하였다. 외국어학교의 입학연령이 15세~25세이고, 수학연한이 5년이며, 연병환이 영어에 능했다는 사실 등을 종합하면 그는 1894년 설립된 영어학교를 다녔을 것으로 짐작된다. 그런데 영어학교 졸업생 명단에서 연병환은 찾을 수 없다. 당시 외국

---

24 국사편찬위원회 한국근현대인물자료 데이터베이스에는 그의 생년월일이 1869년 7월 3일로, 그의 부친이 延鶴犴(孝子)로 잘못 기록되는 등 오류가 있다(http://db. history.go.kr/item/).

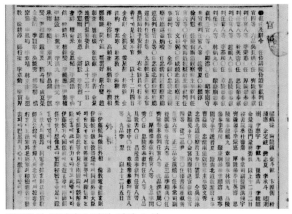

연병환의 양지아문 관직 임명 소식
(《황성신문》 1901.12.9)

어학교의 중도 탈락률이 높고 재학 중에도 취직하는 경우가 많았기 때문에,[25] 그가 "1897년에 졸업"했다는 기록을 졸업이 아닌 중도 퇴학으로 이해하는 것도 가능할 것이다.

1901년 12월 2일, 52명이 새로 양지아문量地衙門 양무위원量務委員에 임명되었는데, 여기에 연병환의 이름이 보인다.[26] 동일인 여부를 속단하기는 어려우나, 당시 측량 사업은 탁지부 양지아문에 고용된 미국인 측량 기술자 크러멘(Raymond E. Krumen)과 함께 작업을 해야 했기 때문에 영어 능력을 갖춘 외국어학교 출신들을 양지아문이 개설한 측량학교에 20명씩 충원한 사례를 보면,[27] 동일인일 가능성은 있다고 사료된다.

그런데 그는 주일공사 조민희趙民熙가 부임할 때 수원隨員으로서 동경에 따라가 외교 사무를 협조하였다고 한다. 조민희는 주미전권공사와 주일공사를 역임하는 등 중요한 외교관이었다. 『곡산연씨대동보』에 조민희의 주일공사 부임이 실명으로 거론된 것으로 보면 나름대로 신빙할만한데, 그렇다면 연병환이 일본에 갔다면 그 시기는 조민희가 주일공사로

---

25 노민화, 「大韓帝國 時期 官立學校 敎育의 性格 硏究」, 이화여자대학교 박사학위논문, 1990, 173~174쪽.
26 《官報》 1901년 12월 7일자; 《皇城新聞》 1901년 12월 9일자.
27 박창남, 「개화기 관립외국어학교 출신자 연구」, 성균관대학교 박사학위논문, 2012, 51~52쪽.

부임했던 1904~1905년일 것이다.[28]

한편 그가 어렸을 적에 영국에 유학하였다는 기록이 있다.[29] 나아가 그가 영국인 성공회 신부와 친분이 있어 그의 도움으로 영국에 유학하였다는 좀 더 구체적인 증언도 있다.[30] 그러나 그의 행적이 비교적 소상하게 기술된 『곡산연씨대동보』나, 후손이 신청한 「공적조서」에 영국 유학 이야기는 없다. 따라서 그의 관립외국어학교 진학이 영국 유학으로 와전되었을 가능성이 있다. 그는 20세를 전후하여 관립외국어학교를 다니고, 10여 년 간 계속 관직에 있었기 때문에 영국 유학은 정황상 불가능했을 것으로 판단된다.

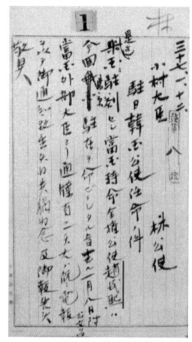

조민희의 일본공사 임명 기록

2. 중국 이주와 독립운동 지원

『곡산연씨대동보』에는 연병환이 1907년까지 관직에 있다가, 정미7조약이 강제되자 국가가 망해가는 것에 분노하여 결연히 방판직을 사퇴하였다고 기록하고 있다. 또한 1908년 8월에 청주군수에 서임되었으나, 역시 일본 통감정치 하에서는 관직을 맡지 않겠다고 고사하고 취임하지 않았

---

28 發第8號, 1904.1.22, 「駐日韓國公使任命ノ件」, 『駐韓日本公使館記錄』 22; 《大韓每日申報》 1905년 12월 22일자. 조민희는 1904년 1월 주일공사로 임명되었다가 1905년 12월말 귀국하였다.

29 鄭元澤著 洪淳鈺編, 『志山外遊日誌』, 탐구당, 1983, 27쪽.

30 애국지사 연병환·연병호선생선양사업회, 『애국지사 연병환·연병호 전기』, 50쪽.

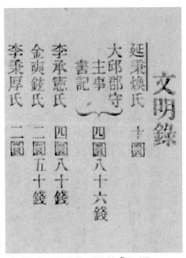

연병환의 구독액을 기록한 「문명록」
(《황성신문》 1907.2.7)

다고 하였다. 그리고 이해 9월, 영국 친구의 천거로 청국 안동현 해관에 취직하였고, 1909년 훈춘해관을 거쳐 1910년 용정해관으로 전임하였다고 되어 있다.

한편, 1907년 연병환이 경상남도 동래부 수면 사립 정정의숙貞靜義塾에 의연금을 납부하였다는 신문 광고 기사가 보인다.[31] 이 또한 동일인일 가능성을 완전히 배제할 수는 없으나, 속단할 수는 없다. 그런데 1907년 2월 7일자 《황성신문皇城新聞》에 연병환이란 인물이 등장하는 기사가 게재되었다. 이 기사는 「문명록文明錄」에 그가 10원의 다액을 구독료로 냈다는 내용이다.[32] 이는 본고에서 논의하는 연병환일 가능성이 크다. 왜냐하면 그가 1909년 황성신문에 서신 응모를 한 기사가 확인되기 때문이다. 그렇다면 그의 중국 이주는 늦어도 1907년 2월 이전으로 보아야 할 것이다.[33]

연병환은 1909년 3월, 황성신문사에서 모종의 안건에 대해 "각各 지방地方 첨언僉彦의 고명高明한 의意를 앙청仰請"한 데 편지로 응하였다. 당시 각지에서 수천통의 편지가 신문사로 답지되었는데, 황성신문사 사장 유근柳瑾·대한매일신보 기자 변일卞一·황성신문사원 이범수李範壽가 '고시원考試員'이

---

31 《皇城新聞》 1907년 2월 6일자 및 《大韓每日申報》 1907년 2월 7일자.

32 《皇城新聞》 1907년 2월 7일자. 「文明錄」이란 구독료를 납부한 개인과 단체를 기재하는 고정란인데, 그가 낸 금액은 대구군수와 주사, 서기가 합해서 4원 86전을 낸 것에 비하면 고액이다. 이는 이 시기에 그가 중국 세관에 근무하고 있음을 방증하는 것으로 생각된다.

33 연미당의 출생 연월일이 1908년 7월 15일이기 때문에 1908년 중국 이주설은 맞지 않는다.

되어 내용을 심사하였다. 그 결과, 10명을 등위별로 선정하였는데, '청국淸國 안동현安東縣 세관稅關 내內 연병환'이 5등으로 선정되었다.[34] 이는 그가 국내를 떠나 있었으나 인접한 중국 안동현 세관에 근무하며 황성신문을 통해 국내의

연병환이 《황성신문》에 응모하여 5등에 당선되었다는
기사(《황성신문》 1909.3.3)

정보를 취득하며 관심을 기울이고 있었음을 알려주는 것이다.

그가 용정 해관으로 전임한 것은 1908년 7월이었다. 1916년 말경 일제의 비밀문서에 의하면 그는 북간도 중국 관공서에 취직한 다른 한인보다 훨씬 빠른 시기인 1908년 7월 취직하였고, 다른 한인보다 훨씬 고액의 월급을 받고 있었다. 다른 한인의 경우, 극소수를 제외하고는 대개 '대정大正' 이후에 중국 관공서에 취직하는 양상을 보인다.

또한 그는 같은 해관에 근무하는 동료들이 16~25엔円을 받는 데 비해, 그는 공사供事로서 무려 6~10배가 많은 150엔을 받고 있었다. 이는 당시 국자가 도윤공서에 근무하며 한인으로서 최고의 월급을 받고 있던 이동춘李同春의 보수 60원元보다 1/3가량이나 더 많은 액수로 그의 월급 규모를 짐작할 수 있다.[35] 또한 당시 간도 이주 한인의 휴대자금이 300엔 정

---

34 《皇城新聞》 1909년 3월 3일자.

35 機密第64號, 1916.12.4, 「間島ニ於ケル支那官公署ニ就職セル鮮人名簿送付ノ件」, 在間島總領事代理領事 鈴木要太郎→外務大臣 報告, 『不逞團關係雜件－朝鮮人ノ部』(在滿洲ノ部 5). 중국 관공리로 취업한 다른 한인 관리의 경우 봉급액이 吊나 元, 또는 粟으로 표기되어 있으나, 용정 해관 소속 한인들만 円으로 표기되어 있는

용정촌 전경

도라는 일제측 보고자료도 그의 월급이 고액이었다는 사실을 입증한다.[36] 따라서 그는 풍족한 월급으로 독립운동가를 후원하고 독립운동을 지원할 수 있었던 것이다. 그가 이처럼 고액의 급료를 받을 수 있었던 것은 그의 뛰어난 어학 실력을 바탕으로 한 대외 업무 처리 능력에 대한 반대급부로 이해된다. 그가 국내에서부터 중국으로 이주한 이후에도 계속하여 요지의 해관에서 근무한 것 역시 그러한 까닭 때문이었다.

데, 이는 그가 對日 관련 업무를 수행하였음을 시사한 것이다. 월급 액은 巡差인 尹景華 25엔, 金時烈 18엔, 韓炳煥 16엔으로, 연병환이 6~10배가량 더 많이 받고 있었음을 알 수 있다. 당시 한인들이 받던 월급은 편차가 컸으나, 대개 10元, 100 吊 이내가 다수였다. 당시 元 : 円 : 吊 환율은 1 : 1.8 : 12정도였으니(東洋拓殖會社, 『間島事情』, 대일본인쇄주식회사, 1918, 462~466쪽), 이동춘의 월급 60元은 108 円에 해당한다.

36 김주용, 『일제의 간도 경제침략과 한인사회』, 선인, 2008, 192쪽.

연병환은 경술국치를 당하며
조국 광복에 뜻을 두고 수시로
독립운동을 지원하였으며, 신해
혁명으로 중화민국이 탄생하자
연길현에 여자중학교를 창립하
였다고 한다. 그런데 그가 구체
적으로 독립운동에 관계한 사실
은 1919년 6월 이후의 기록에서
확인된다. 이는 용정 3·13 시위
이후 고조되는 동포사회의 독립
운동 분위기와, 이를 탄압하려는
일제의 기록인데, 이를 정리하면
다음과 같다.

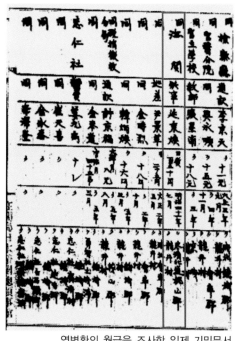

연병환의 월급을 조사한 일제 기밀문서

연병환 체포 보고 문서

······ 이로써 배일자排日者들의 폭상暴狀
은 나날이 험악해졌고 한편 우리나라(일
본 : 필자)의 중국 관헌에 대한 압박도 날
로 더해갔고 또한 우리 영사관 경찰의
검거로 불령배는 신변에 위험을 느끼고
점차 오지로 숨어 들어갔다. 곧 바로 3
월 31일 대랍자에 있는 명동학교 교장
김약연을 중국 관헌의 손으로 검거하고
(우리가 검거할 것을 탐지한 중국 관헌이
우리보다 먼저 검거하였고 체포 후에도
비교적 자유를 주었다고 선인들의 칭송
이 있음), 4월 9일에는 다시 4명을 체포
하고 계속하여 5월 27일 명동학교를 수
색하고 중국 관헌이 폐쇄를 명하였다. 이밖에 5월 17일 국자가 배일선인 손공
범孫公範을 체포하고, 6월 상순 우리 경찰관 약 40명을 영사관 경찰에 증가시
켜 우리 경찰의 내사와 검거가 함께 활기를 띠었다. 6월 15일 미명에 다시
대랍자 명동학교 부근에 출동하여 선인 교사 1, 학생 3을 체포하고, 계속하여
**6월 18일 용정촌龍井村 중국中國 세관원稅關員 배일선인排日鮮人 연병환延秉煥을 체포
하였는데 이로써 불령배는 점차 그 종적이 끊기게 되었다.** ······37

1919년 3월 13일, 북간도 용정에서 한인들의 대규모 만세시위가 있자,
일제는 중국 관헌에게 압박을 가해 사격을 가하도록 하여 현장에서 13
명이 순국하고 30여 명이 부상당하였다. 이후 일제는 중국 관헌과 함께
대대적인 한인 수색과 체포에 나섰다. 명동학교 교장 김약연은 만세시위
를 협의하기 위해 연해주로 가서 대한국민의회를 조직하고 국내외 독립

---

37 官秘第290號, 1919.8.23, 「在露支方面鮮人ノ狀況送付ノ件」, 朝鮮總督官房外事課長
→外務省政務局長, 『不逞團關係雜件 - 朝鮮人ノ部』(在西比利亞 8).

32 증평 곡산연씨 일가의 독립운동

운동가와 협의하며 독립선언문 작성과 선포 등에 관한 협의를 주도적으로 진행하였다. 또한 명동학교 학생들은 용정 3·13 시위 때 30리 밖에 떨어진 학교로부터 악대를 앞세우고 서전벌 시위대열에 합류하는 등 적극 참여하였다.[38]

용정 3·13시위 장면(1919년 서전대야)

용정 만세시위 현장(오층대)의 현재 모습

김약연

---

38 김병기·반병률, 『국외 3·1운동』, 한국독립운동사편찬위원회·독립기념관 한국독립운동사연구소, 2009, 49~57쪽.

용정 3·13 반일의사릉

명동학교 옛터 비

복원(2010년)된 명동학교 교사

　따라서 일제는 중국 관헌을 앞세워 김약연을 체포하고, 6월 중순에 이
르도록 명동학교를 수색하여 교사와 학생을 체포하고 학교 폐쇄를 명하
는 강경 조치를 취하도록 하였다. 그런데 일제가 6월 18일 연병환을 체
포하였던 것이다. 이 대목에서 주목할 것은 일제가 그를 '배일선인'으로
지칭하고, 그의 체포 기사에 이어 독립운동가들의 종적이 끊겼다고 판단
한 사실이다.[39]

---

39 용정 3·13만세시위 이후 일제의 탄압은 극심하였다. 이는 북간도 한인 지도자 중
　의 한사람으로서 대종교 간부인 姜錫箕가 만세시위에 연루, 용정 일본 영사관에

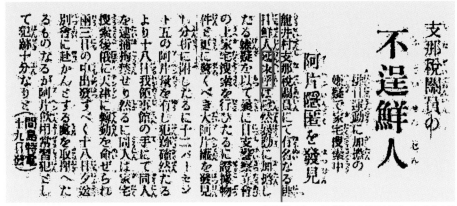

연병환 체포기사(《대판매일신문》 1919.6.20)

이 자료는 연병환이 북간도 한인사회의 독립운동에서 차지하는 비중을 잘 보여준다. 또한 그의 피체 사유가 3·13만세시위와 관련된 것이 틀림없음을 알려준다. 그런데 일제는 그의 체포 사유를 "아편阿片 음용飮用 및 독립운동 가담 혐의"라고 밝혔다.[40] 또한 연병환이 독립운동 혐의가 있어 가택수색을 하였더니 아편 덩어리가 발견되어 2개월의 처벌에 회부하였다고 보고하였다.[41]

그의 체포 소식은 즉각 일본 언론에도 보도되었다. 즉, "유명한 배일 조선인" 연병환이 "몰래 폭동에 가담한 혐의"가 있어 일본 경찰이 중국 경찰의 입회하에 그의 가택수색을 하였더니 "증거 물건과 함께 놀랄 만

피체되어 40여 일의 옥고를 치른 후 국내로 강제 송환된 사례에서 잘 알 수 있다 (독립운동사편찬위원회, 「湖石先生文集」, 『獨立運動史資料集』 제12집, 1977, 473~475쪽).

40 朝特報第202號, 1919.6.21, 朝鮮軍參謀部, 「鮮內外一般の狀況」(金正明編, 『明治百年史叢書』 제Ⅰ권 분책, 9쪽).

41 朝特報第41號, 1919.9.6, 朝鮮軍參謀部, 「鮮內外一般の狀況」(金正明編, 『明治百年史叢書』 제Ⅰ권 분책, 63쪽). 「谷山延氏大同譜」에는 그가 수감되었을 시 일본인 橫加로부터 혹독한 고문을 당하였으나 끝내 굴복하지 않고 민족대의를 떨쳤다고 기록하고 있다.

큰 커다란 아편 덩어리"가 발견되었다는 것이다. 여기서 증거 물건이 무엇을 지칭하는지는 알 수 없으나, 아편의 순도는 12.5%에 달하는 것이라고 하였다. 그런데 연병환은 가택수색을 당한 후 갑자기 천진天津으로 전근 명령을 받았다. 이는 중국 당국이 연병환을 보호하기 위해 취한 조치였던 것으로 이해된다. 결국 그는 2, 3일 내에 전근하기로 하고 송별연에 참석하려다가 피체된 것이었다.[42]

일제가 그의 체포 사유를 아편 소지와 음용으로 내세운 것은 악의적

간도 일본경찰서의 현재 모습

정원택

정원택의 『지산외유일지』

의도에 불과하다. 일제는 3·13만세 시위를 계기로 대대적인 검거 선풍을 일으킬 때, 그가 독립운동을 지원한 심증은 있으나, 확실한 물증을 찾지 못하자 체포의 구실로 아편을 이용한 것으로 판단된다.

북간도 용정 제3구 제2호에 거주할 당시 연병환의 생활과 동정은 그의 집을 방문한 정원택과 박영준의 기록을 통해 확인할 수 있다.[43] 정원택은 1911년, 박영준은 1920년경 연병환을 방문한 바 있다. 정원택은 망명 도

---

42 《大阪每日新聞》 1919년 6월 20일자.
43 북간도 용정 거주 당시 연병환의 주소가 제3구 제2호라는 것은 일제측 자료에서 확인할 수 있다(朝鮮總督府 高等法院 檢事局, 「在南京不逞鮮人團體員事件」, 《思想彙報》 제14호, 1938.3, 254쪽).

중인 1911년 12월 14일, 북간도 용정에 도착하여 연병환의 집에 들렀을 때의 정황을 다음과 같이 기술하였다.

　…… 용정촌에 이르러 박남파朴南坡의 소개로 연병환씨를 방문하니 연씨는 충청북도 사람으로 어렸을 때에 영국으로 떠나서 영국에서 유학하여 영어에 숙달하니, 세관에 취직하여 월은月銀(월급)이 풍부하더라. 연씨가 동향의 의리로 만류하여 투숙하고, 최운암崔雲岩은 가족을 인솔하고 연길현 국자가에 있는 김원시金源始는 역시 최崔와 동향 친우로 먼저 와서 거주하는지라, 저녁밥을 먹은 뒤에 주인 연병환(호는 석촌石村)이 소개하여 김단옥金端玉(호는 석강石崗)씨를 방문하니, 김씨는 충남 홍성 사람으로 국치 후에 여기 와서 은거생활을 하는 사람인데, 지조가 고결하다는 소문이었다. 용정은 역시 북간도의 번화한 시가이다. ……44

　연병환의 집에서 하루를 묵은 정원택은 16일, 모아산帽兒山 밑에 있는 은계隱溪 백순白純의 집으로 갔다. 그는 백순에게 서울의 대종교총본사에서 써 준 소개장을 건넸고, 백순은 그를 가족처럼 대해 주었다. 그런데 이 부분에서 그는 백순이 연병환, 김단옥과 연기年期가 서로 맞으며 정의가 두터운 사이라고 서술하였다.45 이는 연병환이 박찬익이나 백순 등 대종교의 주요 인사들과 가깝게 교류하고 있었음을 의미하는 것이다. 따라서 그도 대종교에 가입하였을 가능성을 배제할 수 없다.46

　그런데 박찬익이 약관의 정원택을 연병환에게 소개시켰다는 사실은

---

44 鄭元澤著 洪淳鈺編, 『志山外遊日誌』, 27쪽.

45 鄭元澤著 洪淳鈺編, 『志山外遊日誌』, 28쪽.

46 白純은 1909년 대종교를 신봉한 이래 주요직임을 지내고 도형 호에 추가된 인물로 대종교 중광제현의 제3위로 꼽힌다(大倧敎總本司, 『大倧敎重光六十年史』, 1971, 812~814쪽). 박찬익은 1910년 대종교를 신봉하였고 역시 도형 호에 추가된 중광제현이다(大倧敎總本司, 『大倧敎重光六十年史』, 635~639쪽). 이들이 연병환을 만났던 때는 이미 독실한 대종교도였다.

박찬익

당시 연병환의 행적이나 위상을 시사하는 대목이다. 이 사실을 이해하기 위해서는 먼저 정원택이 북간도로 오는 과정에 대한 검토가 필요하다. 정원택은 1911년 11월 20일, '은일거사隱逸居士'로서 국제정세를 통찰하고 재만 동포 사회를 주시하며 청년들에게 독립운동을 권면하고 있던 강석기姜錫箕를 충남 부여군 장암면 장하리 향제로 찾아가 망명에 대한 방책을 상의하였다.[47]

강석기는 대종교 중광에 참여한 이래 국권회복을 도모하던 우국지사로서, 정원택에게 대종교총본사의 김교헌과 유근에게 소개장을 써주며 북간도행을 권유하였다. 강석기는 정원택이 용정에서 만난 백순과 함께 경성공업전습소京城工業傳習所를 설치하여 수백 명의 졸업생을 배출하기도

강석기추모비(부여 장정마을)

한 대종교의 주요 인물이었다.[48] 강석기 자신도 1913년 7월 망명길에 용정에 들러 박찬익을 만나 소회를 운자韻字로 남긴 바 있다.[49]

정원택이 대종교총본사를 찾아가 김교헌과 유근에게 강석기의 소개장을 제시하자, 이들은 그를 환대하며 북간도에 가서 백순을 만나도록 주선하였던 것이다. 박찬익이 정원택을 연병환에게 소개시킨 것은 독립운동과 관련된 것이 분명하며,

47 박걸순, 「湖石 姜錫箕 父子의 대종교신앙과 민족운동」, 『한국사연구』 167, 2014, 88쪽.
48 《東亞日報》 1931년 4월 2일.
49 「至龍井市 逢朴贊翊南坡朴勝益貞齋 喜且悲適有開學原韻 故次一首」(독립운동사편찬위원회, 「湖石先生文集」, 『獨立運動史資料集』 제12집, 465~466쪽).

이는 연병환이 당시 대종교와 연계한 북간도 동포사회의 독립운동에서 주도적 인물이었음을 반증하는 것이다.

이후 국자가에서 지내던 정원택은 1912년 11월 13일, 백순을 따라 용정으로 가서 다시 연병환과 김단옥을 만나 환대를 받았다. 연병환은 그가 북경으로 유학을 떠난다는 말을 듣고 30원의 여비까지 주며 전별하였다.[50]

박찬익의 아들 박영준朴英俊[51]은 자서전에서 1920년을 전후한 시기 용정에 거주하던 연병환에 대해 회고를 남겼다. 그의 회고는 「연선생 댁에 관한 짧은 추억」이란 별도의 장章을 설정하여 서술할 정도로 각별한 정을 담고 있다. 또한 회고의 내용은 매우 구체적이고 생생하며, 연병환은 물론 그 가족들의 독립운동 활동까지 기술한 점에서 사료적 가치가 크다.

박영준·신순호의 결혼사진(1943.12.12)
신순호는 신규식의 동생 신건식의 딸이다

내가 5, 6세 때의 일이다. 그 당시 아버지는 주로 용정에 나가서 독립지사들을 만나 간도의 교포들 문제, 교육문제, 독립운동을 지원하는 문제 등으로 바쁜 나날을 보내고 있었는데 그 논의하는 장소가 연병호延秉昊씨 형인 연선생(이름은 기억이 나질 않는다) 댁이었다. 어머니를 따라 사십 리 길을 걸어 그

---

50 鄭元澤著 洪淳鈺編, 『志山外遊日誌』, 42쪽. 물론 정원택은 백순의 권유에 따라 북경 행을 포기하고 블라디보스토크로 가서 이상설을 만나고 상해로 떠났다.

51 朴英俊은 1915년 북간도 용정에서 박찬익의 3남으로 태어났다. 그는 1936년부터 상해에서 독립운동에 참여하였으며, 1942년 중국중앙군관학교를 17기로(특별훈련반) 졸업하였다. 이후 1939년 광복진선청년공작대에 참여하였고, 1944년 임시정부 이재과장을 거쳐 1945년에는 한국광복군 제3지대 제1구대장 겸 제3지대 훈련 총대장을 지냈다(1977년 건국훈장 독립장 수여). 그의 부인 신순호 역시 광복진선청년공작대와 한국광복군에서 활동한 애국지사(1990년 건국훈장 애국장 수여)로서, 임시정부에서 활동한 신규식의 아우 신건식의 딸이다.

분 댁을 방문한 적이 있었는데 그 때의 정경은 여든이 넘은 지금도 생생히 기억난다. 7, 8명 정도의 독립지사들이 큰 서양식 식탁에서 공깃밥을 나누어 먹으며 심각하게 이야기를 나누기도 하고, 어느 때는 큰 소리로 웃기도 했다. 반찬은 된장국에 김치와 깍두기가 전부였고 저녁에는 더 많이 모여서 술을 마시며 모종의 계획을 세우고들 하였다. 당시 영국 세관에 다니고 있던 선생은 직접 독립운동을 하지는 못하지만, 그 뒷바라지라도 해야만 한다는 마음으로 월급을 털어 경비를 충당하고, 자기의 집을 모임 장소로 제공하는 등 모든 협조를 아끼지 않았다. 연병호 선생은 해방이 될 때까지 독립운동을 하셨고 귀국 후에는 충북에서 국회의원까지 지내셨다. 결국 두 형제분이 조국의 독립을 위해 힘쓰셨다. ⋯⋯52

연병환이 수감되었던 용정 일본영사관 감옥

용정 간도파출소 지하 고문실 입구
(2015년 재개관)

이 회고는 용정에 거주할 당시 연병환의 집이 북간도 지역 독립운동가들이 독립운동 계획을 논의하기 위해 회합하는 장소로 이용되었음과, 그가 중국 세관에 근무하는 관계로 직접 독립운동에 참여하지는 못하였지만, 월급을 털어 독립운동 자금을 지원하는 등 모든 협조를 아끼지 않았음을 증언하고 있다. 그러나 영국 세관에 다니고 있었다는 부분은 착오로 보인다.

연병환은 용정 영사관감옥에서 출옥한 후 상해로 건너갔다. 그 정확한 시점과 사유는 알 수 없다.

---

52 박영준 자서전, 『한강물 다시 흐르고』, 한국독립유공자협회, 2005, 59~60쪽.

아마도 그 시점은 출옥 후 머지않은 때였으며, 사유는 만세시위에 가담하였다가 옥고를 치른 사실로 인해 용정 해관으로부터 방출 당했을 가능성이 있는 것으로 판단된다.[53] 1920년 9월, 그는 상해대한인거류민단上海大韓人居留民團 의원議員 선거시 피선거인 명부에서 확인된다. 이 명부는 "상해 재류 조선인 중 독립적인 생계를 영위하고 상당히 분별이 있는 사람을 표준으로 하여 극히 최근에 만들어진"것이었다. 이 자료는 1920년 9월 2일, 상해대한인거류민단장 여운형 명의로 상해 강령리康寧里 민단 사무실에서 개최될 의원 선거에 참여하라는 문서에 첨부된 것인데, 그는 북구 소속으로 되어 있다.[54]

연병환의 상해 거류를 보고한 일제문서

그는 1년 여가 지난 이듬해 9월말 조사된 명부에서도 이름이 확인된다. 이는 거류민단에서 계출한 「상해재류조선인현재인명부上海在留朝鮮人現在人名簿(1921년 9월말)」인데, '무계無屆 재류자在留者' 60명을 제외한 호주나 세대주 567인 명단이 기재되어 있다. 이 명부에 연병환은 한인이 집

연병환이 상해 본구에 임시정부 요인들과 함께 거주하였다는 일제 보고문서

중해 거주하던 본구本區에 임시정부 요인들과 함께 거주하는 것으로 되

---

53 일제는 1920년 1월 초부터 상해 세관에 근무하는 연병환을 편벽한 곳으로 내쫓으려고 획책하였음으로 미루어 보면, 1919년 10월 상해로 전임하였다는 『谷山延氏大同譜』의 기록이 타당할 듯하다.

54 機密第154號, 1920.9.25, 「上海鮮人ノ行動ニ關スル件」, 在上海總領事→外務大臣, 『不逞團關係雜件－朝鮮人ノ部』(在上海地方 3).

1920년대 상해 외탄 전경

어 있다.[55] 그러나 그는 거류민단에서 별다른 직책을 맡고 있지는 않았다.

용정에서 상해로 온 연병환은 이곳에서도 세관에서 근무하였다. 그런데 일제는 상해세관에 근무하는 '배일선인' 연병환을 독립운동과 차단하기 위해 오지로 내쫓으려고 획책하였다. 다음 일제의 비밀보고는 그 사실을 여실히 입증한다.

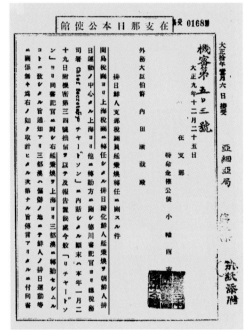
연병환을 상해에서 삼도오로 쫓아내려는 음모를
보고한 일제 문서

간도 세관으로부터 상해 세관에 전임한 배일귀화선인排日歸化鮮人 연병환을 조선인 배일운동의 중심인 상해로부터 다른 곳으로 전근시키는 방안에 관해 덕천서기관德川書記官으로부터 총세무사서總稅務司署 Chief Secretary 리차드슨과 통화한 본년 1월 29일 발송한 기밀 제34호 졸신抽信으로 보고한 바, 금번 리처드슨으로부터 동 서

기관에 대해 우 연병환을 상해로부터 삼도오三都澳로 전근시킨다는 취지의 통지

<hr />

55 機密第110號, 1921.9.28, 「上海在留朝鮮人現在人名簿調製ニ關スル件」, 在上海總領事→外務大臣, 『不逞團關係雜件－朝鮮人ノ部』(在上海地方 3). 이 명부에 의하면 상해 거류민의 분포는 본구 372명, 동구 45명, 서구 66명, 북구 24, 무계 60명 등 총 567명이었음을 알 수 있다.

가 있었고, 삼도오는 편벽한 지역으로 선인의 배일운동 등과 관계가 없고, 이 상과 같이 취계取計한다는 전언이 있기에 동 서기관은 리차드슨을 면회하여 우 취계에 대해 사의를 표하여 둔 것이다.[56]

이 문서는 중요한 사실을 시사한다. 즉, 덕천德川 서기관이 1920년 초부터 연병환을 상해로부터 격리시키고자 총세무사서 Chief Secretary 리차드슨과 협의하였음을 알려준다. 이는 일제가 연병환이 상해로 전임해 옴과 동시에 그의 동향을 감시하였음을 뜻하는 것이다. 또한 이 문서의 작성 주체가 상해총영사관이 아니라 재지나특명전권공사在支那特命全權公使 소번유길小幡酉吉이었음에 주목해야 한다. 소번 공사는 이 문서를 외무대신에게 보고하고 상해총영사에게도 발송하였다. 따라서 이 문서는 일제가 북경에 있는 일본공사관 차원에서 연병환을 주시했다는 사실과, 일제가 연병환을 어느 정도의 인물로 여기고 있었는가를 알려주는 것이라 할 수 있다. 그런데 이 문서에는 그를 '지나세관원', '배일 귀화선인'이라 표현하고 있어 논의를 요한다. 지나세관원은 중국 세관에 근무하는 사람이란 의미이고, 중국인이란 뜻은 아니다. 다만, 그가 중국 세관에 근무하기 위해서 귀화

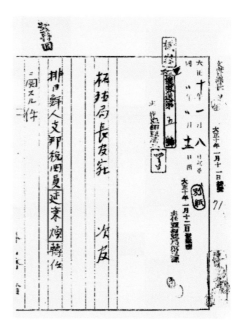

일제가 연병환을 감시하였음을 입증하는 문서

56 機密第503號, 1920.12.25, 「排日鮮人支那稅關員延秉煥轉任ニ關スル件」, 在支那特命 全權公使 → 外務大臣, 『不逞團關係雜件－朝鮮人ノ部』(在上海地方 3).

의 필요가 있었을 것이고, 그를 주시해 온 일제의 비밀보고 문서라는 점에서 신빙성이 있어 보이나, 그가 귀화했다는 기록이 없기 때문에 속단할 수는 없다. 오히려 그가 상해 정안사 영국인 묘역에 안장된 사실로 미뤄보면 귀화하지 않은 것으로 해석하는 것이 타당하다.

일제가 연병환을 주시하였다는 사실을 입증하는 또 하나의 비밀문서가 있다. 외무차관이 소번 공사가 보내온 문서를 곧바로 척식국장관拓植局長官에게 송부한 문서가 그것이다.[57] 척식국은 일제의 식민지를 관리하기 위한 기구로서 외지 통치와 이민 사업을 전담했던 부서이다. 따라서 일제는 외무성과 척식국이 공조하여 연병환을 감시하였던 것이다.

요컨대 일제는 연병환이 한인 집단 거주지역인 북간도 용정에서 독립운동의 중심적 인물로 활동하자 그를 상해로 방출하였으나, 그가 임시정부를 중심으로 독립운동에 계속 관여하자 다시 압력을 행사하여 상해에서 내쫓았던 것이다. 그가 상해에서 전임한 삼도오는 복주福州, 하문廈門과 더불어 복건성福建省의 3대항으로 꼽히는 항구도시이나, 독립운동과는 전혀 무관한 곳이었다.

그런데 이 이후의 연병환의 행적은 확인되지 않는다. 다만, 『곡산연씨대동보』에 의하면 1923년 진강해관鎭江海關으로 전임하였고, 1925년 7월에 진강해관 하남군무독판공서河南軍務督辦公署 고문이 되었다고 하나, 다른 자료에는 나타나지 않아 확인할 수 없다.

그는 1926년 음 5월 14일 사망하였다. 그의 사망에 대해 『곡산연씨대동보』에는 1926년 음 5월 14일 진강 임소로, 「제적부除籍簿」에는 1926년 8월 19일 오전 10시 상해 법계法界 복후로福煦路 애인리愛仁里 56번지로 되어 있다. 우선 사망 일자는 그의 상해 정안사 영국인 묘지 303호에 안장

---

57 亞三機密送第5號, 1921.1.12, 「排日鮮人支那稅關員延秉煥轉任ニ關スル件」, 外務次官 → 拓植局長官, 『不逞團關係雜件 - 朝鮮人ノ部』(在上海地方 3).

된 그의 묘비에 1926년 6 월 23일로 되어 있는 바, 음력으로 5월 14일이니 이 날이 맞는다. 사망 장소는 그가 상해에서 죽었다는 묘비명과, 정안사 영국인 묘지에 안장된 것으로 볼 때 상해에서 사망한 것으로 보는 것이 타당할 듯 하다.[58]

상해 정안사 안장 당시 연병환 묘비

여기에서 연병환의 유해 봉환과정도 간략히 언급해 두고자 한다. 국가보훈처는 2011년 상해총영사관을 통해 송경령능원 관리처 판공실에 연병환 등 독립운동가 4위의 묘소 실태를 질의한 바 있다. 이에 대해 능원 측은 '관련기록'에 의하면 외적인묘역外籍人墓域 6-5-9호에 매장된 연병환의 유해는 구체적인 시기는 알 수 없으나 1994년을 전후하여 '상해시조선인협회'에서 이장하였다는 사실을 문서로서 회신하였다.[59] 그러

정안사 묘비에 부착된 연병환 사진

나 2014년 10월 30일, 유족 등이 지켜보는 가운데 능원의 묘비를 들어내고 파묘해 보니 유골함이 나온 것이다. 당초 그의 묘비명에 새겨진 영문

---

58 당시 묘비 사진이 전해지는데, 비명은 '연병환님묻엄'이라고 되어 있고 사진 좌우에 한글로 생몰일을 기입하였고, 하단에는 영어로 성명과 생몰사항을 새겨두었다(애국지사 연병환·연병호선생선양사업회, 『애국지사 연병환·연병호』, 37쪽).

59 「情況說明」(송경령능원 관리처 판공실, 2011.11.1). 이는 송경령능원의 「墓籍簿」에서도 확인되는데, 그의 原葬日은 1926년 6월 26일이었다.

명은 'YUN PIUNG HAN'이었으나, 송경령능원으로 옮겨지며 묘비명이 발음이 달라진 'YAN PUNG HAN'으로 바뀌었다. 박은식朴殷植 선생 묘 바로 우측에 위치해 있던 그의 유해가 88년 만에서야 귀환하게 된 안타까운 이유 중의 하나이다.[60]

现葬方国 方 号	姓　名	性別	年会	原葬公墓区号	原葬日期	备注
8-18	李德三 LI YOANG SUN	男		静 M522	1926. 6. 15	
6-34	TAI Y. KIM	男		静 M141	1921. 10. 26	
6-49	YAN PUNG HAN	男		静 C303	1926. 6. 26	

区別	穴号	落葬者姓名	性別	死时年齡	国籍	原葬 公墓 区別	原葬 公墓 穴号	原葬 日期	自迁家属或代迁负责人 姓名	自迁家属或代迁负责人 住址	与死者关系	备注
6	34	TAI Y. KIM	男		朝鲜	静安 M	141	1921. 10. 26				
8	18	LI YOUNG SUN 李德三	男	67	朝鲜	静安 M	522	1926. 6. 15	上海市朝鲜人协会	虬江支路吉祥里		临时政府
6	49	YUN PUNG HAN	男		朝鲜	静安 C	303	1926. 6. 26	上海市朝鲜人协会	虬江支路吉祥里		

송경령능묘 묘적부

유해 발굴 봉환(2014)

그런데 연병환의 초명이 병우秉佑라서 공적 확인에 혼선이 있었다. 1995년 그의 독립유공자 공적을 신청한 질녀 연순희는 연병환과 연병우의 독립운동 활동을 동일인으로 파악하여 병우秉佑는 물론 '병우秉右'까지도 병환의 공적으로 제출하였다. 그러나 연병우延秉右는 연병환과 연령은 비슷하나, 본적이 함남 갑산군 동

---

60 연병환의 유해는 2014년 11월 14일 국내로 봉환되어 당일 국립대전현충원 애국지사 5묘역에 영면하였다. 2011년 10월, 유해를 찾지 못할 것으로 여겨 국립대전현충원에 위패(08-01-94)로 봉안된 지 3년 만의 일이다.

인면 신창리 200번지로서, 당시 거주지는 블라디보스토크 신한촌 체레파
노스카야였고, 활동지역도 블라디보스토크 일원이었다. 즉, 연병환과는
본적과 거주지와 활동지가 전혀 일치하지 않는 다른 사람이었다. 독립운
동의 공적도 연병우는 1919년 6월 25일에서 10월 24일 동안 노인단 대
표로서 조선독립청원서 제출 활동을 하였고, 1920년 4월 한인사회당 선
전부원, 1921년 8월 대한독립군단 신민단 대표를 지내는 등 운동 계열도
전혀 다르고 직업도 노동 청부업자였다.[61] 따라서 연병환의 독립운동의
공적은 연병환 명의로 기록된 것이 전부인 것이다.[62]

연병환과 부인 안동 김씨 사이의 자녀 관계에는 몇 가지 의문이 있다.
『곡산연씨대동보』에는 연병환의 자녀로 아들 향희享熙와 딸 혜경惠慶이
기재되어 있다. 그러나 제적등본에는 향희는 기재되어 있지 않고 금련金
蓮이라는 딸이 기재되어 있고, 동생 병호의 장자 중희中熙(1914년생)가
1926년 사후 계자로 되어 있다. 향희가 제적부에 등재되지 않은 것은
어려서 사망했기 때문으로 추측되며, 혜경과 금련은 동일인이다.[63]

그런데 아들 향희는 1915년생이고, 딸 혜경은 1911년생이다. 연병환은

61 姜德相,『現代史資料』26, 64·222쪽;『現代史資料』27, みすず書房, 1970, 178·276·
  294쪽.

62 현행 독립유공자 포상 기준에는 옥고 3개월을 대통령표창의 최소 요건으로 규정
  해 놓고 있다(국가보훈처,『독립유공자 포상업무 매뉴얼』, 2008). 그런 기준에서
  보면 연병환은 기준 미달이다. 그가 1995년 포상 신청 이후 2006·2007년의 잇단
  심사에서 보류 처분된 것은 형량이 미달인 데다가, 신청인이 함경도 갑산 출신의
  독립운동가 연병우를 이명으로 제시하며 공적을 뒤섞어 제출하였기 때문에 동일
  인 여부에 대한 판단 때문이었다. 결국 2008년의 재심에서 연병환과 연병우의 공
  적을 분리하고, 비록 그가 3개월 이상의 옥고를 치르지 않았다 하더라도 북간도
  와 상해에서 지속적으로 독립운동을 한 공적을 인정하여 대통령표창을 추서하기
  에 이른 것이다.

63 『谷山延氏大同譜』와「연병환 제적부」. 연혜경은 達成人 徐丙薰과 혼인하였는데,
  연병호를 중심으로 한 상세한 가족사는 애국지사 연병환·연병호선생선양사업회
  의『애국지사 연병환·연병호』, 40~42쪽 참조.

1908년 중국으로 건너간 뒤 김해 김씨를 처로 맞이하여 딸 연미당을 낳았다. 그렇다면 연병환의 국내 자녀들은 그가 국내를 내왕하였다는 전제로써 이해가 가능할 것이다.

연병환의 둘째 부인 김정숙의 장례식
(1931년, 김구·이동녕 등 임시정부 요인과 연병호·연미당 등 가족들이 참석하였다)

3. 가족들의 독립운동

청안 중명학교 기사 (《황성신문》 1908.12.19)

연병환의 민족운동 업적은 그 자신보다도 가족들의 활동으로 더욱 빛난다. 우선 그는 국내에 있는 어린 동생들을 북간도로 불러 독립운동에 참여하게 하였다. 그에게는 병호秉昊(1894년생)·병주秉柱(1897년생)·병오秉旿(1903년생) 등 나이 차가 많이 나는 동생 셋이 있었는데, 이들 중 연병호의 독립운동은 주목할 만하다. 여기서는 그 가족의 개별적 독립운동의 사실 규명은 별고로 미루고, 그와의 관련성을 중심으로 살펴보기로 한다.

연병호는 고향인 청안에 있는 사립 중명학교重明學校64에서 보통학교 정도의 교육을 마치고, 19세인 1913년 4월경, 형 병환이 있는 북간도 용정으로 갔다. 병호는 형의 허락을 받고 그곳의 사립학교인 창동학원昌東學院에 입학하여 중등과정을 수학하였으나, 이듬해에 병이 걸려 귀국하였다. 1916년 2월경, 서울기독교청년회관 영어과에 입학하였으나, 학자금이 궁하여 1년도 되지 않아 퇴학하고 이후 1918년까지 고향과 서울을 왕래하다가 3·1운동 이후 본격적으로 독립운동에 참여하게 되었

연병호의 집이 상해 세계한인동맹 통신소로 사용되었음을 보고한 일제 문서

다.[65] 그는 기독교청년회관에 재학하는 동안 안재홍·조용주 등과 교유하였는데, 이는 후일 기독교를 배경으로 대한민국청년외교단 활동에 참여하게 되는 중요한 인적 기반이 되었다.

그는 형과는 무려 16세나 나이 차가 나는데, 민족의식이 강하여 독립운동을 지원하고 있던 형으로부터 영향을 받았음은 자명한 사실이다. 특히 그가 어학에 능통하였다는 사실은 형으로부터의 영향임이 분명하다.

연병호는 1919년 상해에 대한민국 임시정부가 조직되었을 때부터 참여하였다. 그는 독립운동에 투신한 초기, 독립운동의 각오와 신념을 담

---

64 重明學校는 1908년 9월 청안향교를 교사로 하여 개교하였는데, 민가 매 호당 의연금을 출연하여 운영하는 청안군의 대표적 교육기관이었으며, 군수 李鐸應, 교장 閔明植, 교감 李相泰가 특히 열심이었다(《皇城新聞》 1908년 12월 19일, 1909년 3월 14일, 1910년 6월 5일자).

65 朝鮮總督府 高等法院 檢事局, 「在南京不逞鮮人團體員事件」, 《思想彙報》 제14호, 1938.3, 254쪽.

은 글을 《독립신문》에 기고하였다. 그는 이 기고문에서 동포들이 임시정부를 중심으로 독립운동에 동참하기를 촉구하며, 유독 형제의 투쟁과 재정적 지원을 강조하였다.[66]

연병호의 항일투쟁은 1920년 국내에서 대한민국청년외교단의 조직에 '설립 수령'으로서 주도적으로 참여하고 외교원으로 피임되며 본격적으로 시작하였다.[67] 이로 인해 피체되어 징역 3년을 선고받은 그는,[68] 이후 다시 중국으로 건너가 1922년 2월 23일 개원된 제10회 임시의정원 회의에 충청도 선출의원으로 참여하였으나, 국민대표회의 문제로 혼란하자 6월 12일 사임 청원을 하기도 하였다. 한편 이해 4월경 세계한인동맹회世界韓人同盟會가 결성되었는데, 연병호의 집(프랑스 조계 군영로 2호)이 통신소로 되어 있고,[69] 또한 6월 조직된 유호청년회留滬靑年會에서 그가 윤자영尹滋英 등과 9인 위원에 선정된 것을 보면,[70] 그는 비교적 일찍이 상해 독립운동 세력 중 인정받는 위치에 있었음을 알 수 있다. 연병환과 김정숙의 장례식 사진에 연병호가 있음으로 미뤄보면 형제는 상해 거주 당시 긴밀히 내왕하였음을 알 수 있다.

그런데 일제가 1921년 7월에 조사한 자료에 의하면, 그가 만주 안도현 내두산內頭山을 근거로 약 40명의 부하를 거느린 광복단독립산포대光復團獨

---

66 延秉昊, 「獨立紀念日의 말」, 《獨立新聞》 1920년 3월 30일자.
67 류시중·박병원·김희곤 역주, 『국역고등경찰요사』, 선인, 2010, 353~361쪽. 당시 그의 주소는 상해로 되어 있다. 연병호가 대한민국청년외교단 조직의 주역이었음은 이병철, 안재홍, 송세호 등의 심문 내용 등에서도 확인되며, 명칭을 배달청년회로 개정을 주도한 것도 그였음을 알 수 있다.
68 「延秉昊 등 裁判判決文」(1920.6.29, 대구지방법원). 그는 이 재판에서 대정 8년 제령 제7호 및 출판법위반으로 징역 3년형을 선고받았다. 그러나 이는 궐석재판이었기 때문에 그가 이 사건으로 3년의 옥고를 치렀다고 서술한 것은 오류이다.
69 機密受第176號, 1922.9.2, 「上海情報」, 『不逞團關係雜件-朝鮮人ノ部-在滿洲ノ部 33』.
70 機密受第209號, 1922.6.14, 「留滬靑年臨時大會開催狀況ノ件」, 『不逞團關係雜件-朝鮮人ノ部-在上海ノ部 4』.

立山砲隊의 수장首長으로 되어 있다. 이 자료에는 그의 이름이 연병학延秉學 (별명 연병준延秉俊, 연익延益)으로 되어 있으나 연령과 출신지가 일치한 다.[71] 곧, 그가 상해로 가기 전에 만주에서 독립군으로 활동하였다는 사실을 알려주는 자료이다. 이는 그가 북경에서 활동하며 무장투쟁 단체인 신민부의 군자금 모금 활동에 노력한 사실과 함께, 그가 외교노선뿐 아니라 무장투쟁론도 견지하고 있음을 보여주는 것으로 이해된다. 이와 관련해서는 그가 북경에서 무장투쟁론자인 이천민, 박숭병과 함께 교우하며 활동한 사실도 시사하는 바가 크다.[72]

남경에서는 한국혁명당, 신한혁명당의 조직에 참여하였고, 다시 임시의 정원에도 참가하는 등의 활동을 펼치다가, 1937년 1월 7일 상해에서 일제에 피체되어 국내로 압송되어 '적색운동赤色運動의 최고간부最高幹部', '적색운동의 거두巨頭'[73]로 치안유지법 위반혐의로 6년형을 선고받고 옥고를 치렀다. 그는 해방 후에는 제헌국회와 제2대 국회의원으로 활동하다가 1963년 1월 26일 고향 자택에서 서거하였다. 그리고 이해에 건국훈장 독립장이 추서되었다.

연병호는 형 연병환이 이루지 못한 꿈을 이루려고 많은 노력을 기울였다. 그는 3·1운동 이후 해방을 맞이할 때까지 독립운동과 옥고를 치루는 간고한 생활을 하였다. 연병호와 관련된 자료는 적지 않으나, 연구는 전무한 실정이다. 향후 연구의 진척을 기대한다.

연병환에게는 동생으로 병호 외에 병주와 병오가 있었다. 병주는 호적

71 高警第24216號, 1921.8.10, 「間島竝其接壤地方ニ於ケル不逞鮮人團」, 『不逞團關係雜件－朝鮮人ノ部－在滿洲ノ部 29』; 秘受12316號, 1921.10.25, 「國境警ニ關スル所見」, 『不逞團關係雜件－朝鮮人ノ部－在滿洲ノ部 30』.

72 연병호는 이천민, 박숭병과 이승만의 탄핵을 통렬하게 비판하는 「교정서」(1925. 5.31)를 발표하였다.

73 《매일신보》 1937년 11월 7일 및 11월 10일자.

의 병규秉奎인데, 경술국치 후 병환이 있는 북간도로 건너가 형의 도움으로 연경대학을 졸업하였다. 이후 그는 중국 관원으로 생활하다가, 동포들에게는 중국어를 가르치고 중국인들에게는 한·중 공동투쟁을 강조하였다고 한다.[74] 병주가 독립운동과 관련된 사실은 1919년 3월 북경에서 20여 명이 조직한 신대한동맹회新大韓同盟會의 내무부장과 서기를 맡은 것이다. 신대한동맹회의 조직은 다음과 같다.[75]

회　　장	박정래朴正來		부 회 장	최　　우崔愚	
총　　무	이상만李象萬		재　　무	조두진趙斗珍	
교제부장	유장연劉璋淵		군무부장	전재홍全在弘	
교통부장	유중한柳重韓		내무부장	연병주延秉柱	
참 모 장	최동식崔動植		서　　기	연병주延秉柱	

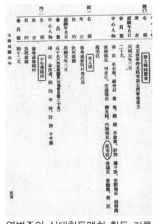

연병주의 신대한동맹회 활동 기록
(『조선민족운동연감』)

그러나 자료의 결핍으로 신대한동맹회의 활동 내용은 알 수 없다. 그런데 그가 북경에서 독립운동가들과 함께 생활하며 그들의 연락 사무를 맡았다는 증언이 있다. 즉, 정화암은 회고에서 연병주로 하여금 자신의 전셋집 문간방에 살게 하며 외부와의 일체 연락을 맡겼다고 하였으나, 역시 상세한 내용은 알 수 없다.[76] 이로써 보면 연병주 또한 연병환의 도움으로 연경대학을 졸업할 수 있었고,

74 『谷山延氏大同譜』 卷之三, 324~325쪽.
75 在上海日本總領事館 警察部第二課, 『朝鮮民族運動年鑑』, 1932, 55쪽.
76 鄭華岩, 『이 조국 어디로 갈 것인가』, 자유문고, 1982, 34쪽. 여기에는 秉周로 되어 있으나, 분명히 연병호의 동생이라고 되어 있다.

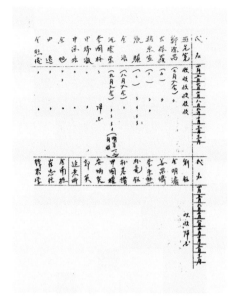

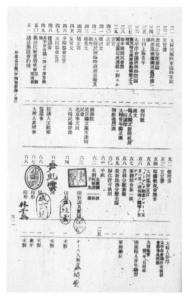

연병오의 청년동맹회 활동을 보고한 일제 문서 　　『조선민족운동연감』에 수록된
　　　　　　　　　　　　　　　　　　　　　　연병오 인장

그 영향으로 독립운동에 참여하였음을 알 수 있다. 그러나 그는 '활동
내용 및 사후 행적에 관한 자료 보완'을 사유로 독립유공자로서 포상이
보류되고 있다.

　연병환의 막내 동생은 병오인데, 호적에는 병한秉漢으로 되어 있다. 그
는 12세이던 1914년 형 병환의 부름을 받고 북간도로 가서 생활하다가,
1919년 병환을 따라 상해로 가서 포동중학교를 졸업하고, 1935년 광주廣
州의 기남대학교曁南大學校를 졸업하였다고 한다.[77]

　병오는 1924년 상해에서 청년동맹회靑年同盟會 회원으로 활동하며 회비
를 납부한 사실이 확인된다.[78] 또한 일제의 압수품 목록 중 윤기섭의 소
지품에 연병오의 상아 인장 1점이 있었으며,[79] 형의 장례식과 형수의 장

---

77 『谷山延氏大同譜』 卷之三, 325쪽.

78 機密第176號, 1924.10.5, 「鮮人靑年同盟會總會狀況ニ關スル件」, 『不逞團關係雜件 –
　　朝鮮人ノ部 – 在上海ノ部 5』.

레식 사진에 연병호, 엄항섭 등과 함께 촬영하고 있어 그의 상해 체류는 분명히 확인된다.[80] 그러나 그 또한 "적극적 독립운동 참여 불분명" 사유로 독립유공자 포상이 보류되고 있다. 어쨌거나 병오 또한 형 병환의 도움으로 대학을 졸업하고 독립운동에 참여할 수 있었던 것이다.

한편 연병환은 1908년 중국으로 건너온 후 둘째 부인으로 김해 김씨(김정숙金貞淑)를 맞아 1908년 7월 15일 북간도 용정촌에서 딸 연미당을 낳았다. 김해 김씨는 『곡산연씨대동보』에 등재되어 있으나, 연미당은 기재되어 있지 않아 양녀설養女說 등 혼선이 있었다. 그러나 연미당의 취적부나 엄항섭의 제적부 등을 종합하면 그녀는 연병환과 김정숙의 소생임이 분명하다.[81] 또한 '연미당의 친정 조카',[82] '엄모의 처조카'[83]로 지칭된 연충렬延忠烈도 그 소생이다. 연충렬은 1932년 조직된 상해한인청년당上海韓人靑年黨(상해한인독립운동청년동맹上海韓人獨立運動靑年同盟의 후신)에 이규서李圭瑞, 김석金晳 등과 함께 주도적 인물로 참여하였으나,[84] 이규서와 함께 이회영의 만주행을 밀고하여 그를 대련에서 피체, 사망케 한 사건에 연루된 인물이다. 물론 그 또한 『곡산연씨대동보』에 등재되어 있지 않으나, 여러 정황으로 볼 때 연병환의 아들이자 연미당의 동생임이 틀림없다.[85]

---

79 在上海日本總領事館 警察部第二課, 『朝鮮民族運動年鑑』, 311쪽.

80 애국지사 연병환·연병호선생선양사업회, 『애국지사 연병환·연병호』, 48~49쪽.

81 연미당에 대해서는 최근 여성독립운동가로서의 조명이 이뤄졌다. 이명화(독립기념관)는 3·1여성동지회가 주최한 제20회 한국여성독립운동사 학술연구발표회(2014.3.24, 백범기념관)에서 「연미당의 생애와 독립운동」을 발표하였고, 심옥주(한국여성독립운동연구소장)는 『백범회보』(2014년 여름호)에 연미당에 대한 짤막한 글을 발표하였다.

82 애국지사 연병환·연병호선생선양사업회, 『애국지사 연병환·연병호』, 46쪽.

83 한국무정부주의운동사편찬위원회, 『한국아나키즘운동사』, 형설출판사, 1978, 342~343쪽.

84 국사편찬위원회, 『한국독립운동사자료』 임정편 Ⅲ, 1973, 「各種團體一覽」(1932) 및 「獨立運動團體 一覽表」(1934).

연미당은 19세이던 1927년 상해에서 이동녕의 중매로 프랑스 공무국에 근무하며 임시정부를 지원하던 엄항섭과 결혼하였다.[86] 연미당의 독립운동과 엄항섭과의 관계는 앞의 박영준의 회고에 잘 나타나 있다.[87]

연미당의 독립운동은 상해에서 여자청년동맹 참여로 시작되었는데, 1934년에는 이 단체의 대표로서 상해한인각단체연합회에 참가하였다. 특히 그녀의 딸 엄기선의 회고에 의하면, 그녀는 1932년의 윤봉길 의거 때 사용한 도시락 폭탄을 싸는 보자기를 직접 만들었다고 한다.[88] 이후 그녀는 임시의정원 의원, 한국독립당, 한국광복진선청년공작대, 한국애국부인회 등에서 큰 활약을 펼쳤다. 그녀의 활동은 독립운동 시기, 가장 활발한 활동을 펼친 여성독립운동가로서, 부부 독립운동가로 평가될 수 있을 것이다. 그러나 동생 연충렬의 사망, 남편과의 이별 등은 아픈 가족사의 한 단면을 잘 보여준다.

한편 그녀의 장녀 엄기선도 한국광복진선청년공작대에 참여하는 등 부모를 도와 독립운동을 한 공적을 인정받아 건국포장을 수여받았다.[89]

---

85 여러 정황이란 연미당이 상해 시절 사용한 延忠孝라는 이름과 유사하고, 상해 시절 연병환 가족사진에 모두 그가 등장한다는 점이다. 연미당의 결혼사진에는 예복을 입은 어린아이로, 연병환의 장례식 사진에는 忠孝와 모친 김정숙 사이에 상주로 서 있으며, 김정숙의 장례식 사진에는 충효와 삼촌 병호, 병오와 함께 관 앞에 상주로 서 있는 모습에서 확인할 수 있다. '연미당의 친정 조카'라면 병호나 병오의 아들을 일컫는 것일 텐데, 그들에게는 상해에 아들이 없었다. 『谷山延氏大同譜』에 김정숙은 등재되어 있으나, 연충렬이 등재되지 않은 것은 그가 1932년에 사망한 행적과 관련이 있어 보인다.

86 대전애국지사숭모회, 『사랑과 열정을 祖國에 - 일파 엄항섭선생·미당 연충효여사 부부 독립운동사 -』, 1992.

87 박영준 자서전, 『한강물 다시 흐르고』, 60~61쪽.

88 애국지사 연병환·연병호선생선양사업회, 『연미당의 愛國千秋』, 96쪽.

89 엄기선은 외가가 경제적으로 부유했으며 외조부가 영어를 잘하였고, 외조모가 독립운동가들에게 헌신적으로 대하였다는 사실 등 外家와 모친에 대한 회고를 남겼다(애국지사 연병환·연병호선생선양사업회, 『연미당의 愛國千秋』, 96~98쪽).

Ⅳ. 맺음말

본고는 충북 증평 출신으로 1907년경부터 1926년까지 북간도 용정과 상해 일원에서 활동한 연병환의 생애와 민족운동을 살펴본 것이다. 이상을 요약하면 다음과 같다.

연병환은 1878년 곡산 연씨 집성촌인 도안면 석곡리에서 출생하였는데, 무반 출신이 많은 양반가문이었으나, 그가 출생할 당시에는 사회경제적으로 쇠락한 상태였다. 『광무양안』에 기재된 토지 소유 관계를 분석한 결과, 그의 부친 채우는 빈농을 면한 정도의 소농이었으나, 그는 물레방아가 딸린 9필지, 67부 5속의 토지를 소유한 중농이었음을 알 수 있다. 이는 그가 중국으로 이주한 이후에 국내에 남은 처자의 생계를 염려하지 않고, 독립운동을 지원할 수 있었던 배경으로 이해된다.

그는 1897년을 전후하여 관립외국어학교를 다녔고, 궁내부주사를 거쳐 인천과 부산 등 주요 해관에서 방판으로 근무하였다. 또한 양지아문에 근무했을 가능성이 있으며, 주일공사의 일본 사행을 수행했던 것으로 보인다. 그러나 영국 유학은 사실이 아닌 것으로 보인다.

1907년경 중국으로 이주한 그는, 안동을 거쳐 용정세관에 근무하며 독립운동을 지원하며 한인사회의 주도적 인물이 되었다. 이는 정원택과 박영준 및 외손녀의 증언을 통해 입증된다. 북간도 거주 시절, 그는 대종교의 주요 인물이었던 백순, 박찬익 등과 친교가 있었는데, 이는 그가 대종교에 가입하였을 가능성을 시사하는 것이다. 특히 그는 뛰어난 어학 실력을 바탕으로 대외 교역 업무를 담당하여 다른 사람들보다 훨씬 많은 월급을 받았다. 그는 이 같은 경제적 여유를 토대로 독립운동을 지원하며 자신의 집을 독립운동가의 회집 장소로 이용하거나, 국내에서 만주로 오는 인사들의 거점으로 삼도록 하였다. 그 결과, 1919년 용정 3·13 시위에 이은 검거 선풍 때 피체되어 용정 영사관 감옥에서 2개월의 고초를 겪기도 하였다.

연병환은 1919년 10월경 상해세관으로 옮겼는데, 사실상 일제가 북간도 한인 독립운동으로부터 그를 격리시킨 조치로 이해된다. 그러나 북경에 있는 일본 공사관은 1920년 1월 초부터 연병환을 다시 임시정부가 수립되며 독립운동의 중심지로 부상한 상해로부터 격리시키기 위해 공작을 진행하였다. 결국 일제는 총세무사서 Chief Secretary 리차드슨과 협의하여 연병환을 독립운동과 전혀 무관한 복주 삼도오로 쫓아냈다. 그는 1926년 상해에서 사망하였다. 그의 유해는 우여곡절 끝에 88년 만인 2014년 국내로 봉환되어 영면하게 되었다.

연병환의 민족운동은 동생, 딸과 사위, 외손녀로 이어지며 더욱 빛을 발하였다. 그의 동생 연병호는 독립장을 추서 받은 명망 있는 독립유공자이고, 병주와 병한도 중국에서 대학을 졸업하고 일정하게 독립운동에 참여한 사실이 확인된다. 이는 형 병환의 지원에 힘입은 바 크다. 한편 그의 딸 연미당은 사위 엄항섭과 함께 한국청년전지공작대와 임시정부에서 활동하였으며, 외손녀 엄기선도 부모를 도와 독립운동에 참여하여 독립유공자가 되었으니, 3대에 걸쳐 5명의 독립유공자를 배출한 가문인 것이다. 다만, 연충렬의 행적과 엄항섭의 납북은 식민지 지배와 분단이라는 한국근현대사의 굴곡이 드리운 가족사의 음영이라 할 것이다.

연병환, 그는 자신을 드러내지 않은 그림자 독립운동가이자, 가족의 독립운동을 이끈 견인차 역할을 한 인물로 평가하여 마땅할 것이다.

참고문헌

1. 자 료

『忠淸北道淸安郡量案』北面 坤, 邑內面 坤.

《官報》, 《皇城新聞》, 《大韓每日申報》, 《東亞日報》, 《獨立新聞》, 《大阪每日新聞》.

在上海日本總領事館 警察部第二課, 『朝鮮民族運動年鑑』, 1932.

『不逞團關係雜件－朝鮮人ノ部』.

東洋拓植會社 『間島事情』, 대일본인쇄주식회사, 1918.

『湖石先生文集』(독립운동사편찬위원회, 『獨立運動史資料集』 제12집, 1977).

姜德相, 『現代史資料』 26, 27, みすず書房, 1970.

朝鮮總督府 高等法院 檢事局, 「在南京不逞鮮人團體員事件」, 《思想彙報》 제14호,
       1938.

국사편찬위원회, 『한국독립운동사자료』 임정편 Ⅲ, 1973.

谷山延氏大同譜所, 『谷山延氏大同譜』 卷之一, 回想社, 2002.

大倧敎總本司, 『大倧敎重光六十年史』, 1971.

鄭元澤著 洪淳鈺編, 『志山外遊日誌』, 탐구당, 1983.

2. 연구논저

김용섭, 『朝鮮後期農業史硏究』, 일조각, 1970.

김의환, 「도안의 성씨와 인물」, 『道安面誌』, 도안면지편찬위원회, 2001.

_____, 「충주 豊德마을의 모습과 농민층의 토지소유」, 『歷史와 實學』 42집, 2010.

김주용, 『일제의 간도 경제침략과 한인사회』, 선인, 2008.

노민화, 「大韓帝國 時期 官立學校 敎育의 性格 硏究」, 이화여자대학교 박사학위논
       문, 1990.

류시중·박병원·김희곤 역주, 『국역고등경찰요사』, 선인, 2010.

박걸순, 「安潚의 현실인식과 자정 순국」, 『한국근현대사연구』 제61집, 2012.

_____, 「湖石 姜錫箕 父子의 대종교신앙과 민족운동」, 『한국사연구』 167, 2014.

朴英俊 자서전, 『한강물 다시 흐르고』, 한국독립유공자협회, 2005.

신영우 편, 『광무양안과 진천의 사회경제 변동』, 혜안, 2007.

_____, 『광무양안과 충주의 사회경제구조』, 혜안, 2010.

_____, 『광무양안과 진천의 평산 신씨 무반가문』, 혜안, 2012.

애국지사 연병환·연병호선생선양사업회, 『애국지사 연병환·연병호』, 2013.

_____, 『연미당의 愛國千秋』, 2013.

이해준, 『조선시기 촌락사회사』, 민족문화사, 1996.

증평군·증평문화원, 『애국지사·제헌국회의원 원명 연병호』, 2006.

최윤오, 「대한제국기 광무양안의 토지소유와 농업경영에 관한 연구」, 『역사와 현실』 58, 2005.

연병호延秉昊의 독립운동 방략과 노선

장 석 흥
국민대학교

Ⅰ. 머리말

연병호延秉昊는 1937년 중국 상해에서 일경에 체포되기까지 20여 년 세월을 국내와 중국 대륙, 만주 등지를 무대로 다양한 독립운동의 족적을 남겼음에도 오랫동안 그 자취와 실상이 가리어졌던 독립운동가이다. 그동안 독립운동사 연구가 상당히 진전한 것에 비해, 그의 독립운동은 1919년 대한민국청년외교단이나, 1920년대 초 대한민국임시의정원,

연병호

1930년대 한국혁명당이나 신한독립당 등의 활동만이 알려져 있을 뿐이다. 그나마 사실 규명조차 미진한 채, 독립운동의 궤적을 연대기로 작성하기도 어려운 실정이다.

만주와 중국대륙을 누비며 활동한 때문인지 일제 첩보문서에는 본명 연병호 외에도 연병준延秉俊, 연도명延圖明, 연원명延圓明, 연병학延秉學, 연순일延順一, 연범구延範九 등 10여 개의 이명이 등장하고 있다.[1] 이명이 유독 많

---

1 조선총독부 고등법원 검사국, 「재남경불령선인단체원사건」,《사상휘보》14, 1938.

앉던 것에는 일제 첩보의 착오에 의한 것도 있지만, 만주와 북경, 상해 남경 등 활동 무대가 넓었던 관계로 이들 이명이 연병호와 동일인이란 사실을 찾아내기 어려운 점도 있었다. 만주 독립군에 참가할 무렵 본명보다 주로 연병학이란 이름으로 기록되어 있는 것을 볼 수 있는데,[2] 그만큼 연병호는 여러 얼굴로 비춰진 독립운동가였다.

중국어, 러시아어, 일본어에 능통했던 그는 특히 중국 인사들과 교류가 깊어 중국인 사회에서도 명망이 높았다. 때문에 그는 한중연대를 통한 독립운동에 앞장서 나갔다. 그런가 하면 독실한 기독교도였던 그를 두고 일제는 '적색운동의 거두'라[3] 지목할 만큼 이념과 사상의 폭이 넓은 독립운동가이기도 했다.

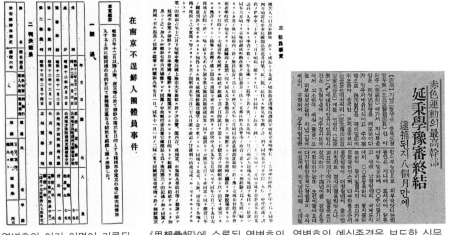

연병호의 여러 이명이 기록된 일제 문서

《思想彙報》에 수록된 연병호의 활동 사항

연병호의 예심종결을 보도한 신문 기사(《매일신보》 1937.11.7)

2.28, 253쪽.

2 조선총독부 경무국, 고경제2915호, 「불온문서배포에 관한 건」, 1925.8.24.

3 《매일신보》 1937년 11월 7일자.

연병호는 1894년 11월 22일 충북 괴산 도안 석곡리에서 4형제 중 둘째로 태어났다.[4] 초명은 병학秉學이고, 호는 원명圓明이다. 그에게 영향을 끼쳤던 이는 형 연병환(1878~1926)이었다. 연병환은 국내에서 세관 일을 보다가 1908년부터 북간도 용정에서 중국 해관원의 일을 보았다. 민족의식이 남달랐던 연병환은 3·1운동이 일어나자 용정에서 만세운동에 참여했다가 일본영사관에 체포되어 2개월간 고초를 치르기도 했다.[5] 형의 영향으로 연병호는 1913년 고향에서 소학과정인 중명학교를 마치고 북간도 용정으로 건너가 중학과정인 창동학원을 다녔다. 그러나 1년 남짓 만에 병을 얻어 고향으로 돌아와야 했다. 그리고 20세 무렵인 1915년에 서울로 올라와 경성기독교청년회관 영어과를 1년 정도 수학한 바 있다.[6] 이때 교육부 간사를 맡고 있던 안재홍을 만나고, 대한민국청년외교단을 함께 조직한 조용주와도 친교를 맺기에 이른다.[7] 조소앙도 이 무렵 잠시 국내에 머물고 있었는데, 조소앙과 안재홍은 일본 유학시절부터 동지적 관계를 이루던 사이였다. 연병호는 이들과 만나며 민족현실에 대한 깊은 논의를 나누었고, 독립운동에 투신할 뜻을 세워 나갔다.

안재홍　　　　　조소앙

---

4 『곡산연씨대동보』 3, 324쪽.

5 연병환에 대해서는 박걸순, 「연병환의 생애와 민족운동」, 『증평출신 곡산 연씨의 독립운동 조명』(「연병호항일역사공원」 조성계기 독립운동사 학술대회 발표문, 2014. 12.19) 참조.

6 조선총독부 고등법원 검사국, 「재남경불령선인단체원사건」, 254쪽. 일제 문서는 경제문제로 중도 퇴학한 것으로 기록하고 있다.

7 조선총독부 고등법원 검사국, 「재남경불령선인단체원사건」, 254쪽.

경성기독교청년회관

그가 독립운동에 뛰어들기 위해 언제 망명했는지는 확인되지 않으나,[8] 그는 1919년 4월 대한민국 임시정부가 수립될 무렵 조소앙·조용주와 함께 상해에서 활동하고 있었다. 고난에 찬 독립운동의 길에 들어선 연병호는 20여 년 동안 독립운동의 최전선인 국내에서 비밀단체인 대한민국청년외교단을 주도적으로 결성하였다. 그는 만주 독립군단체인 대한정의단군정사에 참가하였으며, 대한민국임시의정원 의원으로 유호청년회 등 청년운동에 앞장섰다. 이후 북경으로 무대를 옮긴 그는 무장투쟁을 추구하다가 만주 독립군단체인 신민부의 군자금 조달을 위해 활동하였으며, 1930년대는 남경에서 정당 활동을 펼치는 등 독립운동의 이념이나 방략에 구애받지 않는 변화무쌍한 독립운동의 자취를 남겼다.

여기에서는 연병호가 전개한 독립운동의 자취를 영성하나마 연보를 꾸리는데 힘을 기울이고, 연병호의 독립운동이 갖는 특징과 의미를 규명하기로 한다.

---

8 그는 연병환의 부름을 받아 1919년 3월 망명한 것으로 애국지사 연병환·연병호선생선양사업회가 전하고 있으나 확실치 않다.

II. 대한민국청년외교단의 결성

연병호가 독립운동에 첫발을 내딛은 것은 3·1운동 직후 국내에서 대한민국청년외교단을 결성하면서였다. 단체 이름에서 표방하듯이 대한민국 임시정부의 외교를 지원하는 청년들의 단체였다. 그리고 청년들을 주체로 조직되었다는 점에서 독립운동이 다음 세대로 이어가며 발전해 간 양상을 구체적으로 보여주는 실체였다. 3·1운동 전까지만 해도 청년·학생은 기성세대의 지도를 받는 위치에 머물렀으나, 3·1운동을 경험하면서 독자적 운동 주체로 부상한 것이다.

대한민국청년외교단의 결성을 주도했던 인사는 연병호를 비롯하여 조용주, 송세호, 안재홍, 이병철 등이다. 이 단체의 특징은 국내에서 자생적으로 생겨난 것이 아니라 상해에서 귀국한 인사들에 의해 조직 결성이 추진되어 갔던 점이다.[9] 당시 상해에는 각처에서 몰려든 독립지사들로 활기가 넘쳐나고 있었다. 내로라하는 독립운동의 명사들이 집결했으나, 독립운동 세력의 결집은 열기만큼 견고하지 못했다.[10] 특히 민족 독립의 큰 뜻을 품고 상해를 찾았던 젊은이들에게는, 지연과 이념 등으로 형성된 독립운동 세력의 파벌 의식이 짐짓 장애 요소로 비칠 수 있었다. 이때 조소앙을 비롯해 연병호, 조용주, 송세호 등은 청년을 중심으로 굳건한 단체를 만들어야 한다는데 뜻을 모으고, 국내에서 청년 비밀단체 성립을 추진해 갔다.

연병호와 조용주 등은 이미 구축한 동지적 기반을 바탕으로 단원을

---

9 장석흥, 「대한민국청년외교단연구」, 『한국독립운동사연구』 2, 독립기념관 한국독립운동사연구소, 1988, 274~275쪽. 이 무렵 국내에서는 만세운동의 영향으로 구체적 독립운동을 목적으로 대한독립애국단, 대한국민회, 조선민족대동단과 같은 비밀단체들이 자생적으로 생겨나고 있었다.

10 정원택, 「지산외유일지」, 『독립운동사자료집』 8, 독립운동사편찬위원회, 1974, 440~443쪽.

신규식

포섭해 갔다. 불교 승려인 송세호는 1914년 상해로 건너갔을 때 조소앙, 조용주 등과 교류를 맺고 있었다. 월정사 승려인 그는 1916년 귀국했다가 3·1운동 직후 상해로 넘어가 연병호, 조용주 등과 동지적 결합을 이루어 나갔다.[11]

연병호는 경성기독교청년회관 재학 시절 교육부 간사인 안재홍, 조용주와 인연을 맺고 있었다. 안재홍은 조용주의 형인 조소앙과는 1910년 일본 유학 시절부터 동지적 관계를 맺은 사이였다. 이들은 조선기독청년회, 조선인유학생학우회 등을 통해 교류했으며, 1913년 여름 안재홍이 상해를 여행할 때 신규식과 조소앙이 주도한 동제사에 가입하기도 했다.[12] 1915년 조소앙이 잠시 귀국했을 때 중앙학교 학감으로 있던 안재홍이 교장을 맡아 줄 것을 간청할 정도로 친분이 두터웠다.

조용주가 중국으로 건너간 것은 1913년의 일이었다. 그는 상해에서 조소앙과 합류하고, 중국 혁명지사들과 결합하여 아세아민족반일대동당에 참가한 바 있었다.[13] 그는 1917년 조소앙이 대동단결선언을 기초할 때나[14] 1918년 만주로

「동제사창립취지문」

---

11 「대한민국청년외교단·대한민국애국부인회사건 판결문」, 『조선통치사료』 5(김정주 편), 1970, 740쪽.
12 천관우, 「민세 안재홍 연보」, 『창작과 비평』 13-4, 1978, 218쪽.
13 삼균학회 편, 『조소앙문집』 하, 1979, 487~488쪽.

건너갈 때도 늘 함께 하면서 형을 도왔다. 조소앙은 대동단결의 꿈을 이루기 위해 만주행을 택했으나, 사정이 여의치 않은 가운데 길림에서 어려움을 겪고 있었다.[15] 이 무렵 만주 봉천의 동래상회에서 사무원으로 있던 조용주는[16] 국내에서 3·1운동이 일어나자 가장 먼저 길림에 있는 형에게 소식을 전했고,[17] 이들은 상해로 와 대한민국 임시정부 수립에 참가했다. 조소앙이 대한민국 임시헌장의 기

「대동단결선언문」 서명자 명단.
조용은은 조소앙의 본명이다

초에 참가하면서 임시정부 수립에 크게 기여하고 있을 때도 조소앙은 조용주와 뜻을 같이 하고 있었다.[18] 이 무렵 조소앙은 임시정부와는 별도로 유럽행을 계획하고 있었다. 이에 앞서 1919년 1월 말 신한청년당에서 김규식을 파리강화회의에 파견하고, 임시정부 수립 후 김규식이 임시정부 대표자격으로 활동하고 있었다.[19]

---

14 조소앙은 1917년 대동단결의 선언을 독립운동계에 선포하는 한편 스웨덴 스톡홀름에서 열린 만국사회당대회에 한국독립을 촉구하는 '취지서'를 신규식과 함께 '조선사회당'의 이름으로 발송한 바 있었다(국회도서관 편, 『한국민족운동사료』 중국편, 1976, 17~18쪽). 취지서의 내용은 1917년 9월 2일《NorddeutscheAllgemeine Zeitung》지에 수록되어 있는데, 그 요지는 발칸반도의 문제로 제1차 세계대전이 일어났듯이, 일본의 노예상태에 있는 한국의 문제로 또다시 전쟁이 발발할 것이라고 경고하면서, 모든 민족의 정치적 균등, 국제정의의 실현, 피압박민족의 원상복귀, 한국독립의 실현 등을 요구하였다(강영심, 「신규식의 생애와 독립운동」, 『한국독립운동사연구』 1, 1987, 242쪽).

15 한시준, 「조소앙연구」, 『삼균주의연구논집』 6, 1985, 101쪽.

16 김정명, 『조선독립운동』 1-분책, 208쪽.

17 정원택, 「지산외유일지」, 434쪽. 조용주가 3·1운동의 소식을 살리기 위해 길림에 도착한 것은 3월 2일의 일이었다.

18 정원택, 「지산외유일지」, 439쪽.

19 김규식은 1919년 3월 13일 파리에 도착하여, '평화회의 한국민대표관'을 세우고

김규식

파리강화회의 임시정부 대표단
(앞줄 오른쪽 첫 번째 인물이 김규식)

조소앙과 조용주는 상해가 겉으로는 활기찬 듯해 보였지만, 독립운동 세력들이 단결되지 못한 상황에 우려를 금하지 못하였다. 이때 정원택이 "국내에서 오는 청년들이 순일매진하고 사사로운 마음이 없으니 그들을 단합하여 단체를 세우는 것이 어떠하냐"는 의견을 타진하자 조소앙이 전격 응낙하기에 이르렀고,[20] 조용주는 4월 국내에 들어와[21] 5월 초 대한민국청년외교단을 조직한 것이다. 그리고 국제외교 활동에 관심이 많았던 조소앙은 5월경 상해를 떠나 6월경 파리로 건너가 파리강화회의 대표단에 합류했다.[22] 조용주가 이병철과 만나 청년외교단의 결성 목적을 '독립정신의 보급 및 선전과 아울러 세계 각국에 외교원을 파견하여 독립 실현을 보장받는 것'이라고 한[23] 것에서 살필 수 있듯이, 청년외교단은

헐버트를 초빙하고, 스위스 유학생 이관용을 사무담당관으로, 김복과 황기환을 대표관과 서기장으로 각각 임명하여 업무를 개시하였다.

20 정원택, 「지산외유일지」, 440~443쪽.

21 장석흥, 「대한민국청년외교단연구」, 273쪽.

22 강영심, 「1910년대 중국관내 항일운동」, 『1910년대 국외항일운동 Ⅱ-중국·미주·일본』, 한국독립운동의 역사 17, 2008, 92~93쪽.

외교활동을 주요 방략으로 삼고 있었다.

이병철은 조용주와 일찍부터 알고 지내는 사이로, 이병철은 3·1운동 때 중앙기독교청년회를 중심으로 학생시위를 벌였고,[24] 기독교 계통 여학교 출신의 대조선독립애국부인회를 지도 결성한 바 있었다.[25]

송세호는 1914년 상해로 건너가 조소앙, 조용주 등과 교류를 맺었으며,[26] 1916년 귀국하여 불교승려 생활을 하던 중 3·1운동이 일어나자 상해로 넘어가 임시정부에 참가했다. 그는 임시정부 초기 재무부위원, 강원도의원으로 활동했다.[27]

이렇듯 청년외교단은 일찍부터 동지적 유대를 이루고 있던 중심인물들이 조소앙의 국제외교 활동을 지원하고 그와 같은 방략을 추진하기 위해 국내에서 결성한 비밀단체였다.

청년외교단은 단장을 두지 않고 총무 책임체제로 운영되었다. 2인 총무제로 안재홍은 강령 및 규칙 등 운영의 기초가 되는 문안 작성을 맡고, 이병철은 주로 자금과 조직을 맡았다. 그리고 연병호는 조용주와 함께 외교원, 외교특파원으로는 조소앙과 불교 승려 이종욱이 맡았다.

청년외교단은 서울에 중앙부를 설치하고 국내에는 대전, 회령, 충주 등지에 지부를 두고 상해에 해외 지부를 설치하였다. 다른 국내단체와 달리 청년외교단은 국내 지부가 발달하지 못했는데, 대전과 충주에 지부를 두었던 것은 연병호의 역할과 무관하지 않은 것으로 보인다. 그와 관

---

23 「대한민국청년외교단·대한민국애국부인회사건판결문」, 『조선통치사료』 5(김정주 편), 744쪽.

24 천관우, 「민세 안재홍 연보」, 215~220쪽.

25 박용옥, 『한국근대여성운동사연구』, 한국정신문화연구원, 1984, 174~175쪽.

26 「대한민국청년외교단·대한민국애국부인회사건판결문」, 『조선통치사료』 5(김정주 편), 748쪽.

27 대한민국국회도서관, 『대한민국 임시정부의정원문서』, 1974, 43~59쪽.

「대동단예심결정서」
《동아일보》 1920.6.29)

련해 신원이 파악되는 25명의 단원 가운데 충청권 인사들이 10명으로 대거 참여하고 있는 점이 주목된다. 충북 충주 출신으로 총무 이병철(21), 특별 단원 정낙륜(35), 유흥식(27), 유흥환(22), 정석희(19), 충주지부장 윤우영(42), 괴산 출신의 외교원 연병호, 재무부장 김태규(23), 대전출신의 대전지부장 이호승(30), 이강하(23) 등이다. 그 가운데 김태규, 정낙윤, 유흥식, 유흥환, 이강하, 정석희 등은 상해로 파견되어 활동하였다.[28] 이들은 상해지부를 중심으로 임시정부에서 활동하거나 이강하와 김태규처럼 대전과 괴산의 임시정부 조사원으로 활약했다.[29] 서울에 본부를 두고 있었던 청년외교단이었지만, 충주와 괴산, 대전 등지에 지부를 두었던 것은 연병호와 총무 이병철의 역할이 컸음을 짐작할 수 있다.

청년외교단의 구성원은 기독교도가 중심을 이루었지만, 송세호의 주선에 의해 불교 승려인 이종욱, 용창은 등 월정사 승려들이 참가하고 있었다. 월정사 주지 출신의 이종욱은 청년외교단 뿐 아니라 임시정부 특파원으로 연통제 활동에 힘을 기울여 나갔다.[30] 서로 다른 종교 이념을 초월해 독립운동의 광장에서 합류해 갔던 사실은 독립운동을 통해 이룩한

28 장석흥, 「대한민국청년외교단연구」, 278~279쪽.
29 재상해일본총영사관, 『조선민족운동년감』, 1932, 60쪽.
30 신복룡, 「대동단 예심결정서」, 『대동단실기』, 1982, 151쪽.

한국민족주의의 특징을 말해주는 것이었다. 3·1운동에서 보여 주었던 종교 간의 연대는 이후 독립운동에서 보편적 현상으로 자리 잡아 나갔다.

청년외교단의 조직과 관련해 특기할 것은 대한민국애국부인회의 결성을 지도했다는 점이다. 이들 두 단체는 명칭도 다르고 구성원이 각기 남성과 여성이라는 차이가 있었지만, 이신동체의 성격을 지니고 있었다. 그리고 교회와 여학교를 중심으로 전국적 조직을 갖추었던 대한민국애국부인회를 통해 조직 기반의 폭을 넓혀 나갈 수 있었다.[31]

조직이 정비되는 가운데 청년외교단은 1919년 8월 자신들의 주장을 담은 「건의서」를 임시정부에 제출했다. 그 요지는 "독립운동의 대단결을 촉구하면서 임시정부를 중심한 해외 독립운동계의 결집, 국내 독립운동단체의 연합, 통일적 중추기관의 설치" 등이었다.[32] 이들

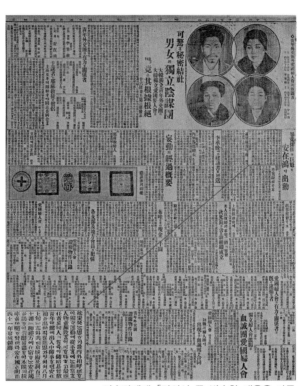

이승만에게 「건의서」를 발송한 내용을 다룬 「청년외교단과 애국부인회 사건」(《매일신보》 1919.12.19)

---

31 장석흥, 「대한민국청년외교단연구」, 286~289쪽.
32 안재홍·이병철의 명의로 보낸 「건의서」의 주요 내용은 다음과 같다.
   1. 이상과 주의의 대기치 아래 각파의 협동을 표방하여, 감정적 충동의 피해가 없도록 할 것.
   2. 임시정부의 내각 총장은 상해에 집중하여 정무의 통일을 기할 것.

은 독립운동 세력의 결집과 통일을 최대의 당면 과제로 인식하고 있었던 것이다. 또한 청년외교단은 임시정부 연통제 역할을 수행하였다. 연통제는 임시정부의 국내조직으로, 주요 임무는 국내의 정보 제공 및 통신과 인적·물적 자원의 확보에 있었다. 연통제는 황해도·평안도·함경도 등지에서 활발했지만, 중부 이남 지역에서는 거의 실현되지 못했다. 청년외교단은 대한민국애국부인회의 지부를 통해 중부 이남지역에서 연통제의 역할을 대행했다.

청년외교단은 《외교시보》를 발행하여 국내 인사들에게 내외정세의 동향을 알리는[33] 한편 「국치기념경고문」을 인쇄하여 독립운동 분위기를 고

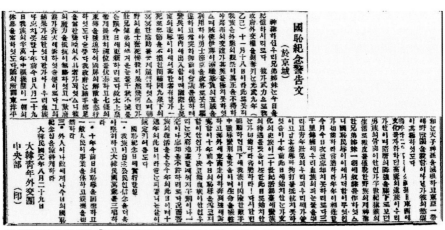

청년외교단이 인쇄한 「국치기념경고문」(《독립신문》 1919.9.13)

3. 열국 정부에 직접 외교원을 특파하여 국가의 독립을 정면으로 요구할 것.
4. 내외의 책응을 긴밀 전일케 하기 위해 정부에서 인원을 파견하여 국내 각 단체 및 종파의 대표자와 협의 후 서울에 교통본부를 설치하여 중추기관을 작성케 할 것.
5. 조용은에게 즉시 신임장을 교부하여 국제연맹회의에 파견하여 외교활동을 담당케 할 것.
33 《외교시보》는 국내의 소식을 알리는 내보와 국제정세의 동향을 보도하는 외보로 구성 편집되었다.

조시켜 나갔다.[34] 만세시위를 촉구하는 이 경고문은 서울의 독립운동 비밀단체를 비롯하여 학교 및 일반에게도 배포되었다.

청년외교단은 외교활동에만 머물지 않았다. 이들은 독립전쟁에 대비한 적십자회를 설치하는 한편 1919년 9월 연병호 등은 국내 비밀단체들을 하나로 통합하는 배달청년당으로의 개편을 추진해 갔다. 이러한 통합의 움직임은 당시 상해와 연해주의 임시정부가 통합되면서 독립운동이 고조되던 것과 같은 맥락에서 추진된 것이었다. 즉 국내의 비밀단체를 묶어 배달청년당으로 발전시키려 했던 것이다. 배달청년당의 강령은 '민족의 독립, 영토의 회복, 그리고 민주정치의 수립'이었다.[35]

그러나 11월 말 청년외교단의 조직이 발각되면서[36] 배달청년당 계획은 실천에 옮기지 못하고 말았다.

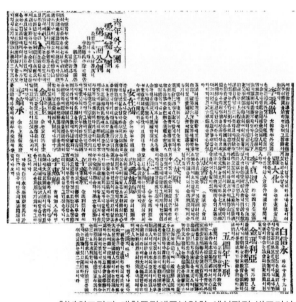

청년외교단과 대한독립애국부인회 예심판결 발표기사
《매일신보》 1920.4.24)

---

34 《독립신문》 1919년 9월 13일자.

35 「청년외교단판결문」, 776쪽.

36 연병호는 이때 일경의 체포망을 벗어났지만, 궐석으로 진행된 재판에서 징역 3년 형을 언도받았다.

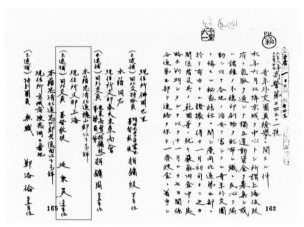

검거 명단 중 외교부원 연병호가 있다

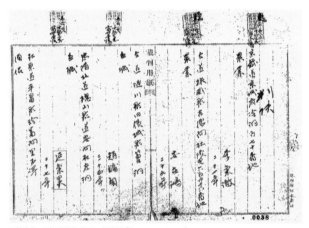

연병호 판결문(대구지방법원, 1920.6.29)

Ⅲ. 만주 대한정의단군정사 참여

연병호는 국내에서 청년외교단의 조직이 정비되자 새로운 임무를 수행하기 위해 만주로 향했다. 그것은 대한민국 임시정부와 만주 독립군을 연계하는 일이었다. 이 무렵 대한민국 임시정부는 독립전쟁에 대비해 만주 독립군단체의 통합에 힘을 기울여 나갔다. 그는 1919년 말 북간도 안도현에 근거지를 둔 대한정의단군정사에 합류해 그 역할을 담당해 갔다. 이 단체는 1919년 3·1운동 직후 의병 출신의 이규·강희·이동주·조동식 등이 구한국 군인들을 모아 조직한 대한정의단임시군정부를 임시정부의 권고에 의해 1919년 10월 명칭을 개칭한 것이다. 이 단체의 병력은 중국 보위단 이름으로 편성된 100여 명, 소사하 지방에서 군사훈련을 받은 청년 240명, 화전현 고상하에 주둔한 100여 명 등 400명이 넘는 대규모의 독립군단체였다. 이 단체는 임시정부와 연계를 가지면서 1919년 말 조직을 새롭게 편성했는데, 군정사 총재 이규, 부총재 강희, 비서과장 홍우찬, 서무과장 강두희, 심판과장 연병호 등이었다.[37] 이때 연병호가 맡았

던 심판과장은 총재를 보좌하는 참모로서 임시정부와의 연계가 주요 임무가 아니었던가 생각된다.

그리고 연대가 불분명하나(1920년 경으로 추정) 안도현 하수산阿須山에 근거지를 둔 대한독립광복단에서 산포대장을 맡은 사실도 확인된다.[38] 구체적 활동상은 알려져 있지 않으나, 연병호가 권총과 소총을 휴대하고 있다는 일제 첩보로 미루어 독립군 활동에 깊게 관계하고 있었음은 분명해 보인다. 그리고 동일인인

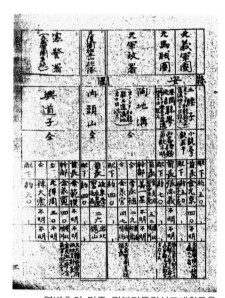

연병호의 만주 광복단독립산포대활동을 보고한 일제 문서

---

37 재간도일본총영사관, 고경제24216호, 「간도 및 그 접양지역에 있어서 불령선인단」, 1921.8.10.

38 조선총독부 경무국, 고경제2915호, 「불온문서배포에 관한 건」, 1925.8.24. 이에 따르면 산포대장 延秉學이 나오고, 연병학에 대해 '나이 26, 이명 연병호·병준, 충북 괴산 출신'이라 설명하는 것으로 보아 연병호가 틀림없다.

지 확인되지 않지만 연병호延秉浩란 이름이 길림성 동녕현 소영분小綏芬에서 독립군 편성에 참가한 기록이 확인된다.[39] 이에 대해서는 추후 심도 있는 조사가 따라야 하겠지만, 그가 독립군에 가담하였던 사실은 외교적 방략뿐 아니라 무장투쟁에 의한 독립전쟁을 실천해 갔다는 점에서 주목되는 것이다. 그리고 이는 연병호가 전개한 독립운동 노선의 특징을 이루는 것이라 할 수 있다.

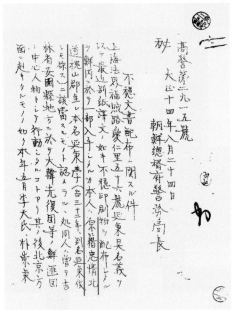

연병호의 독립운동 문서 배포를 보고한
일제 문서

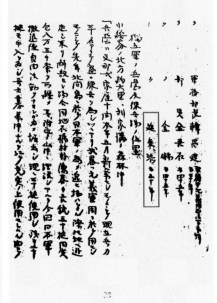

연병호의 독립군 활동 사실을 보고한
일제 문서

39 기밀제226호, 「소수분 독립군 편성의 건」, 1922.10.2. 이에 따르면 대한독립군의 명칭을 사용하고 있는데, 이 무렵 연병호는 상해에서 활동하던 때이고, 나이가 약 50세(延秉浩)로 기재된 것으로 미루어 동명이인으로 보아야 할 것 같다.

IV. 상해 임시의정원과 청년운동

연병호가 만주에서 언제 상해로 돌아왔는지는 명확치 않다. 《독립신문》(1920년 3월 30일자)에 「독립기념일의 말」이란 글을 게재하고, 용정에 있던 그의 형 연병환도 이 무렵 상해로 옮겨 거류민단에서 활동하는 것으로 보아 1920년 초가 아닐까 대략 추정될 뿐이다.[40] 연병환은 상해에 와서도 해관일을 보았으며,[41] 후일 엄항섭과 결혼하는 그의 딸 연미당은 인성학교를 다니고 있었다.

「독립기념일의 말」은 연병호가 3·1운동 1주년을 맞이해 그동안 독립운동에 대한 감상과 의지를 피력한 글이다.[42] 신문에 게재한 글은 다음과 같다.

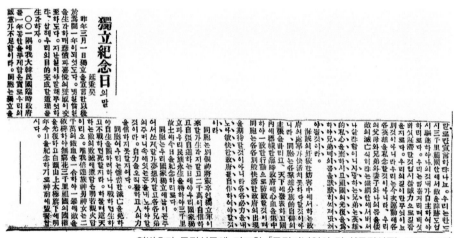

연병호가 독립신문에 기고한 「독립기념일의 말」(《독립신문》 1920.3.30)

작년 3월 1일 독립을 선언한 이후 어언간 1년이 되엿도다. 넷일 압일을 생각하매 비분과 희열의 쌍감이 교지하도다. 지난 일이야 말해 무엇하랴, 압헤

---

40 혹시 만주에 있으면서 원고만 투고했을 가능성도 배제할 수 없다.
41 박걸순, 「연병환의 생애와 민족운동」, 14~16쪽.
42 《독립신문》 1920년 3월 30일자.

우리의 목적완성할 도리를 생각하자. ○○일우에 아대한민국 임시정부를 1년 동안을 두게 함은 실로 우리의 성의가 부족함이라. 동포는 독립을 말로만 선언하랴나뇨. 우리는 반드시 삼천리조국 안에서 적을 종적도 업시 구축하야 나의 것 내가 자주하여야 하리로다. 우리는 멈츨거리며 비싯비싯 지체할 것 업시 참 성력으로 길잡을지로다. 우리의 길이란 무엇이뇨 별것이 아니라 우리는 금차 운동에 각각 영웅을 사념私念할 것이 아니라, 우리의 부모와 형제와 처자와 나의 몸을 왜적의 멸망식이랴는 철망 안에서 버서나 살랴함이니 사랑하는 형제는 영웅적 사심을 기棄하시고 조국의 광복을 위하야 형제네의 몸을 묵묵히 찌져 밧쳐야 될 것이라. 해적의 간교한 방해중에서 하는 정부의 처사가 쾌활치 못하다 할 것이 아니라, 동포는 각 군웅분기적 자벽의 주장을 바리고, 천하에 발표하고 국내에 표치한 임시정부에 심혈을 집중하야 일치한 행동으로 방적防敵할 것이며 동포는 각각 별반쾌활別般快活한 정부의 출현을 기대할 것이 아니라 각각 필력을 내노아 민쾌한 정부를 자작하여야 할 것이라. 동포는 별개신장령졸別個神將靈卒인 독립군이 래來할 생각지 말고 이천만이 자신하고 자강자진하는 일에야 우리 국가독립과 우리 민족 영생을 득하야 삼천리고토에 금일을 기념하리로다. 동포는 우리 국가 독립에 남이 돈 주어서 쓰게 할가 몽상치 말고 각각 형제의 주머니 속에 잇는 돈을 내노아야 할 것이라. 자력을 오직 발하고 인의 력을 신하지 못할지어다. 동포여 우리는 참담한 멸망을 면하야 자생을 도하려 하나니 전戰하면 생하고 불전不戰하면 사死할지라. 하물며 역천逆天하는 적의 패멸에 조遭함은 명약관화함이리오. 유 아배달족 신남신녀神男神女는 이천만의 철혈을 일합一合하야 일거에 적을 파쇄하야 무궁화삼천리조국의 국권을 광복하고 백두산상白頭山上 태극기하에 명년 금일을 기념하기로 신전神前에 맹서합시다.

여기에서 주목할 것은 투철한 독립정신과 강인한 실천을 강조하고 있는 점이다. '말로만 독립을 선언하지 말고, 반드시 삼천리 강산에서 일제를 구축해 자유를 찾자', '영웅적 사심을 버리고, 조국 광복을 위해 온몸을 바치자', '우리의 길이란 무엇이뇨, 별것이 아니라 우리는 금차 운동에 각각 영웅을 사념私念할 것이 아니라, 우리의 부모와 형제와 처자와 나의 몸을 왜적이 멸망시키려는 철망 안에서 벗어나 살라함이니', '임시 정부가 무엇을 할까 바래기 보다는 힘 있는 임시정부를 만드는데 심혈을 기울이자', '남의 힘으로 독립을 달성하려는 생각을 버리고, 내 힘으로 독립을 이루어야 한다', '2천만 동포의 철혈을 하나로 모아 독립을 이루어 백두산에 태극기가 휘날리게 하자' 등 구구절절이 독립 달성을 위한 열정으로 가득 찬 내용이다.

임시정부는 1920년을 독립전쟁의 해로 선포하고, 독립전쟁을 최고의 이념과 방략을 삼아 나갔다. 그런 상황에서 연병호가 이런 글을 쓰기까지는 독립운동의 최일선에서 활동한 경험이 바탕을 이루는 것은 물론 말보다는 실천을 앞세우고, 공명심보다는 독립을 위해 진정으로 희생할 각오가 되어 있는 투철한 독립정신을 보여주는 것이었다.

연병호가 상해에서 공식적으로 모습을 드러낸 것은 1922년 3월 10회 임시의정원회에서였다. 이때 그는 민충식과 함께 신도의원으로 의정원회의에 참석했다.[43] 그런데 이 무렵 임시의정원은 국민대표회 개최와 관련하여 혼미를 거듭하던 때였다. 임시의정원에 참석하기는 했지만, 연병호는 자신이 생각하던 것과 너무 달라 사면청원을 여러 차례 해보았지만 반려가 거듭되었다.[44] 때문에 임시의정원에 적을 두고는 있었으나, 한인사회

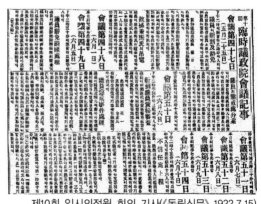

제10회 임시의정원 회의 기사(《독립신문》 1922.7.15)

43 《독립신문》 1922년 3월 31일자.
44 《독립신문》 1922년 7월 15일자.

연병호의 집이 세계한인동맹회 통신소였음을 보고한 일제 문서

의 대동단결을 고취하면서 청년운동을 활성화하는데 힘을 쏟아 나갔다.

그 첫 번째 결실이 1922년 4월 15일 조소앙 등과 함께 한인의 대동단결 및 민족의식을 고취하기 위해 상해에서 세계한인동맹회를 조직한 것이다.[45] 결성 직후 회원은 500여 명에 달했으나, 상해에 거주하는 회원은 대략 200여 명을 유지하는 선이었다. 당시 상해의 한인단체 가운데 규모가 가장 컸던 한인동맹회의 약장에 의하면 국적, 종교를 불문하고 17세 이상의 남녀로 조직한다는 것을 규정했다. 그리고 독립·평등·자유를 한민족의 정치·경제·종교상에 실현한다는 것을 강령으로 삼았다. 동맹회의 직원은 조소앙 외 10명이며 연병호는 주무를 맡았다. 그리고 동맹회의 연락처는 상해 프랑스조계 군영로 2호 연병호의 집이었다.[46]

다음에는 1922년 6월과 7월에 유호留滬(상해)청년회를 발기, 조직한 것이다. 당시 상해의 독립운동계는 국민대표회 문제로 혼란이 가중되던 상황이었다. 유호청년회는 그 같은 분위기에서 당파와 관계없이 35세 이하 남자로 자격을 정하고, 난국을 어떻게 해결해 갈 것인가에 대해 기탄없이 의견을 개진하였다.[47] 이때 지정 연설자인 정광호는 "우리 청년은 더 이상 이를 묵인할 수 없어 있는 힘을 다하여 죽을 각오로 독립운동의 목적을 수행해야만 한다. 이런 의미에서 유호청년회를 조직한 것이다,

---

45 조선총독부 경무국, 고경제2760호, 「상해정보」, 1922.9.2.
46 김정주 편, 『조선통치사료』 7, 조선치안상황(국외) 상해 북경 천진방면 부표.
47 재상해일본총영사관, 기밀제197호, 「유호청년임시대회 개최상황의 건」, 1922.6.14.

본회는 각자의 의견을 들어 적극적으로 행동할 방침을 확정하고자 하는데 있다."고 했다. 이어 윤자영은 "지난 8일 각 방면의 대표적 인사들로부터 의견을 들었지만 만족할 만한 것이 아니었다. 따라서 시국에 대한 조정책을 강구하기 위해 본회를 조직한 것이다."라고 하였다. 그리고 자유논단의 연설자로 나선 임재호는 "광복 사업 아래 오랜 세월을 고심하고 노력했지만 어떤 것도 기대할 수 없고 각 당파의 사욕을 채우는데 불과했다. 어찌 한심하지 않은가"라고 개탄해 마지않았다. 나창헌은 "철혈단을 다시 조직하여 살아있는 한 죽음을 각오하고 결행할 것"이라며 굳센 의지를 내보였다. 여운형은 회원 자격은 아니었지만, 특별 출연해 "과연 청년들이 비분강개하여 각오를 다진다는 것이 얼마나 기쁜 일인가. 청년들은 자신의 몸을 아낌없이 희생하였다. 여러분들은 영원히 해산하지 않고 결합, 협력하여 사욕단체를 소탕하여 시국의 발전책을 강구하기 바란다."고 장려했다. 이어 결의를[48] 통해 조사위원 9인을 선정했는데, 연병호는 윤자영, 이규정, 정춘희, 김보연, 김정목, 정광호, 나창헌, 장덕진 등과 함께 조사위원으로 선출되었다.

제2회 유호청년대회는 6월 19일 130여 명의 청년이 모인 가운데 열렸다.[49] 이때 김보연은 개회사를 통해 1회 때는 의정원을 맹렬히 공격한 점이 있으므로, 이번에는 공명정대하게 시국을 정돈할 것을 주문했다. 그리고 9인 조사위원들의 보고가 있었는데, 국민대표회의 방향, 레닌 자금의 용도, 대통령의 사직 문제 등이 주요 안건이었다.[50]

---

48 결의의 내용은 1. 진행방침에 대해 자유선언서를 각지 청년에게 배부할 것, 1. 조사위원 9명을 선정하여 확실한 내용을 조사한 후 총회를 열 것 등이었다.

49 재상해일본총영사관, 기밀제205호, 「제2회 불령선인의 임시청년대회개최에 관한 건」, 1922.6.20.

50 옥관빈의 이름으로 작성된 건의서의 내용은 다음과 같다.
시국 분규로 대한민국 임시정부가 공허해지는 지금 위급존망의 상황에서 우리 제2차 망국민이 될까 두렵다. 이에 대한민국의 원기 근기인 청년혁명동지제군은

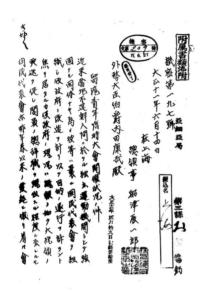

유호청년임시대회(1922.6.17) 개최사실을
보고한 일제 문서

유호청년임시대회 개최에서 연병환이 위원에
선임되었음을 보고한 일제 문서

　　제3회 시국해결 및 비판연설회는 1922년 6월 24일 의정원 회의장에서
개회되었다. 이때 참석한 사람은 7, 80여 명에 달했는데,[51] 여기에서 채
택한 선언과 결의는 다음과 같다.

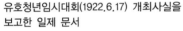

　　다음과 같이 건의한다.
　　1. 대한청년대회는 금일 부득이 잠시 혁명단체가 되어 위기를 구조할 것을 건의
　　　　한다.
　　2. 의정원, 국민대표회, 제도, 법리, 대통령 제문제를 근본적으로 해결하기 위해
　　　　다음과 같은 사항을 실행한다.
　　　　1) 의정원 구성원은 전부 총사직할 것.
　　　　2) 각지에 통고해 의원 및 명사를 선출하여 의정원을 완전 충실히 할 것.
　　　　3) 헌법제도를 수정하여 시의에 맞도록 구성할 것.
　　　　4) 대통령임기를 작정하여 개선할 것.
　　3. 의정원이 완전 충실하여 원만 해결할 수 있도록 청년대회에서 선출한 위원이
　　　　잠시 국무원의 본무를 직권하게 할 것.
　　4. 20만원 자금을 청년대회에서 압수하여 정부에 완납할 것.
　51　재상해일본총영사관, 기밀제214호, 「비판연설회 개최에 관한 건」, 1922.6.25.

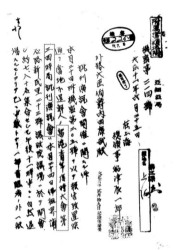

유호청년임시대회의 비판연설회
개최를 보고한 일제 문서

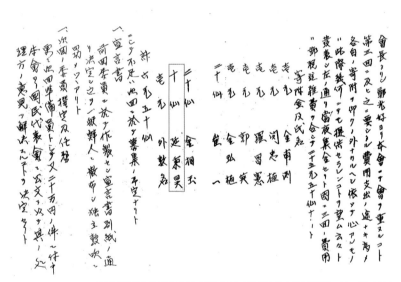

유호청년임시대회에서 연병호가 기부금을 납부했음을 보고한 문서

유호청년임시대회의 선언과 결의

〈선언〉

우리난 오직 대한의 청년이오 우리난 오직 대한의 독립운동자이라. 시국의 분요와 현상의 침체를 좌시키 어려움으로 이에 우리난 정당한 입장에서 차에 광정을 가하여써 1일이라도 속히 아我전민족의 진향進向하는 목적에 도달코저 하노니 우리의 충직으로써 정론을 입立하며 우리의 역량으로써 사투私鬪를 방防하며 우리의 성의로써 확실한 전로前路을 개척하려 하노라

〈결의〉

1. 우리난 공정한 입장에서 행동할 일
1. 우리난 여하한 명목하에서던지 독립운동자 호상투互相鬪에 폭력을 사용하야 투쟁하는 행위의 일체를 방지할 일

이어 1922년 7월 1일에는 의정원 회의장에서 80여 명이 모여 다시 시국해결을 위한 회의가 열렸고, 청년들은 독립운동계의 광정을 촉구했다. 이때 연병호는 조소앙, 조상섭 등과 함께 의정원 의원으로 참가하며[52] 시국 대책을 세우는데 지혜를 모아 나갔다.

주목할 것은 1922년 임시정부의 거취 및 국민대표회 개최를 둘러싸고 독립운동계가 진동할 때 청년들이 독립운동의 쇄신을 요구하면서 전면에 나섰던 점이다. 지도층의 파벌 내지 공명심에 대한 각성을 촉구한 것이었다. 종래 학계는 지도층을 중심으로 독립운동을 이해한 점이 있었던 것

---

52 재상해일본총영사관, 공신제438호, 「시국비판연설속회 개최상황의 건」, 1922.7.3.

이 사실이다. 따라서 상대적으로 이들 청년의 움직임을 간과한 측면이 없지 않았다. 그런 점에서 볼 때 청년의 요구와 선언은 독립운동계에 참신한 바람을 불러일으킨 것으로 파악된다. 그것은 독립운동 2세대의 바람이었고, 연병호는 선두에서 청년운동을 이끌어 나갔던 것이다.

그럼에도 사태는 진정되지 않았다. 그런 가운데 연병호가 이끄는 세계한인동맹회를 비롯하여 국민대표회 유호청년임시대회, 화동한국연합회시국책진회 등의 62명 인사들이 임시정부에 모여 7월 12일 시사책진회를 조직하였다. 시사책진회는 안창호가 회장을 맡고, 여운형, 김용철, 신익희 등이 간사를 맡으며 구성되었다.[53]

안창호　　　　　　　여운형　　　　　　　신익희

주요 안건은 역시 임시정부와 국민대표회, 임시의정원을 어떻게 처리할 것인가, 한형권의 자금을 어떻게 처리할 것인가 등이었다. 청년들과 지도층이 함께 시국 문제를 해결하기 위해 모인 것이었다. 이때 연병호는 34명의 서명자 가운데 한사람으로 참가하였다.[54] 그러나 시사책진회에

---

53 시사책진회에는 흥사단원동임시위원부의 사람들이 대거 참가하고 있었다. 이들은 주로 국민대표회 개최를 찬동하는 입장이었다.

54 재상해일본총영사관, 공신제505호, 「시사책진회 조직내용에 관한 건」, 1922.7.21. 이때 서명한 사람은 안창호, 이동녕, 남형우, 손정도, 홍진, 신익희, 이유필, 한진교, 김덕진, 조상섭, 김인전, 안정근, 윤기섭, 김용철, 이필규, 도인권, 김홍서, 조

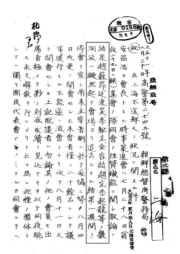

연병호의 시사책진회 참여 보고 문서 　　　　조소앙, 연병호 등의 기호파가
　　　　　　　　　　　　　　　　　시사책진회를 탈퇴했다는 보고문서

서도 해결 방도를 찾아내기 어렵다고 판단한 연병호는 7월 28일 조소앙, 이필규, 김용철, 조완, 이기룡 등과 함께 탈퇴하고 말았다.[55]

연병호는 1922년 8월 국민대표회를 반대하는 입장에서 선언서를 배포하는데 동참했다.[56] 선언의 논지는 임시정부가 4년여 동안 국내외 동포들의 중심을 이루어 관심을 받아 온 것을 소중히 여겨야 한다는 것이고, 한형권의 자금은 임시정부를 위해 사용해야 한다는 것이었다.[57]

그러나 국민대표회가 대세를 이루어 나가자, 연병호는 상해를 떠나 북경으로 발길을 옮기기에 이르렀다.

소앙, 원세훈, 여운형, 이진산, 장붕, 이탁, 양기하, 김구, 차리석, 연병호, 최一, 최日, 조완, 오영선, 최대갑, 민충식, 김현구 등이다.

55 《독립신문》 1922년 7월 30일자; 조선총독부 경무국, 고경제2745호, 「재상해불령선인의 상황에 관한 건」, 1922.8.30.

56 재상해일본총영사관, 공신제613호, 「국민대표회 반대파의 선언서 배부에 관한 건」, 1922.8.22.

57 이 선언에 동참한 인사들은 김상옥·조완구·윤기섭·조소앙·김홍식 등 39인이었다.

V. 북경과 만주지역에서의 활동

국민대표회가 무산될 무렵 뜨거운 피를 지닌 청년 연병호는 파벌로 얼룩진 상해보다는 혁명의 신사상이 만발하던 북경으로 옮겨 새로운 방향을 모색해 갔다. 후일 그의 이력서에 북경대학을 나왔다는 기록이 있고, 1925년 무렵에도 북경에서 활동하던 것을 보면 1923~1925년 사이에 대학을 다닌 것으로 추측된다.

이승만을 탄핵하고 박은식을 선출하였음을 보도한 기사
《독립신문》 1925.3.25)

그는 대학에 다니는 한편 중국 인사들과 교류를 넓혀 나갔다. 그리하여 1925년에는 북경에서 한중연합체인 동서혁명위원회를 조직하고 활동했다. 여기에는 주로 무장투쟁론에 의거한 한국의 독립운동가와 일본제국주의를 반대하는 중국의 혁명적 인사들이 참가했다. 이 무렵 한국 독립에 대한 전망은 극도로 불투명한 상황이었고, 독립운동계 역시 고전을 면치 못하던 때였다. 국내는 일제의 기만적 개량정책에 의해 민족사회가 개량화되어 가고, 상해 임시정부는 유명무실한 채 벼랑 끝으로 내몰리고 있었다. 임시정부는 위기를 타개하기 위해 1925년 이승만 탄핵안을 가결하고, 2대 대통령으로 박은식을 선출하면서 회생에 안간힘을 쏟았다. 1921년부터 제기되었던 이승만 탄핵안이 4년여를 끌다가 가결된 것이었다.

이세영(일명 이천민)

북경에 있던 연병호는 대통령 선출 방식에 문제가 있음을 지적하면서 1925년 5월 31일 이천민, 박숭병과 함께 3인의 이름으로 「교정서」를 발표했다.[58] 이천민의 본명은 이세영으로 1870년 충남 청양에서 태어나 일찍이 홍주의병을 일으키고, 민종식 의병부대에서 활약한 의병계의 거물이었다. 그는 1913년 서간도로 망명하여 신흥강습소와 그의 후신인 신흥무관학교 교장을 지내고, 1921년 만주 독립군단체인 통군부 사령관, 1922년 통의부 군사위원장을

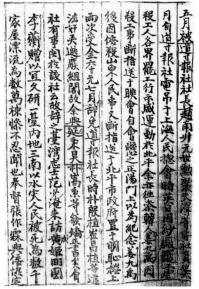
연병호가 이승만의 탄핵을 규탄하는 「교정서」를 발표했음을 기록한 이세영의 일기 『고광연보』

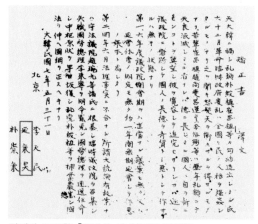
일제가 보고한 「교정서」의 일본어 번역문

---

58 재상해일본총영사관, 기밀제103호, 「참칭가정부의 의정원회의소집 기타에 관한 건」, 1925.6.25. 이 교정서에서는 8가지의 문제점을 지적하였는데, 주로 대통령 탄핵 처리와 박은식 대통령 선출에 대한 부당함을 주장하고 있다. 1925년 의정원이 정당한 의안 없이 회기를 무기한 연기했다는 점, 대통령이 고장이 없음에도 대통령 대리를 이동녕으로 지정한 훼법 행위, 국무총리 사직을 대통령에게 요청하지 않고 의정원이 수리한 일 등이 잘못되었다는 것이다.

지낸 독립군의 지도자였다. 박숭병은 1919년 임시정부 초기에 군무부위원으로 활동한 인사였다. 임시의정원의 처사를 통렬히 비판한 「교정서」의 내용을 떠나, 연병호가 이들과 함께 뜻을 같이 하고 있다는 사실에서 무장투쟁 노선을 추구했음을 엿볼 수 있다.

실제로 그는 1925년 말 만주로 넘어가 신민부에 참가했다.[59] 연병호가 어떻게 신민부와 연결되었는지는 확실치 않지만, 의병과 독립군에서 이름이 높았던 이세영(이천민)의 권유가 있지않았을까 생각된다. 중국어는 물론 러시아어에도 능통했던 그의 역할은 블라디보스톡에 있던 국제공산당 조직으로부터 군자금 지원을 받는 일이었다. 이때 연병호는 중국 군벌 풍옥상의 책사로 활동하던 이흔李焀(이명 : 공인孔仁)과 함께 블라디보스톡으로 가서 국제공산당과 직접 교섭한 결과 5만원이라는 거액의 지원을 약속받을 수 있었다.[60] 그리고 1926년 2월 연병호는 1차로 받아온 3천원을 신민부에 교부하여 동녕에 소재한 군사강습소의 운영자금으로 사용했다. 이 무렵 신민부는 동녕현에 군사강습소를 세워 독립군을 대상으로 혁명적 사상 및 군사학을 가르칠 계획을 세우고 있었다.[61] 참고로 1925년도 신민부의 1년 총수입이 16만 5천 8백원이었던 것을 감안하면,[62] 5만원이란 금액은 신민부 운영에 막대한 자금이 아닐 수 없었다.

59 조선총독부 경무국, 고경제2070호(外務省文書課受第170號), 「선비단 신민부의 재정상태 및 공산당과 제휴설에 관한 건」, 1926.3.30.

60 조선총독부 경무국, 고경제2070호, 「선비단 신민부의 재정상태 및 공산당과 제휴설에 관한 건」, 71쪽. 이흔은 경북 고령 출신으로, 중국 군벌 풍옥상의 책사로 활동한 인물로 알려져 있다. 이 문서에 의하면 신민부가 코민테른의 자금을 받는 것과 관련하여 신민부의 재정적 어려움도 있지만, 코민테른이 중국 동북지역에 적극적으로 개입하는 것에 주목하고 있음을 볼 수 있다.

61 석두하자청년회는 16, 7명의 예비교육생을 가르치고 있었다.

62 조선총독부 경무국, 고경제2070호, 「선비단 신민부의 재정상태 및 공산당과 제휴설에 관한 건」, 73쪽. 지출 내역은 본부경비 3만 5천원, 군대경비 3만 5천원, 모험대경비(기밀비) 5만 2천원, 각 통신비 3천 8백원, 선전비 2만 5천원, 예비비 1만

이후 신민부와 관련한 연병호의 행적이 추적되지 않지만 국제공산당의
군자금 지원이 계속되었을 것으로 볼 때, 그 역할을 담당해가지 않았을
까 한다.

VI. 한국혁명당·신한독립당과 통합운동

연병호는 1929년 무렵 남경으로 자리를 옮겼던 것으로 보인다. 그리고
1930년 8월 25일 중국 항주에 있는 국민당 절강성집행위원회의 초청을
받아 '한국독립운동의 전후 개황'이라는 주제로 강연한 일이 있었다.[63]
그의 연설은 중국 국민당 인사들에게 한국독립운동을 소개하는 것이었
지만, 중국인들의 애국심을 불러일으키기에도 충분히 감동적인 것이었
다. 때문에 그의 연설 내용은 남경의 《중앙일보》(1930년 8월 29, 30일자)
에 실릴 만큼 중국인의 관심을 불러 일으켰다. 연병호가 행한 연설의 요
지는 1) 한국이 일제에 강점된 원인 2) 한국혁명의 개황 등이었다. 연병
호의 독립관이나 세계관을 일목요연하게 정리한 연설은 민족혁명에 대
한 투철한 의지와 국제적 정세에 대한 탁견 등을 보여주는 그야말로 놀
라우리만치 높은 수준의 내용을 담고 있었다. 그는 국내외 각처에서 전
개된 독립운동의 실상을 정확하게 파악하고 있었으며, 독립운동계가 나
아갈 새로운 미래를 진단하고 있었다.

"혁명이란 하루아침에 성공을 거둘 수 있는 것이 아니다. 반드시 끊임없는
투쟁이 이어져야 하고, 이를 위해 광대한 민중이 혁명의 기본 역량이 되어야
한다. 일시적 좌절에 굴복하여 혁명을 중도에 포기할 수 없는 것이다. 그런

5천원 등이다.
63 「한국지사 연병호씨 강연」, 《중앙일보》(남경) 1930년 8월 29일, 8월 30일자.

점에서 국내 혁명지사들의 민중계몽운동은 혁명운동의 전개과정에서 절대 가볍게 보아서는 안 된다.", "10여 년 전만 해도 유치한 단계에 머물러 있었던 한국혁명운동이 최근 10년 사이에 엄청난 발전을 이루었다.", "국외 방면에서는 상해의 혁명정부가 전체 한국혁명을 총지휘하는 책임을 지고 있다.", "혁명 활동의 핵심적 역할은 독립당이 맡고 있다. 독립당의 조직은 민주집권제를 채택하고 있으며, 민족독립, 민주건국, 경제평등 등을 종지로 삼고 있다.", "혁명 운동은 대중에 파고들어야 하고, 민중을 훈련시키고 민중을 향한 선전활동을 적극 전개하며, 민중을 조직하여 혁명무력의 근간으로 삼기위해 노력해야 할 것이다. 또한 국제사회의 혁명동지들과 연계를 강화해 제국주의 타도를 위해 공동분투해야 할 것이다."

연설에서 확인되듯이 그는 무장투쟁 노선을 취했다고 해서 임시정부의 가치를 부정하지 않았다. 임시정부가 독립운동의 중추임을 강조했고, 손문의 삼민주의도 수용하면서 혁명의 주체로서 민중을 중시하였으며, 국제적 연대의 필요성을 제기하였다.

연병호는 1932년 초 한국혁명당 결성에 참가했다. 한국혁명당은 당시 남경 국민정부의 심계원審計院에서 근무하던 신익희 주도로 남경 지역에 머물던 무정부주의 및 사회주의계 인사들이 결성한 것으로 상해의 한국독립당과는 일정한 거리를 두고 활동하였다.[64] 1920년대 후반 이후 중국 내 한국 독립운동계는 '이당치국以黨治國'의 원리 아래 정당을 통한 독립운동을 전개해 갔다. 정당 활동은 중국의 혁명에도 영향을 받은 바 있지만, 독립운동의 이념과 노선을 보다 분명하게 정비한다는 차원에서도 의

---

64 한시준, 「'독립운동 정당'과 해공 신익희」, 『우송 조동걸선생 정년기념논총 한국 민족운동사연구』, 나남출판, 1997, 799~800쪽. 한국혁명당에는 흑우연맹이나 남화한인청년연맹에서 활동한 무정부주의 계열의 나월환, 중국본인한인청년동맹을 결성한 정태희 같은 인사들이 참가하고 있었다. 그래서 한국독립당에서는 한국혁명당을 '백적흑의 혼혈아'라 지칭했다고 한다.

미 있는 일이었다. 한국혁명당에는 연병호를 비롯하여 신익희, 윤기섭, 성주식, 안재환, 김홍일 등이 참가했다. 한국혁명당은 진보적 민주정당을 표방한 독립운동단체의 단결과 독립의식 고취를 당면 목표로 삼았다. 특히 중국 국민당정부와의 연합전선을 꾀해 중국 국민당의 지지를 얻어낼 수 있었다.

홍 진

그는 독립운동 정당의 통합에도 남다른 열정을 기울였다. 그리하여 1932년에는 한국광복동지회, 조선혁명당, 의열단, 한국독립당 등과 함께 한국대일전선통일동맹을 추진해 나갔다.[65] 그러다가 1934년 2월에는 재만 한국독립당과는 합당하여 신한독립당으로 통합, 발전시켜 나갔다. 재만 한국독립당은 상해에서 결성한 한국독립당과 다른 조직으로 1929년 한족총연합회가 김좌진이 세상을 떠난 뒤 홍진, 지청천 등이 생육사란 단체와 통합하여 확대 개편한 것이었다. 그런데 1931년 일제가 만주를 침공하여 1932년 괴뢰 만주국을 세우자, 재만 한국독립당은 북경으로 본부를 옮겼다가 한국독립당 대표 홍진, 김원식 등이 한국혁명당 대표 연병호, 윤기섭 등과 남경에서 통합 논의를 거쳐 신한독립당으로 통합하기에 이른 것이다.[66]

신한독립당 당수에 홍진, 상무위원에는 김상덕, 신익희, 윤기섭 등이 선임되었으며, 연병호는 선전위원장을 맡았다. 그런데 양당의 통합과 관련해 주목할 것은 재만 한국독립당은 신민부 인사들이 주류를 이루고 있었던 점이다. 그런 점에서 양당의 통합에는 신민부와 연결되어 있던

65 한상도, 「한국대일전선통일동맹과 민족협동전선운동」, 『윤병석교수화갑기념논총』, 지식산업사, 1990 참조.
66 한시준, 「'독립운동정당'과 해공 신익희」, 799~803쪽.

일본군부와 만주국 각료 간의 만주국 승인
사진(1932.9.5)

연병호가 홍진과 신한독립당을 조직했음을
보도한 기사(《독립신문》 1932.3.7)

연병호의 조정 역할이 컸을 것으로 보여진다. 신한독립당에서 연병호는 상무위원과 집행위원을 겸하다가 제2차 중앙위원회에서 상무위원을 사퇴하고, 집행위원을 수행하는 한편 정무위원회 주임을 맡아 핵심적인 역할을 수행했다.[67]

연병호는 1933년 9월 충청도의원의 자격으로 다시 임시의정원에 출석했다. 임시의정원을 떠난 지 10여 년 만의 일이었다. 그 사이 임시의정

---

67 신한독립당의 주의와 강령, 정책은 다음과 같다.
  1. 주의 : 민족주의에 기초한 정권 생계 문화의 독립 및 민주적 신건설을 완성하여 전 세계 인류의 평등 행복을 촉진한다.
  2. 강령 : 1) 중앙집권제의 민주공화국을 건설한다. 2) 단체대표의 일원제를 설립한다. 3) 토지와 대생산기관은 국유로 하여 국가경영의 대작업을 실시한다. 4) 국민의 일절 경제적 활동을 통제하여 재산의 사유를 제한하고 기 생활의 평형을 확보한다. 5) 민족적 고유문화를 발양하여 국민의 기본교육과 전재양성은 국가의 부담으로 한다. 6) 국민의 노동 학습 언론 결사 집회 파공 혼인 등의 자유권리를 보장하고 병역 납세 취직 수학 등의 절대의무를 려행한다. 7) 자유 평등 호조의 원칙에 기하여 전 세계 피압박민족 개방운동에 노력한다.
  3. 정책 : 1) 국내외 민중에게 혁명사상을 고취하여 기 자 등을 조직하고 훈련하여 민족적 혁명의식을 심각히 배양한다. 2) 대내외의 선전을 확대한다. 3) 무력행동과 대중투쟁을 병행한다. 4) 전민족적 혁명력량을 집결하는데 노력한다. 5) 무산대중의 일상이익투쟁을 유도 지지한다. 6) 제국주의 일본의 혁명과 동란을 촉성한다. 7) 세계 각 민족의 혁명노력과 련합전선을 구성한다. 8) 제국주의 일본을 타도하기 위하여는 각국의 여하한 세력과도 연락한다.

원은 쇠락해질 대로 쇠락해진 상태였다. 그러나 어렵고도 힘든 시기에 임시의정원의 간판을 유지한다는 자체가 의미 있는 것이었다. 연병호의 임시의정원 활동은 진강시기까지 이어졌다. 1934년 1월 초 진강에서 열린 임시의정원 26회 회의에서는 차리석, 윤기섭, 김철, 염온동, 김붕준, 조소앙 등의 기존 의원과 함께 연병호, 최동오, 신공제, 문일민, 양명진, 박창세, 장성산, 김홍서, 송병조 등이 새롭게 선출되어 임시의정원을 운영해 나갔다.[68] 연병호의 의정원 활동은 1935년 10월까지 이어져 나갔다.[69]

이 무렵 연병호는 신한독립당을 통해 당시 전개되던 대당조직운동에도 적극 참가했다. 대당조직운동이란 독립운동 정당이 각기 분립하고 있던 것을 하나로 통합해 민족대당을 만들자는 것이었다. 1935년 7월 신한독립당을 포함해 5개의 정당과 단체가 통일하여 민족혁명당을 창당하기

연병호가 주간을 담당한 《독립공론》

에 이르렀다.[70] 그런데 민족혁명당의 통합은 오래가지 못했다. 그 속에서도 이념의 차이와 파벌이 형성되면서 신한독립당계의 인사들이 탈퇴하고 만 것이다. 통합을 외치면서도 이념과 파벌을 극복하지 못한 것은 당시 독립운동의 한계로 지적되어야 하겠지만, 그것은 국제정세가 악화되어 갔던 시대적 환경에도 영향을 받았다. 1930년대 후반 국제정세는 극단적인 나치즘, 파시즘 등의 군국주의가 팽창하면서 또 다시 세계전쟁으로 치달아 가고 있었다. 그런 공포와

---

68 『한국독립운동사 자료』 1(임정편 I), 제26회 의회회의록, 1934.1.2.
69 『한국독립운동사 자료』 1(임정편 I), 제28회 의회회의록, 1935.10.22.
70 김정주, 『조선통치사료』 10, 753~756쪽. 민족혁명당에 참가한 단체는 한국독립당·의열단·신한독립당·조선혁명당·대한독립당 등이었다.

불안이 짓누르던 국제정세는 한국 독립의 전망을 더욱 어둡게 하는 객관적 환경으로 작용하고 있었다. 독립운동 정당이 통합의 명분 아래 이합집산을 거듭하는 상황에서 연병호는 1936년 3월 한국국민당에도 적을 두었지만 오래가지 못했다.[71]

연병호는 1936년 6월 《독립공론》의 주간을 맡고 있었는데,[72] 《독립공론》의 논조가 문제가 되어 김구 계열의 청년들과 갈등을 빚기도 했다.[73] 이때 연병호는 청년들에게 심하게 구타를 당해 병원에 입원하는 일이 벌어지기도 했다.[74] 가시밭길 같은 독립운동의 길에서 동지 간에 일어난 참화는 그야말로 가슴 아픈 일이 아닐 수 없다. 거기에 일본의 대륙 침략이 노골화되면서 남경에서의 생활도 여의치 못했다. 이 무렵 연병호는 거처를 상해로 옮겨야 했다.[75]

그러다가 1937년 초 일제 밀정인 상해거류조선인회장인 이갑녕이 저격되는 일이 일어나자, 일제가 대대적으로 한인 체포에 나섰는데 안타깝게도 연병호는 1937년 1월 7일 상해에서 체포되고 말았다. 일제는 그를 국내로 압송해 '적색운동의 거두'라는 혐의를 씌워 징역 8년형을 언도했다. 그는 옥고를 치르다가 1944년 10월에 출옥하였으니, 20여 년의 독립운동에 이어 8년의 옥고 생활을 합쳐 30여 년간을 민족독립을 위해 희

---

71 조선총독부 고등법원 검사국, 「재남경불령선인단체원사건」, 255~256쪽. 이 기록에 의하면 약 4개월 참가했다가 1936년 7월 탈퇴한 것으로 되어 있다.

72 조선총독부 고등법원 검사국, 「재남경불령선인단체원사건」, 255~256쪽. 《독립공론》은 1936년 11월까지 4회를 간행했다.

73 연병호가 김구 계열의 청년들과 어떤 문제로 갈등을 빚었는가는 구체적으로 밝혀주는 자료가 없어 단언키 어렵다. 그러나 이 무렵 연병호가 좌파 성향의 노선을 걸었던 점으로 미루어, 우파 계열의 청년들과 갈등이 빚어진 것이 아닌가 싶다.

74 『우리의 길』 1936년 7월 30일자.

75 『한민』 11호, 1937년 2월. 연병호가 남경에서 중국 당국에 의해 구축되었다고 하는데 적색운동자로 지목받았던 것이 아닌가 한다.

이갑녕의 저격 사실을 보도한
기사(《매일신보》 1937.11.12)

연병환의 체포 소식을 보도한 기사
(『한민』 1937.2.1)

연병호의 서대문형무소 수형카드

생·헌신한 것이었다.

해방 후 연병호는 제헌국회와 2대 국회에서 국회의원으로 활동하다가 1963년 1월 26일 심장마비로 서거했다. 정부에서는 고인의 공훈을 기려 1963년 건국훈장 독립장을 추서했다.

제헌국회의원 일동(1948년 5월)

제헌국회 개회식(1948.5.31)

연병호의 사회장 장례식(도안초등학교 교정)

연병호의 묘(서울 현충원)

연병호공적비(청주 솔밭공원)

VII. 맺음말－독립운동 2세대의 지도자

연병호의 독립운동 가운데 많은 부분이 왜 세상에 묻혀져야 했을까. 그의 활동을 제대로 밝힐 수 있는 자료가 부족했던 것이 무엇보다 큰 이유가 되겠지만, 독립운동을 바라보는 우리들의 시각에 문제가 있었던 것도 부인하기 어려울 것이다. 독립운동사에서 우리는 주로 독립운동 지도자를 중심으로 살피는 경우가 많다. 그러다 보니 독립운동사가 왕왕 지도자들의 영웅담으로 채색되는 일이 없지 않았다. 지도자 중심의 역사 서술이 독립운동의 실상 규명에 오히려 걸림돌로 작용한 것에 주의를 기울여야 할 것이다.

한국 독립운동은 1894년 의병이 일어난 이래 50여 년간 4세대에 걸쳐 전개되었다. 전통적 이념에 의한 의병이 1세대를 이루고, 뒤를 이어 근대적 이념에 의한 독립운동세대가 등장하면서 2·3·4세대로 계승 발전해 갔다. 독립운동 1세대는 유림계 원로들이 의병에 참가하면서 연령층의 폭이 넓었지만(1820~50년대 출생), 개항 전후한 1870년대 출생자들이 2세대를 이루고, 청일전쟁 이후인 1890년대 중·후반 출생자들이 3세대, 3·1운동 이후 1920년 전후의 출생자들이 4세대를 이루며 독립운동을 전개해 갔다. 시대 변화와 함께 각 세대 간의 학문과 사상이 달랐고, 그러한 변화는 독립운동의 새로운 활력으로 나타나고 있었다. 1세대가 전통 학문을 익히며 구시대적 안목에서 망국의 변을 극복하려고 했다면, 2세대는 구시대에 태어나 전통 학문을 익혔으나 격변기를 맞이하여 새로운 사상을 수용하면서 구시대와 신시대를 연결하는 가교적 역할을 담당했다. 1세대의 독립운동이 전통적 의식과 방법에 의한 것이었다면, 2세대는 근대적 독립운동의 포문을 열어간 주체들이었다. 그런 점에서 이들은 '근대적' 독립운동의 1세대라 할 수 있다. 일일이 열거할 수 없지만 신민회, 대한민국 임시정부, 초기 독립군, 해외 한인사회 등의 지도자들이 여기에 해당된다. 그런가 하면 3세대(근대적 독립운동의 2세대)는 신시대에 태어나 신학문과 신사상을 접하면서, 새로운 사조인 사회주의 사상을 독립운동에 접목하면서 독립운동의 폭과 깊이를 더해 나갔다. 이들 3세대는 3·1운동에서 만세운동의 전위를 담당했으며, 1920년대 6·10만세운동과 광주학생운동의 주역을 담당하였다. 그리고 4세대(근대적 독립운동의 3세대)는 1940년대 전반 전시체제에서 식민교육을 강요받던 상황에서도 민족의 양심을 지키며 항일투쟁을 벌이던 학생들, 광복군이나 조선의용대 등 해외 독립군에서 활동한 젊은이들이었다. 이렇듯 독립운동은 세대를 달리하면서 발전해 나갔다.

근대적 독립운동의 1세대(1870년대 출생)는 구시대에 태어나 장성한 뒤 신시대를 맞이한 인사들로서 보재 이상설, 우당 이회영, 석오 이동녕, 백범 김구, 도산 안창호, 안중근 등이 여기에 해당한다고 할 수 있다. 이들은 구시대와 신시대의 격변기에 살면서 구시대를 신시대로 연결하는 가교적 역할을 담당하며 독립운동을 이끌어 나갔다. 근대적 독립운동 2세대(1890년대 중·후반 출생)는 1894년 갑오경장으로 신분제가 타파되고, 1897년 대한제국이 성립하는 등 구시대를 마감하고 신시대를 열어 가던 상황에서 출생하여 전통사회의 기성세대를 대신할 주체로서 성장한 사람들이다. 민족의 미래를 짊어질 꿈의 상징이었던 이들은 소년기에 망국을 경험하고, 민족의식을 키워오다가 3·1운동 때 청년층으로 성장하여 민족운동의 선봉을 담당해 나갔다.

그렇게 볼 때 연병호는 근대적 독립운동 2세대에 해당된다고 할 수 있다. 이들 2세대는 어려서 신학문을 익히고 소년기에 근대적 사상과 이념을 체득하고, 그와 같은 신념과 철학으로 독립운동을 전개해 나갔다. 독립을 최고 목표이자 가치로 삼았던 것에는 1세대와 다름없지만, 세대 간의 시대관과 역할에 따라 독립 달성을 추구하는 내용과 방법에서 차이가 없을 수 없었다. 3·1운동 때 1세대가 지도적 역할을 담당해 갔다면 이들 2세대는 청년·학생으로 만세운동의 대중화를 담당해 갔다. 그리고 3·1운동 이후 독립운동이 전 민족적·대중적으로 확산되기까지에는 이들 2세대의 역할이 컸다. 그런 점에서 독립운동 2세대는 3·1운동과 더불어 독립운동의 주체로 부상해 나간 세대였다.

1세대와 2세대 간에는 독립운동의 노선과 방략, 이념을 놓고 마찰을 빚기도 했다. 연병호가 상해에서 청년운동을 일으키며 독립운동의 쇄신을 요구했던 것이나, 북경에서 「교정서」를 발표하며 임시정부의 각성을 촉구했던 것 등은 독립운동 세력의 균열이라기보다는 새로운 발전을 위한 진통이자 필연의 과정이었다고 할 수 있다. 거시적 안목으로 볼 때 독립운동사는 그런 과정을 거치며 발전하고 성숙해 갔던 것이다.

중국 대륙을 누비며 방략과 이념을 가리지 않고 독립운동계의 혁신을 불러 일으켰던 연병호는 그런 2세대 독립운동의 선봉이었고, 새 시대를 이끌어간 독립운동가였다. 독립운동 2세대는 해방을 맞이할 무렵 50대의 장년층에 이르렀으며, 제2의 독립운동으로 전개한 건국 사업의 주역으로 역할을 담당해 나갔다.

연병호 연보

1894년 11월 22일 충북 괴산 도안 석곡리에서 4형제 중 둘째로 태어나다. 초명은
   병학秉學이고, 호는 원명圓明이다.

1908년(15세) 형 연병환(1878~1926)이 북간도 용정에서 중국 해관원의 일을 보다.
   연병환은 3·1운동 때 용정에서 만세운동에 참가했다가 일본영사관에 체포
   되어 2개월간 고초를 치르다.

1913년(20세) 고향에서 소학과정인 중명학교를 마치고 북간도 용정으로 건너가 중
   학과정인 창동학원을 다니다.

1914년(21세) 용정생활 1년 여 만에 병을 얻어 고향으로 돌아오다.

1915년(22세) 서울로 올라와 경성기독교청년회관 영어과를 1년 정도 수학하다. 이
   때 교육부 간사를 맡고 있던 안재홍을 만나고, 대한민국청년외교단을 함께
   조직한 조용주와도 친교를 맺다.

1919년(26세) 4월 대한민국 임시정부가 수립될 무렵 조소앙·조용주와 함께 상해에
   서 활동하다.

1919년 5월 조용주와 함께 국내로 들어와 대한민국청년외교단을 조직하다. 조직
   목적은 '독립정신의 보급 및 선전과 아울러 세계 각국에 외교원을 파견하여
   독립 실현을 보장받는 것'이었다. 조용주와 함께 외교원의 임무를 맡다. 동
   단의 외교특파원 조소앙이 파리에서 활동하기 위해 상해를 떠나다.

1919년 7월 청년외교단은 서울에 중앙부를 설치하고 국내에는 대전, 회령, 충주
   등지에 지부를 두고 상해에 해외 지부를 설치하다. 연병호의 활약으로 대전
   과 충주에 지부를 두고, 충청권 인사들이 다수 참가하다. 총무 이병철(충주
   출신, 21)을 비롯해 특별단원 정낙륜(35), 유흥식(27), 유흥환(22) 정석희(19),
   충주지부장 윤우영(42), 재무부장 김태규(23), 대전지부장 이호승(30), 이강하
   (23) 등이다.

1919년 8월 대한민국애국부인회의 결성을 지도하다. 두 단체는 명칭도 다르고 구
   성원이 각기 남성과 여성이라는 차이가 있었지만, 이신동체의 성격을 지니

고 있었다.

1919년 8월 대한민국청년외교단의 이름으로 「건의서」를 임시정부에 제출하다. 요지는 '독립운동의 대단결 촉구와 임시정부를 중심한 해외독립운동계의 결집, 국내독립운동단체의 연합, 통일적 중추기관의 설치' 등이었다.

1919년 8월 《외교시보》를 발행하여 국내 인사들에게 내외정세의 동향을 알리다. 한편 「국치기념경고문」을 인쇄하여 독립운동 분위기를 고조시켜 나가다.

1919년 9월 연병호 등은 국내 비밀단체들을 하나로 통합하는 배달청년당으로의 개편을 추진하다. 이는 당시 상해와 연해주의 임시정부가 통합되면서 독립운동이 고조되던 것과 같은 맥락에서 추진된 것이었다. 배달청년당의 강령은 '민족의 독립, 영토의 회복, 그리고 민주정치의 수립'이었다.

1919년 11월 말 청년외교단 조직이 발각되다.

1919년 12월 말 북간도로 넘어가 안도현에 근거지를 둔 대한정의단군정사에 합류하다. 이 단체는 3·1운동 직후 의병 출신의 이규·강희·이동주·조동식 등이 구한국 군인들을 모아 조직한 대한정의단임시군정부를 임시정부의 권고에 의해 1919년 10월 명칭을 개칭한 것이다. 이 단체는 400여 명 규모의 독립군단체였다. 여기에서 연병호는 심판과장의 역할을 맡다.

1920년(27세) 3월 형 연병환도 거처를 상해로 옮겨 해관일과 함께 거류민단에서 활동하고, 후일 엄항섭과 결혼하는 연병환의 딸 연미당은 인성학교를 다니다.

1920년 3월 《독립신문》(1920년 3월 30일자)에 3·1운동 1주년을 맞이해 그동안 독립운동에 대한 감상과 의지를 피력한 「독립기념일의 말」이란 글을 게재하다.

1920년(?) 연대 불분명하나 안도현 하수산阿須山에 근거지를 둔 대한독립광복단에서 산포대장을 맡다. 구체적 활동상은 알려져 있지 않으나, 권총과 소총을 휴대하고 있다는 일제 첩보로 미루어 독립군 활동을 펼쳤음을 짐작케 하다.

1922년(29세) 3월 10회 임시의정원회에 민충식과 함께 신도의원으로 의정원회의에 참석하다.

1922년 4월 15일 조소앙 등과 함께 한인의 대동단결 및 민족의식을 고취하기 위해 상해에서 세계한인동맹회를 조직하다. 총 회원이 500여 명이고, 상해에 거주하는 회원이 200여 명에 이르다. 상해의 한인단체 가운데 규모가 가장 컸던 한인동맹회는 독립·평등·자유를 한민족의 정치·경제·종교상에 실현한다는 것을 강령으로 삼다. 연병호가 주무를 맡다. 상해 프랑스조계 군영로 2호 연병호의 집이 동회의 연락처였다.

1922년 6월 유호(상해)청년회를 발기, 조직하다. 국민대표회 문제로 혼란이 가중되자, 당파와 관계없이 35세 이하 남자로 자격을 정하고, 난국을 어떻게 해결해 갈 것인가에 대해 기탄없이 의견을 개진하려는 모임이었다. 연병호는 윤자영, 이규정, 정춘희, 김보연, 김정목, 정광호, 나창헌, 장덕진 등과 함께 조사위원으로 선출되다.

1922년 6월 제2회 유호청년대회가 6월 19일 130여 명의 청년이 모인 가운데 열리다. 이때 국민대표회의 방향, 레닌 자금의 용도, 대통령의 사직 문제 등이 주요 안건이었다.

1922년 6월 24일 제3회 시국해결 및 비판연설회를 의정원 회의장에서 열다. 이때 7, 80여 명이 참석하다. 이때 결의 내용은 공정한 입장에서 행동할 것, 독립운동자 상호 간에 폭력을 사용하는 행위를 방지할 것 등이었다.

1922년 7월 시사책진회에 참가하다. 안창호가 회장을 맡고, 여운형, 김용철, 신익희 등이 간사를 맡으며 구성되었다. 이때 주요 안건은 임시정부와 국민대표회, 임시의정원을 어떻게 처리할 것인가, 한형권의 자금을 어떻게 처리할 것인가 등이었다. 연병호는 34명의 서명자 가운데 한 사람으로 참가하다. 그러나 시사책진회에서 해결 방도를 찾아내기 어렵다고 판단하고, 조소앙, 이필규, 김용철, 조완, 이기룡 등과 함께 탈퇴하다.

1922년 7월 1일에는 의정원 회의장에서 80여 명이 모여 다시 시국해결을 회의를 열다. 이때 연병호는 조소앙, 조상섭 등과 함께 의정원 의원으로 참가해 시국 대책을 논의하다.

1922년 8월 국민대표회를 반대하는 입장에서 선언서를 배포하는데 동참하다. 이때 선언의 논지는 임시정부가 4년 여 동안 국내외 동포들의 중심을 이루어 관심을 받아 온 것을 소중히 여겨야 한다는 것이고, 한형권의 자금을 임시정부를 위해 사용해야 한다는 것이었다.

1923년(30세) 상해를 떠나 북경으로 거처를 옮기다.

1923년~1925년(30~32세) 북경에서 대학을 다니다.

1925년(32세) 북경에서 한중연합체인 동서혁명위원회를 조직하다. 여기에는 주로 무장투쟁론에 의거한 한국의 독립운동가와 일본제국주의를 반대하는 중국의 혁명적 인사들이 참가하다.

1925년 5월 31일 북경에 있던 연병호는 이천민, 박숭병과 함께 3인의 이름으로 「교정서」를 발표하다. 「교정서」에서는 주로 대통령 탄핵 처리와 박은식 대통령 선출에 대한 부당함을 주장하고 있다. 1925년 의정원이 정당한 의안없이 회기를 무기한 연기했다는 점, 대통령이 고장이 없음에도 대통령 대리를 이동녕으로 지칭한 훼법 행위, 국무총리 사직을 대통령에게 요청하지 않고 의정원이 수리한 일 등이 잘못되었다는 것이다.

1925년 말 만주로 넘어가 신민부에 참가하다. 중국어는 물론 러시아어에 능통했던 그의 역할은 블라디보스톡에 있던 국제공산당 조직으로부터 군자금 지원을 받는 일이었다. 이때 이흔李俒(이명 : 공인孔仁)과 함께 블라디보스톡으로 가서 국제공산당과 직접 교섭한 결과 5만원이라는 거액의 지원 약속을 받아내다.

1926년(33세) 2월 1차로 받아온 3천원을 신민부에 교부하여 동녕에 소재한 군사강습소의 운영자금으로 사용하다.

1929년(36세) 남경으로 무대를 옮기다.

1930년(37세) 8월 25일 중국 항주에 있는 국민당 절강성집행위원회의 초청을 받아 '한국독립운동의 전후 개황'이라는 주제로 강연하다. 중국 국민당 인사들에게 한국독립운동을 소개한 것으로, 중국인들에게도 감동을 일으키다. 연설 내용은 남경의《중앙일보》(1930년 8월 29, 30일자)에 실릴만큼 중국인의 관심을 불러 일으키다. 그는 임시정부가 독립운동의 중추임을 강조했고, 손문의 삼민주의도 수용하면서 혁명의 주체로서 민중을 중시하였으며, 국제적 연대의 필요성을 제기하다.

1932년(39세) 초 한국혁명당 결성에 참가하다. 한국혁명당에는 연병호를 비롯하여 신익희, 윤기섭, 성주식, 안재환, 김홍일 등이 참가하다. 진보적 민주정당을 표방한 독립운동단체의 단결과 독립의식 고취를 당면 목표로 삼았다. 특히 중국 국민당 정부와의 연합전선을 꾀해 중국 국민당의 지지를 얻어내다.

1932년 독립운동 정당의 통합에 열정을 기울여, 한국광복동지회, 조선혁명당, 의열단, 한국독립당 등과 함께 한국대일전선통일동맹을 추진해 나가다.

1933년(40세) 9월 임시의정원을 떠난 지 10여 년 만에 충청도의원의 자격으로 다시 임시의정원에 출석하다.

1933년 12월 30일 임시의정원 보선의원으로 참가하다. 이때 남경에 주소를 두고 있으며, 항주를 왕래하다.

1934년(41세) 1월 진강에서 열린 임시의정원 26회 회의에서 최동오, 신공제, 문일민, 양명진, 박창세, 장성산, 김홍서, 송병조 등과 함께 임시의정원 의원에 선출되다. 의정원 활동은 1935년 10월까지 이어지다.

1934년 2월 재만 한국독립당과 합당하여 신한독립당으로 통합 발전시키다. 연병호는 신한독립당의 선전위원장과 상무위원·집행위원을 겸하다가 제2차 중앙위원회에서 상무위원을 사퇴하고, 집행위원을 수행하는 한편 정무위원회 주임을 맡다.

1935년(42세) 7월 신한독립당을 포함해 5개의 정당과 단체가 통일하여 민족혁명당을 창당하기에 이르다. 그러나 이념의 차이와 파벌이 형성되면서, 연병호는 신한독립당계 인사들과 함께 탈퇴하다.

1936년(43세) 3월 한국국민당에 적을 두었으나, 오래가지 못하다.

1936년 6월 《독립공론》의 주간을 맡다. 그러나 《독립공론》의 논조가 문제가 되어 김구 계열의 청년들과 갈등을 빚다. 이때 청년들에게 심하게 구타를 당해 병원에 입원하는 일이 벌어지다.

1937년(44세) 초 남경의 생활이 여의치 못해 거처를 상해로 옮기다. 일제 밀정인 상해거류조선인회장인 이갑녕이 저격되는 일이 일어날 때 1937년 1월 7일 상해에서 체포되다.

1937년 일제는 국내로 압송하고, '적색운동의 거두'라는 혐의를 씌워 징역 8년형을 언도하다.

1944년(51세) 10월 출옥하다.

1945년(52세) 해방을 맞이해 제헌국회와 2대 국회에서 국회의원으로 활동하다. 이 무렵 고무신과 포목의복 차림으로 지낸 촌장부村丈夫 모습의 평민주의자로 평가되다.

1945년 10월 28일 순국의열사봉건회를 조직해 이사장을 맡다. 이 회는 일제와 맞서 싸우다가 순국한 의열사들을 추모하기 위해 만든 것으로 순국의열사殉國

義烈祠를 서울 장충단에 세우고 충혼을 봉안한다는 목표를 세우다.

1946년(53세) 1월 2일 반탁국민총동원위원회 중앙상임위원회에서 충북 대표로 선임되다.

1946년 2월 1일 비상국민회의에서 정무위원으로 활약하다.

1946년 4월 18일 한국독립당, 국민당, 신한민족당이 합당을 추진할 때 집행위원으로 참가하다.

1947년(54세) 9월 5일 국민의회에서 정무위원으로 선출되다.

1948년(55세) 5월 15일 초대 국회의원 선거에서 괴산군에서 무소속으로 출마해 당선되다.

1948년 9월 8일 국회 제60차 본 회의에서, 연호와 관련해 '대한민국 30년'의 연호를 쓸 것을 개의하다.

1949년(56세) 7월 대한노농당에 가입하다.

1963년(70세) 1월 26일 심장마비로 서거하다. 정부에서는 고인의 공훈을 기려 1963년 건국훈장 독립장을 추서하다.

참고문헌

《매일신보》《독립신문》《중앙일보》(남경)

『곡산연씨대동보』
『대한민국 임시정부의정원문서』
『한국독립운동사 자료』1(임정편 I), 제26회 의회회의록, 1934.1.2.
『조선민족운동년감』(재상해일본총영사관, 1932)
「재남경불령선인단체원사건」, 『사상휘보』 14, 조선총독부 고등법원 검사국. 1938.2.28.
「대한민국청년외교단·대한민국애국부인회사건 판결문」(김정주 편, 『조선통치사료』
        5, 1970)

「유호청년임시대회 개최상황의 건」, 기밀제197호, 1922.6.14.
「제2회 불령선인의 임시청년대회개최에 관한 건」, 기밀제205호, 1922.6.20.
「비판연설회 개최에 관한 건」, 기밀제214호, 1922.6.25.
「시국비판연설속회 개최상황의 건」, 공신제438호, 1922.7.3.
「국민대표회 반대파의 선언서 배부에 관한 건」, 공신제613호, 1922.8.22.
「소수분 독립군 편성의 건」, 기밀제226호, 1922.10.2.
「참칭가정부의 의정원회의소집 기타에 관한 건」, 기밀제103호, 1925.6.25.
「불온문서배포에 관한 건」, 고경제2915호, 1925.8.24.
「선비단 신민부의 재정상태 및 공산당과 제휴설에 관한 건」 고경제2070호, 1926.3.30.

강영심, 「신규식의 생애와 독립운동」, 『한국독립운동사연구』 1, 1987.
박걸순, 「연병환의 생애와 민족운동」, 『증평출신 곡산 연씨의 독립운동 조명』(「연
        병호항일역사공원」 조성계기 독립운동사 학술대회 발표문, 2014.12.19)
박용옥, 『한국근대여성운동사연구』, 한국정신문화연구원, 1984.
삼균학회 편, 『조소앙문집』 하, 1979.

장석흥, 「대한민국청년외교단연구」, 『한국독립운동사연구』 2, 독립기념관 한국독
    립운동사연구소, 1988.

정원택, 「지산외유일지」, 『독립운동사자료집』 8, 독립운동사편찬위원회, 1974.

천관우, 「민세 안재홍 연보」, 『창작과 비평』 14, 1978년 겨울호.

한상도, 「한국대일전선통일동맹과 민족협동전선운동」, 『윤병석교수화갑기념논총』,
    지식산업사, 1990.

한시준, 「조소앙연구」, 『삼균주의연구논집』 6, 1985.

_____, 「'독립운동 정당'과 해공 신익희」, 『우송 조동걸선생 정년기념논총 한국민
    족운동사연구』, 나남출판, 1997.

연미당延薇堂의 생애와 독립운동

이 명 화
독립기념관

I. 머리말

한국사회는 근대시대에 이르러서도 여성에 대한 시각과 사회적 대우는 여전히 봉건적 시대에 머물러 있었다. 그럼에도 불구하고 여성들은 사회적 무시와 편견으로부터 자신의 위상을 찾아 갔으며 동시에 망국 상황이 도래하자 여성평등과 해방이라는 여권 신장의 사회적 책무를 뒤로 미루고 국권회복과 독립투쟁의 길로 나섰다. 한국 여성들은 근대

연미당

시대에 사회적 존재로 부각되기도 전에 나라와 민족을 책임져야 하는 과중한 과업을 어깨에 짊어지게 된 것이다.

한국 독립운동사에서 여성의 존재와 활약상은 남성에 가려 소외당했으며 그런 만큼 잊혀져 왔다. 따라서 제대로 역사적 평가를 받지 못하였다. 이제 독립운동사 연구의 영역이 크게 확대되면서 여성독립운동사에 대한 관심도 진전되고 있다. 특히 고국을 떠나 해외에서 나라의 독립을 찾고자 했던 독립운동가 연구에 남녀의 구별이 있을 수 없기에 해외에서 전개된 한국여성 독립운동사에 대한 관심과 함께 연구 성과도 쌓이

고 있다.

여성 독립운동가들 대부분은 독자적인 존재의 활동가이기보다는 독립운동가인 부친이나 남편, 혹은 독립운동을 하는 아들을 두었기에 그 인연과 배경으로 독립운동에 투신하였다. 이러한 혈연적 관계를 통해 여성들은 독립운동가의 딸로서, 혹은 배우자가 항일투쟁에 전념할 수 있도록 내조하는 아내로서, 혹은 조국 독립을 위해 투쟁하는 아들의 어머니로서 독립운동계에서 활약하게 되었다. 본 논문은 항일투쟁을 지원한 부친과 대한민국 임시정부를 지킨 남편과 활약하며 임시정부와 함께 중경重慶에 정착하고 고국으로 환국하기까지 항일투쟁의 제일선을 지켰던 연미당延薇堂의 행적을 추적, 조망하고자 한다. 이것으로써 동시대에 연미당과 함께 임시정부를 지킨 여성 독립운동가 연구의 출발이 될 것으로 기대된다.

II. 연미당의 탄생과 부친 연병환

연미당의 본명은 연충효延忠孝이다. 곡산谷山 연씨延氏인 연병환延秉煥의 맏딸로, 1908년 7월 15일에 북간도 용정龍井에서 태어났다.[1] 미당薇堂은 아호이다. 1938년 임시정부와 함께 장사長沙에 이주했을 때부터 본명을 대신하여 자신을 '연미당'이라고 이름하기 시작하였으며 독립운동계에는 연미당으로 알려졌다. 연미당의 삶을 추적하는데 있어서 부친인 연병환을 빼놓을 수 없다.

---

1 연미당은 경기도 여주 金沙面 走鹿里 90에서 출생한 것으로 알려졌으나, 귀국하여 호적을 만들때 부군인 엄항섭의 본적지에 올렸기 때문이다. 6·25전란이 발발했을 때 엄항섭은 가족들을 자신의 원적지로 피난케 하고 자신은 납북되었다. 이후 연미당 선생은 1960년까지 여주에서 거주하다가 서울 흑석동에 거주하는 숙부 연병호를 만나게 되어 서울 흑석동으로 이사하였다.

석촌石村 연병환(1878.10.21~1926.5. 14)은 한국 독립운동사에서는 거의 알려지지 않은 인물이다. 그는 연채우延彩羽의 4남(연병환, 연병호延秉昊, 연병주延秉柱, 연병오延秉旿) 중 맏아들로 태어났다. 구한말 관립외국어학교 영어학교를 졸업한 것으로 알려져

용정촌 전경(1908년)

있으나 관립 영어학교를 언제 입학·졸업했는지는 확인되지 않는다. 조선 정부는 외국어 통역관 양성을 위해 관립 외국어학교를 설립했는데, 1891 년 일어학교를 시작으로 1894년 5월 영어학교를, 그리고 1896년 1월 법어(프랑스어)학교, 1896년 2월 아어(러시아어)학교, 1897년 5월 한어(중국어)학교, 1898년 덕어(독일어)학교를 차례로 설립하였다. 수업 연한은 일어·한어 과정은 4년이었고, 영어·독일어·프랑스어·러시아어는 5년이었다. 1905년에 을사조약 늑결로 대한제국의 외교권을 박탈한 일제 통감부는 1906년에 「외국어학교령」을 공포하고 관립한성외국어학교官立漢城外國語學校로 통합한 후 일본어교육 중심체제로 전환시키고 수업 연한도 단축하였다.

연병환이 1894년에 관립외국어학교 영어학교에 입학했다고 가정하면, 5년의 교육과정을 마치고 1898년 내지는 1899년에 졸업했을 것이다. 그런데 연병환은 1897년 궁내부 주사로 임명되어 관직에 나갔다. 이로 보면 연병환은 관립외국어학교를 도중에 중퇴한 것으로 보인다. 그리고 얼마 안 있어 인천 해련방판海聯幇辦(해관방판海關幇辦-필자)에 임명되어 부산 해관방판으로도 복무한 적이 있다.[2] 외국과의 무역 교류가 빈번해지자 외국어 능력자에 대한 수요가 급격히 늘어나게 되자 연병환은 졸업하지

2 鄭元澤 著, 洪淳鈺 編, 『志山外遊日誌』, 탐구당, 1983, 27쪽.

않고 일찍이 공직의 길로 나가게 된 것으로 생각된다. 이렇게 해서 관직으로 나간 뒤 1901년에 양지아문量地衙門의 양무위원으로 서임되어 발령받았다.[3]

연미당 가족의 배경을 이해하기 위해서도 부친 연병환의 행적에 대한 세밀한 추적이 요구된다. 1911년 용정을 방문해 연병환을 만난 적이 있던 정원택은 연병환이 영국으로 유학하여 영어에 숙달했다고 기록하고[4] 있으나 영국 유학 사실 여부는 확인되지 않는다. 연병환이 관립외국어학교 재학 당시에 영어학교 교관은 허치슨(W. F. du Hutchison)이다. 그는 우편국과 해관에 근무하다가 1893년 이후 강화도 해군무관학교에서 영어를 가르쳤다. 관립외국어학교 영어학교의 교수로 재직했을 당시 자신의 점심식사비를 따로 떼어내어 한문 및 한어를 가르쳐 학생들의 진로 선택에 도움을 준 인물로 알려져 있다. 만일 연병환이 영국으로 유학했다면, 또한 중국 해관에 취직을 하게 된 배경에는 그의 영향력과 주선이 있지 않았을까 생각된다.[5]

1905년 11월 을사조약을 강제하고 대한제국의 외교권을 빼앗은 일제는 기왕의 해외에 파견된 외교관들도 모두 불러들여 대한제국과 외국과의 모든 관계를 단절시켜 버렸다. 1907년 정미7조약이 늑결되자, 연병환은 방판직幇辦職[6]에서 사퇴하였다. 일제 통감부 치하에서 연병환은 1908년에 청주군수로 발령받았으나 취임하지 않았다. 일본측 기록에 의하면 연병환은 1908년 7월에 중국 용정해관에 취직했다고 한다.[7] 곡산 연씨 족

---

3 《皇城新聞》 1901년 12월 9일자.

4 1912.12.14일조, 鄭元澤 著, 洪淳鈺 編, 『志山外遊日誌』, 탐구당, 1983, 27쪽.

5 Daniel. L. Gifford, Education in the capital of Korea, The Korean Repository, vol 3, p.296.

6 海關幇辦은 해관 세무사직을 수행하는 관직이다.

7 청국은 1880년 훈춘에 招墾局, 1903년 국자가에 撫民 겸 理事府를 설치하여 이를

보에도 1908년 9월에 영국 친우의 천거로 안동현 해관에 취직되었고 1909년 훈춘해관, 1910년 용정해관에 전임했다고 기록하고 있다.[8] 국권 상실의 상태에 빠진 대한제국에서 연병환은 외교관이 되고자 하는 꿈을 접을 수밖에 없었다. 연병환은 능통한 영어실력과 세관직의 경력을 가지고 있어 중국 만주로 건너가 용정해관에서 일하게 되었다. 그는 1907년 초에 이미 한국을 떠나 중국으로 이주했을 것으로 짐작된다. 연병환은 용정해관에 취직한 후 1911년 박찬익 가족을 용정으로 초빙하였다.[9]

그 당시 연병환은 일화 150엔[10]의 월급을 받았다고 한다. 이는 일반의 급료 수준과 비교해 보았을 때, 상당히 높은 편으로[11] 연병환의 능력이 가늠되는 부분이다. 연병환이 청국 해관에 재직 중인 1911년 신해혁명이 일어났다. 혁명파의 승리로 중화민국이 새로 탄생하였다. 그러나 연병환

吉林장군의 소속하에 둠으로써 간도에 대한 통치권을 확실히 하고자 하였다. 이는 러시아와 조선의 변계에 위치한 간도의 琿春과 龍井이 점차 무역중심지로 성장하는 상황에서 관세기구를 설치하고 무역에 대해 관리할 필요성 때문이었다. 더욱이 19세기 말 러시아가 블라디보스톡[浦潮]에 자유항을 건설한 후 러시아와의 무역이 琿春을 거쳐 활발하게 이루어졌다. 이에 청 정부는 吉林稅務司를 임명하고 훈춘에 세관설치에 대한 사항을 조사한 후 1909년 12월 27일 琿春稅關을 정식으로 설치하였다. 또한 이 시기에 조선에서 간도로 수출입되는 화물은 대부분 회령으로부터 火狐狸溝를 거쳐 龍井으로 수송되었다. 이로써 용정은 조선, 일본과의 무역요충지 및 화물집산지로 발전하게 하였다. 이에 청 정부는 훈춘과 마찬가지로 관세를 징수할 목적으로 1909년 12월 30일 용정 세관을 설치하였다. (국가기록원 소장 조선총독부기록물, 외사국, 「국경부근 재류청한인 범죄자 취급방의 건」, 재간도일본제국총영사관, 「금반혼춘급용정촌세관개설의 건(1910.1.4)」.

8 애국지사 연병환·연병호선생선양사업회, 『애국지사 연병환·연병호』, 2013, 18~20쪽.

9 박영준 자서전, 『한강물 다시 흐르고』, 한국독립유공자협회, 2005, 59~60쪽.

10 不逞團關係雜件-朝鮮人의 部-在滿洲의 部(5), 「間島에 있어서 中國官公署에 就職한 鮮人名簿 送付의 건」, 機密제64호, 鈴木要太郎(間島總領事代理)가 本野一郎(外務大臣)에게 보낸 보고서(1916.12.4).

11 "연씨는 … 세관에 취직하여 월은(월급)이 풍부하더라."(1912년 12월 13일조, 鄭元澤 著, 洪淳鈺 編, 『志山外遊日誌』, 27쪽).

은 청국이 멸망한 중화민국시대에도 여전히 세관 관리로 복무하고 있는데, 그것은 두 가지의 가능성을 대변해 준다. 하나는 그가 출중한 외국어 실력과 실무 능력을 가지고 있어 혁명정부에서 그를 필요로 했다고 할 수 있다. 또 하나는 강제 병합당한 나라를 구하고자 중국으로 망명해 신해혁명의 지지 세력이 된 애국지사들과 마찬가지로 그도 신해혁명을 지지하며 일정부분 혁명세력에 동조하거나 혹은 가담했을 수도 있다. 당시가 혁명의 시대임을 감안해 볼 때 혁명정부가 연병환의 실무적 능력을 높이 샀다기보다는 중국 혁명 세력과 긴밀한 관계를 맺고 있었기에 혁명정부의 관리 직함을 그대로 유지할 수 있었다고 보는 것이 더 타당하다.

1912년에 연병환은 중국 세관직에 봉직하고 있으면서 연길현에서 여자중학교를 설립해 교육에 종사했다고 한다.[12] 그 당시 북간도 용정촌[13]에 소재한 연병환의 집은 독립운동가들이 모여 독립운동을 논의하는 장소였다. 독립운동가들이 대부분이 경제적 어려움에 처해 있었지만 연병환은 고정적인 세관직 월급을 받고 있었기에 빈번한 독립운동 지사들을 경제적으로 지원할 수 있었다.[14]

---

12 연병환이 설립한 연길현 여자중학교의 구체적 내용에 대해서는 아직 밝혀지지 않고 있다.

13 不逞團關係雜件-朝鮮人의 部-在滿洲의 部(5), 間島에 있어서 中國官公署에 就職한 鮮人名簿 送付의 건(機密 제64호, 鈴木要太郎(間島總領事代理)가 本野一郎(外務大臣)에게 보낸 보고서(1916.12.4).

14 박찬익의 아들 박영준은 용정에서 연병환과의 추억을 다음과 같이 회상하고 있다. "내가 5,6세 때의 일이다. 그 당시 아버지는 주로 용정에 나가서 독립지사들을 만나 간도의 교포들 문제, 교육문제, 독립운동을 지원하는 문제 등으로 바쁜 날들을 보내고 있었는데, 그 논의하는 장소가 연병호씨 형인 연선생(이름이 기억이 나질 않는다) 댁이었다. 어머니를 따라 사십리 길을 걸어 그 분 댁을 방문한 적이 있었는데 … 7, 8명 정도의 독립지사들이 큰 서양식 식탁에서 공기밥을 나누어 먹으며 심각하게 이야기를 나누기도 하고, 어느 때는 큰 소리로 웃기도 했다 … 당시 영국 세관에 다니고 있던 선생은 직접 독립운동을 하진 못했지만, 그 뒷바라지라도 해야만 한다는 마음으로 월급을 털어 경비를 충당하고, 자기의 집

당시 연병환이 고국을 떠난 1907년 초에 고향인 충북 증평에는 부인 안동 김씨 김사영金思永이 고향을 지키고 있었다.[15] 중국 세관직에 취업하여 고향에 자주 들를 수 없는 처지였고 독립운동을 지원하는 처지에서 중국으로 귀화는 불가피했을 것이다. 연병환은 용정에서 김해 김씨 김정숙金貞淑과 중혼하였다.[16] 이렇게 하여 연병환과 김정숙 사이에서 1908년 7월 15일 연미당 즉 연충효가 출생하였고 이어 아들 연충렬도 태어났다.[17]

1910년 8월 나라가 일본에 강제 병합되고 말자, 집안의 맏형인 연병환은 사형제를 북간도로 불러들였다. 이때 고향의 형제 모두가 용정으로 이주했으며 이들 모두 독립운동에 투신하였다. 연병환은 용정세관에 근무하면서 직무로 얻는 정보를 독립운동계에 제공하였고 독립운동가들의 독립운동 자금을 지원하는 역할을 하였다.

1918년 제1차 세계대전이 끝나고 미국 대통령 윌슨이 파리강화회의에서 민족자결주의를 제창할 것이라는 소식이 전해지자 미주와 북간도, 그리고 러시아 연해주 등 국외 한인사회에서는 한국 문제를 파리강화회의에 상정하기 위해 민족 대표 파견을 논의하였다. 그리고 국제적 관심을 끌기 위해 독립을 선언하고 만세시위운동을 전개하기로 결의하고 각 방

을 모임장소로 제공하는 등 모든 협조를 아끼지 않았다. … "(박영준 자서전,『한강물 다시 흐르고』, 59~60쪽).

15 충북 증평군 도안면 석곡리 555번지이다.

16 연병환과 안동김씨 金思永 사이에서 딸 金蓮과 아들 享熙를 두었다. 향희는 제적부에 출생신고 기록이 없는 것을 보면 일찍이 사망한 듯하다. 연미당의 모친인 김정숙은 1931년 9월 6일에 서거하여 상해 敍家匯의 만국 공묘에 안장되었다. 현재 남아있는 김정숙 장례식장 사진을 보면, 임시정부의 주요 요인이 장례식에 참여하고 있다. 이로보면 그녀와 임정요인들이 각별한 관계였음을 알 수 있다.

17 1926년 연병환이 별세하자 고향에 남겨진 부인 김사영은 시동생 秉學(병호의 초명)의 장남인 중희를 양자로 입적하였다.

면으로 준비하였다. 이 과정에서 일부 유학생들의 2·8독립선언 소식과 국내에서 3·1운동이 일어났다는 소식이 전달되었다. 이에 영향을 받아 북간도 용정에서는 3·13의거가 거세게 일어났다.

1910년대 조선총독부는 한국 내 식민통치를 안정화시키기 위해 북간도 한인사회가 반일항쟁의 근거지가 되지 못하게 하고자 혈안이 되었다. 또한 중국 당국은 일제가 한인들의 항일투쟁을 빌미로 삼아 독립운동을 진압할 목적으로 만주를 침략할까봐 경계하고 있었다. 이러한 상황에서 용정에서 3·13의거가 일어나자 중국 당국은 경찰을 동원해 만세시위의 확산을 막고자 시위대를 공격하여 여러 한인청년들이 희생되었다. 그럼에도 3·13의거 이후 북간도 일대 청년학생들은 본격적인 항일투쟁 전선에 투신했으며 연해주 독립운동단체와 지사들과 연대해 무장 항일투쟁에 나섰다. 이에 일제 영사관 경찰은 경찰력을 증원하며 배일선인排日鮮人 검거에 본격적으로 나섰으며 연병환도 당연히 일경의 체포선상에 올랐다. 중국 세관에 근무하며 배일한인으로 이름을 날리고 있는 연병환을 그대로 방관할 수 없었던 것이다. 일제는 연병환이 3·13의거의 배후 인물이고 북간도 지역의 항일운동 지도자라며 그의 검거에 혈안이 되었다. 그러나 연병환은 귀화 중국인이자 중국 관헌의 신분이었기에 그를 잡기가 쉽지 않았다. 하지만 용정 일본 영사관 경찰은 체포를 목적으로 연병환의 가택을 급습, 수색하여 배일운동의 증거를 찾고자 하였다. 그러자 중국당국은 재빨리 그를 천진세관天津稅關으로 전근 발령을 내렸다. 이로 보면 중국당국이 배일·항일운동가 연병환에 대해 우호적이었으며 그를 보호하고자 했음을 알 수 있다. 전근 명령을 받은 연병환은 6월 18일 저녁 송별회에 참석하기 위해 집을 나섰다가 일본 영사관 경찰에 '아편음용 상습범'으로 전격 체포당하였다.[18]

---

18 不逞團關係雜件-朝鮮人의 部-在西比利亞(8), 在露支方面 鮮人의 상황 送付의 건(官秘

주목할 만한 일은 연병환이 체포되기 하루 전인 1919년 6월 17일, 조선총독부는 '조선아편단속령'과 그 시행규칙을 제정, 공포[19]했는데, 연병환의 체포는 이 법령에 의거해 이루어진 것으로 보인다. 연병환은 2개월간 취조를 받고 석방되었다. 그의 석방일자를 정확히 알 수는 없다. 일본 영사관 경찰이 그를 석방할 수밖에 없었음은 귀화 중국인 신분인 연병환을 조선총독부로 넘길 수 없었기 때문이다. 풀려난 연병환은 다시 중국 세관직으로 복직할 수 있었다. 일제가 주장하듯 그가 실제로 아편음용자였다면 바로 중국 세관직에 복귀할 수 없었을 것이다. 따라서 아편음용 혐의는 일제가 연병환을 체포하기 위한 구실이었으며 일제는 연병환 체포에 실패하였다.

3·13의거 등 북간도에서 전개된 연병환의 배일 활동 또한 중국 당국의 보호를 받았기에 가능했다고 본다. 1919년 10월, 연병환이 간도세관間島稅關에서 상해세관上海稅關으로 전출[20]하게 된 사실에서도 알 수 있다. 아버지의 임지가 상해로 바뀌자 연미당도 가족과 함께 1920년 초에 상해로 이사하였다. 연병환이 대한민국 임시정부가 소재한 상해의 세관직으로 자리를 옮기자 일제는 더욱 신경을 곤두세우지 않을 수 없었다. 배일한인들의 독립운동 근거지인 상해로 연병환이 전근하게 되었기 때문이다. 일제는 중국당국에 연병환이 배일운동가임을 주지시키고 그를 현직

제290호), 朝鮮總督官房外事課長이 埴原正直(外務省政務局長)에 보낸 보고서(1919. 8.23); 鮮內外 一般 狀況(6月1日∼至6月20日), 密제102호 其345, 朝特報제22호(1919. 6.21) 발송자 朝鮮軍參謀部; 당시 《大阪每日新聞》 1919년 6월 20일자에 "중국 세관원 불령선인 배일운동에 가담한 혐의로 가택 수색 중 아편은닉 발견"이라는 기사가 보도되었다.

19 「朝鮮阿片團束」, 《大阪朝日新聞》, 1919년 6월 18일자.

20 不逞團關係雜件-鮮人의 部-在上海地方(3), 排日鮮人支那稅關員 延秉煥 傳任에 관한 件 1(機密第503號), 在支那特命全權公使 小幡酉吉이 外務大臣 伯爵 內田康哉에게 보낸 보고서(1920.12.25).

에서 퇴직시킬 것과 그렇지 못한다면 배일운동의 중심지인 상해에서 추출하여 배일운동과는 관계없는 곳으로 이임시켜 줄 것을 상해 총세무사서總稅務司署에 강력히 요구하였다.[21] 이처럼 연병환은 중국 당국, 특히 세관직에 필요한 존재이며, 시종일관 배일한인으로서 항일운동에 참여했음을 알 수 있다.

연미당 가족이 상해로 이주해 온 후인 1920년 9월부터 1921년 9월 말을 현재로 하여 상해대한인거류민회가 조사한 '상해재적인구명단上海在籍人口名單'에 의하면 연병환·김정숙 부부의 이름이 등록[22]되어 있다. 이로 미루어보면, 적어도 1921년 말까지 연미당 가족이 상해에 거주했음을 알 수 있다. 연미당 가족이 상해에 거류하는 동안 일제는 연병환을 상해세관에서 복건성福建省 삼도오해관으로 전근 조치해 줄 것을 요구하며 끈질기게 정치적 압력을 가하였다. 중국 당국은 연병환을 삼도오해관三都澳海關으로 전근시켰다. 연병환은 이곳에서 얼마간 복무하다가 1923년에 진강해관鎭江海關으로 전임되었다. 『곡산연씨족보』 연병환 기사는 그는 해관으로 복무하는 동안 만주 독립군 중광단의 군사공작과 무기와 군자금을 제공하고 '청산리대첩 당시 숨은 공로'[23]가 적지 않다고 기록하고 있다. 독립운동 단체 및 독립군에 직접 참여한 것이 아니라 독립금 또는 무기지원 자금을 제공했다고 한다면 그 사실을 입증하는 일은 쉽지 않아 연

---

21 不逞團關係雜件-鮮人의 部-在上海地方(3), 排日鮮人支那稅關員 延秉煥 傳任에 관한件 2(亞三機密送제5호), 外務次官이 拓植局長官에게 보낸 보고서(1921.1.12).

22 1920년 9월 25일자 상해 거주 한인 431명, 1921년 9월 28일자에는 567명의 한인 이름이 在籍 명단에 실려 있다(上海韓人의 行動에 關한 件, 機密제154호, 1920.9. 25); 上海在留朝鮮人現在人名簿, 機密제110호, 1921.9.28).

23 이 같은 사실은 연병환의 활동을 익히 알고 있는 집안에서의 전언일 것이다. 그러나 사실을 자료로 확인하는 일은 거의 불가능할 것이다. 비밀 루트를 통해 이루어지는 일이었기 때문에 관련자가 체포되어 심문을 받거나 재판에서 신문을 받기 전에는 확인할 수 없는 것이다.

병환의 독립운동 공적 또한 추적이 어렵다고 하겠다.

부친을 따라 상해로 이주했을 때인 1920년 당시 연미당 나이는 12살이다. 그녀는 북간도 용정에서 학교를 다니다가 대한민국 임시정부의 공립학교인 인성학교仁成學校로 전학해서 이곳에서 초등과정을 마치고 졸업하였다. 인성학교 재학 당시 연미당은 국어·국문·역사·지리와 민족·국가·국토 의식을 심어주는 투철한 민족교육[24]을 교수받았다. 이같은 민족교육은 감수성이 예민했던 어린 시절 그녀의 의식세계에 큰 영향을 주었을 것으로 생각된다. 그리고 부친 연병환은 독립운동에 직접 참여하지는 않았으나 독립운동계의 인사들과 교류하며 물심양면으로 독립운동을 지원했기에, 그러한 주변 분위기에 영향을 받으며 연미당은 성장했을 것이다.

인성학교를 졸업한 후 연미당은 진강해관으로 발령받고 근무하게 된 부친을 따라 다시 진강으로 이주했으며 진강여자중학교에서 수학하였다. 한편 부친은 1925년 7월 중국 하남성 하남군무독판공서河南軍務督瓣公署 고문에 임명되어 복무하게 되었다. 이곳에서 연병환이 어떠한 직무를 맡고 있었는지 분명하지 않다. 그러나 1926년 5월 14일 진강의 임소에서 타계했다는 사실로 미루어보면 진강해관에 근무하면서 하남성 군무독판공서에서 자문역을 맡았을 가능성이 높다.

연병환이 사망하자 그의 가족은 상해로 유해를 가져와 장례를 치렀다. 능통한 외국어 실력을 인정받아 오랫동안 중국 세관에서 공직생활을 하면서 임시정부를 비롯한 독립운동계에 정보를 제공하고 재정적 협력을 아끼지 않았기에 연미당 부친의 장례식은 임시정부 요인들이 참여한 가운데 상해에서 성대하게 치러졌다. 그의 유해는 공동조계 정안사靜安寺

---

24 이명화, 「大韓民國臨時政府의 敎育政策과 活動」, 『실학사상연구』 12, 역사실학회, 1999.1, 447~479쪽.

외국인 공묘에 안장되었다. 연미당 부친 연병환 묘소는 정안사 외국인 공묘가 도시개발계획으로 철거되고, 현 송경령능원이 조성되면서 그곳으로 이전되었다. 이후 한국으로 유해를 이전, 현재 대전 국립묘지에 안장되었으며 상해에는 묘비만 있다. 이후 가족은 임시정부 요인들과 가까이 왕래하며 상해에 안착하였다.

Ⅲ. 연미당의 항일투쟁

1. 상해 이주와 결혼, 임시정부 참여

연미당·엄항섭 결혼 사진(1927)

연미당은 1927년 3월 20일에 만 19세 나이로 엄항섭과 결혼하였다. 엄항섭은 엄주완과 김규식의 둘째 딸 청풍 김씨 사이에서 출생한 삼형제[25] 중 둘째 아들로 태어났다.[26] 보성법률상업학교를 졸업했으며 1919년 3·1운동에 가담하였다. 이후 일경의 검거를 피해 상해로 망명했을 때 그의 나이는 22세였다. 대한민국 임시정부에 참여하여 여주군 담당의 국내조사원, 그리고 법무부 참사參事로 임명되어 활동하였다. 학업을 위해 1920년 항주杭州에 있는 지강대학芝江大學에 입학하여 중국어, 영어, 프랑스어 등 어학을 공부하고 1922년에 졸업하였다. 학업을 마치자 다시 상해로 돌아와 프랑스 조계 공무국에 취직하였다. 중국어, 프랑스어, 영어 등 외국어에 능통한 젊은 인재로 주목받은 그는 연미당의 부친인 연병환과도 가까이 했을 것으로 보인다. 연병환의 장례식 사진 속 중앙 앞줄에 자리하고 있는 엄항섭의 모습을 통해 상당한 친분관계에 있었음을 짐작할 수 있다. 당시 엄항섭은 기혼자였지만 이후 부인과 사별하였다. 그러나 연미당과 바로 혼인관계를 맺을 수 있었음은 일찍이 이와 같은 친분관계가 있었기 때문에 가능했을 것이다.

엄항섭은 프랑스 조계 공무국에 근무하면서 임시정부 경무국장인 김구와 긴밀히 연락하며 임시정부에 정보를 제공하였으며 또한 경제적인 지원도 하였다.[27] 한편 엄항섭은 임시의정원 의원과 임시정부 비서국원

---

25 엄항섭의 형은 嚴承燮, 동생은 嚴弘燮이다.

26 엄항섭의 조부인 嚴世永은 농상공부아문 대신 판중추부사, 경상북도 관찰사 등을 역임하였고 외조부 김규식은 규장각 제학과 충청도관찰사를 역임하였다.

27 김구는 엄항섭이 프랑스 공무국에 취업한 목적을 "嚴恒燮군은 有志 청년으로 芝江大學 中學을 畢業 후에 自家生活보다도 石吾 선생과 나 같은 衣食未由한 운동자를 구제키 위하여 佛 공무국에 취직을 하였나니, 그는 월급을 받아 우리를 食供하는 외에 왜영사의 우리를 교섭 체포하는 사건을 探避함과 우리 동포 중에 범죄자가 있을 시에 편리를 圖키 위한 兩個 목적이었다."라고 회고하였다(백범김구선생전집편찬위원회, 직해 『白凡逸志』, 대한매일신보사, 1999, 506~507쪽).

으로 활동하였으며 1924년 4월 5일에 창립된 상해청년동맹회 집행위원으로도 활약하였다. 또한 임시정부 경제후원회를 만들어 재정난에 빠진 임시정부를 적극적으로 지원하는 등 다양한 활동을 전개하였다.

1926년 12월 김구가 국무령에 취임하고 임시정부를 활성화하기 위하여 정부 헌법을 개정할 때, 프랑스 조계의 공무국에 근무하면서 동시에 헌법개정기초위원이 되어 그 일익을 담당하였다. 임시정부의 헌법 개정은 대통령·국무령과 같은 단일지도체제의 폐단을 극복하고자 집단지도체제인 국무위원제를 도입하였고 그 결과 1927년 4월 11일 '대한민국임시약헌'이 제정, 공포되었다.

한편 김구를 보좌하면서 엄항섭은 내무총장 이동녕과 함께 거주하였다. 엄항섭의 부인이 지병으로 사망하고 홀로되자 임정요인들은 걱정하며 안타까워하였다. 그러던 중 이동녕은 청년 엘리트인 엄항섭과 연미당의 혼인을 주선하며 중매에 나섰다. 연미당은 모친의 극렬한 반대를 무릅쓰고 재혼인 엄항섭과의 혼인을 결행하였다. 홀아비 엄항섭과 미모의 처녀인 연미당의 혼인이 가능했던 것은 부친 생전 시에 엄항섭의 출중한 능력을 연미당이 흠모했기에 가능하지 않았을까 생각된다. 1927년 3월 20일, 연미당과 엄항섭은 많은 애국지사들의 축하를 받으며 결혼하였다.[28]

한편 연미당이 결혼한 이후 관내지역 청년단체들은 1927년 11월 상해에서 중국본부한인청년동맹中國本部韓人靑年同盟을 결성하였다. 국민대표

---

28 연미당과 엄항섭의 결혼은 임시정부 가족들의 경사였으나 연미당선생의 어머니 김정숙 여사는 부유하게 성장하고 미모를 갖춘 연미당이 가난한 독립운동가의 후처로 결혼하는 것을 완강히 반대해 결혼식에 참석하지 않았다고 전해지고 있다(대전애국지사숭모회, 『사랑과 열정을 祖國에 - 일파 엄항섭선생·미당 연충효 여사 부부 독립운동사 - 』, 28쪽). 그러나 이 기록은 부정확한 것이다. 그 이유는 연미당의 결혼식에 어머니 김정숙 여사가 가족들과 함께 촬영한 기념사진이 남아 있다.

회의가 결렬된 이후 유일당운동이 꾸준히 전개되었으나 독립운동계의 대동단결을 이루지 못했다. 그러자 중국본부한인청년동맹 상해지부에서는 만주지역 독립운동 세력과의 협동전선을 이루고자 1928년 9월 24일에 재중국한인청년동맹 상해지부를 결성하였다.[29] 당시 연미당 부부는 각각 청년동맹과 청년여자동맹에서 활약하였는데, 이제 부부가 통일협동전선운동에 함께 참여하면서 혁명동지가 되었다. 엄항섭은 중앙위원으로 임명되어 활동하였다.

2. 상해 한인여자청년동맹 결성과 여성운동

3·1운동 이후 국내외를 망라하고 여성들의 독립운동이 활발하게 전개되었다. 임시정부 수립 소식을 접한 국내 여성들은 임시정부를 지원하고자 활발하게 움직였다. 당시 임시정부에 참여한 청년들의 당면 과제는 독립전쟁 준비를 위한 군자금을 확보하는 일이었다. 그리고 정부의 각종 포고 문서를 국내외로 배포하여 임시정부의 존재를 널리 알려서 독립운동을 임시정부로 집중시키는 일이었다. 당시 여성들은 각지에서 애국부인회를 조직했으며 대한민국 임시정부에 부인회 대표를 파견하였다. 여성계의 재빠른 움직임에 영향을 받은 상해 여성계에서도 1919년 10월 13일 프랑스 조계 보창로寶昌路 어양리漁陽里 2호에서 애국부인회를 결성하였다.

상해거류민단을 비롯하여 기라성 같은 많은 애국단체들이 외곽에서 적극적으로 독립운동을 전개하고 있었기에 애국부인회는 한국지도를 만든다든지, 태극기를 그린다든지 하는 국가상징으로 또는 대회나 회의 준비를 한다든지 하는 일들을 주로 담당하였다. 임시정부 헌장에서는 물론

---

29 在上海日本總領事館警察部 第二課, 『朝鮮民族運動年鑑』, 1932, 233쪽.

연미당이 참여하여 활동한 상해애국부인회의 공한

상해애국부인회의 활동을 보고한
일제 문서

'남녀평등'이 명문화되었으나 정부 수립 초기 독립운동계에 여성과 남성의 역할 및 활동 내용은 본질적으로 차이가 있었다. 남성들이 직접 일선에서 항일투쟁을 전개했다면 여성들은 후방사업 지원 및 선전활동 등 분야에서 그 역할이 집중되었다.[30] 이 같은 남녀 간에 사업 및 활동의

---

30 안창호는 미주에서 각지의 애국부인회를 통일한 바 있고 중국에서도 애국부인회 사업으로 다음의 12개 조항을 제시한 바 있다. 즉, 1. 여자계의 연락 : 국내 국외에 있는 여자 단체와 유력한 단체에게 통신 혹 기타 방법으로 연락하여 한국 여자로 하여금 금후 광복 사업에 일치 행동케 할 것. 2. 내부의 선전 : 내외에 있는 남녀동포에게 통신하여 主義를 계속 선전함. 주의 : 독립운동 기간이 길어질 것을 각오케 할 것, 독립운동에 관하여 열렬한 使役者의 사실을 알게 할 것, 각국에서 우리 민족에게 대하여 동정하는 사실을 알게 할 것, 민간에 유행하는 요언을 밝혀 愚惑과 상심이 없게 할 것, 國民皆兵·國民皆納·國民皆業의 3대 주의를 고취할 것, 독립운동에 관한 美語良言을 전파할 것. 3. 정부의 服役 : 임시정부로서 사역을 명할 때 가능한 자는 실행하여 국민의 모범이 되게 할 것. 4. 중국에 선전 : 선전대를 조직하여 중국의 각 단체와 예배당·학교 등을 순행하여 참가·연설·환등으로 선전케 할 것. 5. 선전 자료의 공급 : 여자계에서 발생하는 선전 자료를 조사하여 정부 선전부에 공급할 것. 6. 動勞者를 포상 : 금후 광복 사업에 훈로가 특출한 인원을 조사하여 감사장과 기념품을 등을 보낼 것. 7. 유족의 위로 : 금후 광복 사업에 종사하다가 피해를 받은 유족을 조사하여 위로장과 그 집의 아동에게 위로품을 보낼 것. 8. 공역자 초대 : 간혹 간략한 다과를 베풀고 공역자를 초대하여 감사와 격려의 뜻을 함께 표시할 것. 9. 적십자사를 방조 : 적십자사를 진력하여 방조하여 가능한 인원을 적십자에 참가케 하여 간호법을 연습할 것. 10. 외

차이는 능력 차이보다는 역할 다름의 차이로 보아야 할 것이다.

그러나 독립운동이 장기화되고 격렬해지면서 여성들에게도 남성들과 동등한 역할이 요구되고, 여성들이 기대 이상의 역량을 발휘하게 되면서 여성들의 독립운동 역량에 대한 인식이 달라지게 되었다.

1922년 모스크바에서 열린 극동 인민대표대회에는 권애라權愛羅와 김원경金元慶이 여성 대표로 참석하였고 1923년 국민대표대회에는 애국부인회 대표로 참석한 김순애가 회의 대표로 인정되었다. 그리고 일경에 체포되어 고문받고 극적으

김순애　　　　　김마리아

로 탈출하여 상해로 망명한 김마리아는 임시의정원 첫 여성 의원으로 임명되어 활약하였다.

상해애국부인회는 좌익과 우익의 성향에 따라 여성계가 분리되는 경향을 보이다가 1928년 7월 20일에 애국부인회와는 다른 여성단체로서 한국여자구락부가 새로이 조직되었다. 이후 한국여자구락부는 상해여자청년동맹으로 재편되었는데, 연미당은 여기에 참여함으로써 여성운동에 뛰어들었다.

상해 거주 여성들 대부분이 독립운동가의 가족 일원이었다. 주로 대한민국 임시정부에 복무하는 독립운동가 남편을 위해 내조하며 자녀들의

국인을 襃賞 : 외국인 중에서 이번 우리나라 독립운동에 찬조하는 인원을 조사하여 감사장과 기념품 등을 보낼 것. 11. 皆納主義 실시 : 각 여자에게 얼마의 재정이 수입되든지 먼저 20분의 1, 30분의 1을 제하며 매일 밥할 때 쌀 약간을 떠놓았다가 이를 광복 사업에 공납할 것. 12. 성적표의 기록 : 여자들은 각각 진행하는 사건을 부인회에 보고하고 부인회에서는 각인의 행사와 부인회의 사업을 종합 기록하여 매월의 성적을 조사할 것 등이다.

연미당, 엄항섭 가족 사진(1932)

교육을 책임 맡고 가족을 보양하였다. 그러나 여성들에게 단순히 남편을 따르고 가정을 지키는 아녀자로서의 역할만이 요구된 것은 아니다. 점차 여성들은 자신의 가정만을 지키는 역할뿐만 아니라 임시정부라고 하는 공동체에 봉사하고 공공의 이익을 지키며 대의에 헌신하는 공적 영역에서의 활동에 참여하지 않을 수 없었다. 독립운동계 여성들은 공동체 안에서 자신의 자그마한 힘이지만 독립운동이 지속 가능할 수 있도록, 그리고 임시정부가 정부로서의 자격을 갖추고 그 명맥을 이어갈 수 있도록 성심성의껏 뒷바라지하였다.

연미당 부부 사이에는 1929년 맏딸 엄기선嚴基善(이명 엄기매, 1929.1.21~2002.12.9)이 태어났고 이후 맏아들 엄기동嚴基東(1931년 상해 출생)이 태어났다. 윤봉길의거가 발발한 이후 임정요인들과 함께 상해를 떠나 도피생활을 하는 중에 둘째 아들 엄기남嚴基南(1938년 남경 출생), 그리고 둘째 딸 엄기란嚴基蘭(이명 엄기선, 1943년 가흥 출생), 셋째 딸 엄기현嚴琪賢(이명 엄기주嚴琪珠, 1944년 중경 출생)이 출생하였다. 그리고 해방 이후 1947년에 막내딸 엄기원嚴基元이 임시 거처 했던 서울 경교장에서 출생하였다.[31] 이렇게 연미당 부부 슬하에 2남 4녀를 두었다.

3. 한인여자청년동맹 참여와 한중통일전선운동

독립운동세력 간에 좌우익의 분열이 극에 달해 독립운동계가 위기에

---

31 맏아들 엄기동은 6·25 당시 북한의 의용군으로 끌려가 행방불명되었다.

처했을 때, 연미당은 1930년 8월 16일 한인여자청년동맹 창립에 참여하였다. 상해 프랑스 조계 패륵로貝勒路 항경리恒慶里 63에서 출범하여 남경 사조항四條巷 수덕리樹德里, 프랑스 조계 여반로呂班路 대륙방大陸坊 39 등지에 본부를 두었던 상해여자청년동맹32은 임시정부의 여당인 한국독립당의 여자 청년 부분의 단체로, 남자 청년단체인 상해독립운동청년동맹과 함께 활동하였다. 처음에는 고문제로 조직 운영을 했으나 1932년 말, 임시정부가 이동 중일 때에는 위원합의제委員合議制로 개정하여 운영하였다. 한인여자청년동맹은 한국독립당과 임시정부의 독립운동을 측면 지원하면서 상해 청년여자교민에 대한 조사 및 상해 거주 교민들의 단합을 위해 활동하였다. 그리고 항일 격문과 전단을 제작 배부하는 일과 임시정부와 교민단이 주관하는 3·1절 기념행사나 8·29 국치기념일 등 각종 기념일 준비와 기념일이 원활하게 진행될 수 있도록 주관 운영하는 일을 맡았다.33 1932년, 22살의 나이에 한인여자청년동맹 5명의 임시위원 중 한 사람으로 선출된 연미당은 그 누구보다도 적극적인 활동을 전개하였다.

1931년 일제가 만주를 침략하자 그해 9월 20일 오후 8시에 대한민국 임시정부 사무소에서는 긴급회의가 개최되었다. 한국 민중과 중국 민중 사이에 충돌한 만보산사건34의 소식이 전해졌기 때문이다. 1930년대 초에 길림성에 거주하는 한인들의 수는 거의 60만을 육박했는데, 중국인들의 반일감정이 높아갈수록 한인들에 대한 적대심도 비례하여 상승하였다. 중국인들이 한인들을 일제의 첨병으로 여겼기 때문이다. 만보산사건

---

32 상해여자청년동맹에는 연미당을 비롯해 김윤경, 金順愛(金奎植의 妻), 朴英峰, 李雲仙(李根永 長女) 등이 참여하였다(國史編纂委員會, 『韓國獨立運動史』 資料 3(臨政篇 Ⅲ), 1968, 582~583쪽).

33 國史編纂委員會, 『韓國獨立運動史』 資料 3(臨政篇 Ⅲ), 1968.

34 1931년 7월 2일 길림성 萬寶山에서 한인 농민이 長春 稻田公司에서 조차한 미개간지 3만 3천묘의 水路工事를 둘러싸고 중국 농민들과 충돌했던 사건이다.

만보산사건 보도기사(《매일신보》 1931.7.6)

은 중국인들의 반일·항일운동의 한 표현이었으나 일제의 교묘한 이간책으로 인해 한인들은 중국인의 공격 대상이 되었다. 중국인들의 한인 박해사건이 국내로 알려지자 분노한 한인들이 인천·경성·원산·평양 등 일부 도시에서 중국 화교들을 공격하고 그 상가를 파괴하였다. 이 같은 한·중 민족 간에 갈등의 골이 깊어가자 이 사태를 지켜보는 상해 한인들은 한·중 민족 간의 오해를 풀고 한중반일공동전선韓中反日共同戰線을 강화해 가야 한다는 당면 과제에 직면하였다. 독립운동계는 대중국 외교선전활동에 박차를 가하였다. 그 내용은 만보산사건은 일본 제국주의자들의 사주에 의한 것이므로 냉철하고 현명하게 사건을 직시해 줄 것을 중국 국민에게 호소하는 것이었으며 그 성명서를 7월 10일에 발표했다.[35] 그리고 임시정부 국무위원들과 긴급회의를 소집하고 선후책을 협의한 결과, 남경 정부에 대표사절을 파견하여[36] 국민당 정부와 항일공동전선을 구축하기 위한 교섭에 들어갔다. 7월 12일에는 「동삼성한교문제東三省韓僑問題」라는 중국어 팸플릿을 제작하여 동삼성 각현의 관공서와 전국 지방관공서에 배부하였다. 여기서 한인과 중국인들은 공동으로 일제를 물리쳐야 하며, 한·중의 항일연합공동전선을 구축해야 하는 당위성을 호소하였다.[37] 그리고 공동의 항일연합전선 구축을 위해 중국 당국과

---

35 한인폭동에 관한 한인의 중국어 성명, 國史編纂委員會編, 『韓國獨立運動史(資料 20 臨政篇)』(이후 『資料 20』으로 약칭함), 139~140쪽.

36 「國民會議에 대해 當地 韓國臨時政府의 策動에 관한 件」, 大韓民國國會圖書館編, 『韓國民族運動史料』(中國篇), 1976, 672쪽.

직접 합작을 주도할 통일대당을 시급히 조직하고자 했다.[38] 한인을 대표할만한 단체를 결성하기 위해 당초 임시정부의 반대로 결렬된 바 있던 상해한인각단체연합회上海韓人各團體聯合會를 1931년 7월 18일에 재출범시켰다.

당시 동연합회에 참석한 단체는 임시정부를 비롯해 상해에 있는 한국노병회韓國勞兵會·흥사단원동위원부興士團遠東委員部·상해교민단上海僑民團·학우회學友會·애국부인회愛國婦人會·여자청년동맹女子靑年同盟·독립운동청년동맹獨立運動靑年同盟·병인의용대丙寅義勇隊·소년척후대少年斥候隊·소년동맹少年同盟·선인야소교회鮮人耶蘇敎會·상업회의소商業會議所·한인학우회韓人學友會·전차공사친목회電車公司親睦會·독락사讀樂社·공평사公平社 등이다.[39] 연미당은 본명인 연충효란 이름으로 상해여자청년동맹 단체 대표로서 상해한인각단체연합회 결성에 참여하였다. 상해한인각단체연합회는 7월 20일에 임시정부 청사에서 개최된 회의에서 "삼천만의 조선민족은 총總히 중국의 반일운동에 합류하고 일본에 대한 전선을 같이 한다"[40]고 결의하였다. 그리고 중국 측과 교섭하여 배일선전활동을 적극적으로 전개하였다. 이러한 독립운동계의 노력에도 불구하고 일제가 만주에서 영향력을 확대해 갈수록 재만 한인들의 처지는 어려워져 갔다. 만주침략 당시 중국의 각 신문들은 한국주둔 일본군인 '주차조선군駐箚朝鮮軍'의 출병을 조선인으로 편성된 조선인부대朝鮮人部隊의 출동이라 보도함으로써 중국인들은 한인들이 일본군의 첨병으로 만주 침략에 동원되었다고 오해했다.[41] 이로 인해 중

---

37 「在上海韓國臨時政府發刊中國文 <팜프렛트>에 關한 件」, 大韓民國國會圖書館編, 『韓國民族運動史料』(中國篇), 660쪽.

38 獨立紀念館 소장, 興士團資料, 「諸經過事項報告의 件」, 1932.3.18.

39 獨立紀念館 所藏, 安昌浩資料, 興士團理事長 金聲權에게 各項報告의 件, 1931.12.18.

40 「中國人事件에 關한 上海韓國人動靜」, 大韓民國國會圖書館編, 『韓國民族運動史料』(中國篇), 471쪽.

국인 간에 재중 한인들에 대한 구축운동驅逐運動이 광범위하게 전개되었고 동포사회는 극도의 공포에 휩싸이게 되었다.[42]

상해한인각단체연합회의 활동에 힘입어 임시정부도 각 신문사에 배일전문을 송달하고 한·중 연합 관계 기반을 공식적으로 구축하고자 중국 신문기자들을 초대해 한인들의 입장을 설명하는 회견을 열기로 했다.[43] 한편 9월 25일에 임시정부 주관으로 개최된 한교전체대회韓僑全體大會에서 안창호는 한·중연대의 실현, 동맹군 조직을 도모하자는 연설을 한 후 결의안을 통과시켰다.[44]

이어 10월 22일에 중국인 신문기자들과의 인터뷰에서 한·중 연합의 필요성을 연설한 후 「진정한 한국인의 견해」라는 제목의 인쇄물을 배포했으며, 25일 이후에는 중국인들을 상대로 순회강연에 들어가는 등 활발한 선전운동을 전개하였다.[45] 그 내용은 한인은 일본의 대륙침략의 첨병이 아니라 중국과 함께 항일무장투쟁 전선에 함께 할 운명적 동지임을 중국 민중에게 인식시키는 것이었다. 우선 만주사변의 진상을 밝히는 선전공작에 착수할 것과 그 대책안에 대해 협의하면서 첫째, 한인 각 단체 연합회 명의로 중국의 각 기관과 각 신문사에 임시정부의 배일 통전通電을 발송할 것과 둘째, 각 단체 대표회를 소집해 배일 중국 원조 공작 사무에 대해 토론할 것을 결의하였다. 21일 오후 3시에 개최된 회의에는 연미당이 대표로 참석한 여자청년동맹女子靑年同盟 외에 병인의용대丙寅義勇

---

41 安昌浩訊問調書(제7회), 高等法院檢事局思想部, 『朝鮮思想運動調査資料』 2집, 1933. 3, 183쪽.

42 申彦俊, 「特派記者生活雜記」, 『新東亞』 1934년 5월호.

43 大韓民國國會圖書館編, 『韓民族運動史料』(中國篇), 547쪽.

44 상해한교전체대회, 《新韓民報》 1931.11.5, 1쪽.

45 「大韓民國臨時政府의 동향에 대한 보고」, 國史編纂委員會編, 『韓國獨立運動史 資料 20』, 148쪽.

隊(박창세朴昌世), 노병회勞兵會(최석순崔錫淳), 교민단僑民團(김구金九), 학우회學友會(옥인섭玉仁燮·유진동劉振東), 애국부인회愛國婦人會(최혜순崔惠淳), 독립운동청년동맹獨立運動靑年同盟(김석金石·서이균徐利均), 흥사단興士團(안창호安昌浩·장덕로張德櫓), 임시정부臨時政府(조완구趙琬九·조소앙趙素昻) 등 9개 단체 대표가 참석하였다.46 상해한인각단체연합회는 이번 사태가 해결될 때까지 활동할 것을 결의하고 병인의용대 대표 박창세를 회장으로, 독립청년동맹 대표 서이균을 서기로, 그리고 김철의 부인으로 애국부인회 대표인 최혜순을 회계로 각각 선출하였다. 그리고 8개 사업을 추진해 나갈 것을 결의했는데, 그 내용은 다음과 같다.

1. 당일 안에 중국 각 관헌과 각 신문사에 전보를 발송한다.
2. 중국 시민대회를 기하여 대표를 파견하고 배일중국원조 선전을 한다.
3. 배일선전 삐라를 인쇄하여 시민대회 때나 그밖에 기회가 있을 때 살포한다.
4. 상해한인 교민단과 본 연합회 명의로 재상해 한인대회를 소집하고 중국 각계 유지를 청하여 강연토의講演討議를 한다. 그 일시와 장소는 교민단에 일임한다.
5. 소년척후대원少年斥候隊員에서 선전대를 조직하고 「격고중국민중서檄告中國民衆書」 1만장을 인쇄 살포한다.
6. 회비 징수 : 당지방을 3개 구획으로 나누어 애국부인회, 여자청년동맹, 독립청년동맹의 3개 단체가 연합회 명의의 의연금을 징수한다.
7. 시국 경과의 주지周知 방법 : 독립청년동맹에서는 매일 또는 격일로 중일

---

46 「今次 滿洲事變에 對하여 吾等 韓國同志는 中國을 後援하고 日本帝國主義의 打倒를 計하여써 韓國獨立의 促進을 期치 아니하면 아니된다 此의 目的 達成을 爲하여 吾等은 直時 上海 韓人各團體聯合會를 組織하고 反日 援中工作에 着手하지 아니하면 아니된다」라는 趣旨를 제의하였다(국사편찬위원회편, 『韓國獨立運動史 資料 3』 (임정편 Ⅲ), 三. 中國에서의 臨政傘下 및 後援團體, 29. 上海韓人各團體聯合會, 2. 「上海韓國人의 時局觀」(1931.10.5), 時局에 際하여 在上海 不逞鮮人의 行動의 件(上海 村井總領事發信 幣原外務大臣宛 報告要旨)).

시국경과를 등사인쇄騰寫印刷하여 상해 교포에게 반포 주지케 한다.

8. 중국시당부中國市黨部에 교섭하여 시민대회에 참석권을 얻는다. 교섭위원으로 박창세를 추대, 선발한다.

상해한인각단체연합회는 이상의 결의사항에 대해서 즉각 행동에 착수하였다.[47] 연미당이 참여한 여자청년동맹에서는 주로 연합회 명의의 의연금을 모금하는 일을 맡았다.

9월 23일 상해 공동조계에서 중국인 상해반일원교회上海反日援僑會가 주최하는 각단체대표대회各團體代表大會가 개최되었는데, 여기에 조소앙趙素昂·김철金徹·김두봉金枓奉 등 3인이 재상해 한인 대표로 참가해 「삼천만三千萬의 조선민족朝鮮民族은 총總히 중국中國의 반일운동反日運動에 합류合流하고

---

47 일제의 만주침략에 대한 선전공작과 대책에 대해 협의한 결과, 중국 각 기관과 신문사에 임시정부의 排日 通電을 발송해 줄 것을 요구하기로 결정했다. 중국의 역사를 인용하며 일본에 대한 결사항전을 호소한 것으로 그 내용은 다음과 같다. 「日本의 東北侵佔에 對한 上海韓人各團體와 通電」(… 兇暴한 놈들은 乘夜 兵을 出動시켜 城을 攻하고 將卒을 殺戮하며 要塞地帶를 掠奪하여 南은 安東, 北은 哈市, 東은 延·琿·旺縣, 西는 遼河 밖으로 萬里長驅하여 無人의 境을 行함과 如하다. 此 韓國人으로서 憤激의 極이다. 況 貴國將領과 民衆에 있어서랴. 金人이 南下하자 오히려 一個의 岳武穆이 있고 淸人이 寧遠을 攻擊하여도 또 袁崇煥의 死守가 있다. 按컨대 今日 바야흐로 蹶起하는 貴國은 宋明과 같이 滅亡한 나라가 아니며 彼 日本은 崩壞의 兆가 이미 顯露되어 實際 金淸肇興의 勇猛이 없다. 또 宣戰 없이 싸우는 者는 盜賊이다. 싸우지 않고 和解하는 것은 降服이다. 彼 이미 盜賊을 敢行하였다. 盜賊에게 降服하는 것을 欲求하지 말라. 이제 貴國은 擊鼓를 幽燕에 聞하고 玉帛을 吳越에 交할 뿐 聯盟에 依賴하여 鎭靜을 欲求하나 聯盟은 强盜의 結社인 것을 모르는가. 盜에게 盜를 呼訴하는 것보다 盜를 죽이라. 적어도 百萬武裝의 勇으로써 中國一致 蹶起하여 決死하고 싸우면 二千萬의 三韓은 其先鋒이 되어 汗腦를 地에 塗함을 不辭할 것이다. 이것이 中韓連帶의 責이다. 願컨대 友를 內로 認하고 敵을 外로 認하여 一致하여 決死的으로 日寇를 驅逐할 것을 全國에 通電 있을 것을 切望한다. 上海韓人各團體聯合會 印), 국사편찬위원회 편, 『韓國獨立運動史 資料 3』(臨政篇 Ⅲ), 1968, 三. 中國에서의 臨政傘下 및 後援團體, 29. 上海韓人各團體聯合會, 2. 上海韓國人의 時局觀.

일본日本에 대對한 전선戰線을 같이 한다」고 결의한 바 있다. 이처럼 반일 선전 활동을 적극적으로 전개하며 중국에 반일정국反日政局의 국면을 격화시키려는 노력을 경주하였다. 한편 연미당의 동생 연충렬 또한 역시 한국독립당의 부분 단체인 상해한인청년동맹上海韓人靑年同盟에서 활동하였다. 상해한인청년동맹은 일제의 침략 시설을 파괴하고 요인 살해를 목적으로 하여 한국 국내와 일제 관동청 관내에 특파원을 파견한 바 있고 일제의 요주의 단체로 주목받았다.[48] 이 단체는 1931년 1월 30일에 상해한인청년당으로 재편되었다.

한편 상해에는 상해한인애국부인회와 상해한인여자청년동맹 등 두 개의 여성단체가 활동 중이었다. 이들 여성단체들은 일본군이 1932년 상해를 침공했을 때 치열하게 반일항전을 한 중국군 19로군의 부상병사에게 위문품을 보내는 활동을 전개하였다. 매년 8·29 국치기념일에는 대회를 열고 기념 선언을 했으며 「국치기념國恥紀念」이라고 제목한 전단을 제작하여 각 방면에 배포하고 민족의식 앙양에 노력[49]했는데, 1933년 3·1절 기념일에는 민족역량을 집중하여 독립운동을 완성하자는 내용의 「제십사주년第十四週年 삼일기념三一紀念에 제際하여」라는 제목의 전단을 배포하는데 그쳤다.[50]

---

48 國史編纂委員會編, 『韓國獨立運動史』 資料 3(臨政篇Ⅲ), 三. 中國에서의 臨政傘下 및 後援團體, 42. 上海 獨立運動團體 一覽表類, 2. 各種團體 一覽(1932.12.8日附 上海 石射總領事 發信 內田外務大臣宛 報告要旨), 在上海朝鮮人各種團體一覽表[昭和七(1932)年末調] 民族主義派 團體名 創立 年月日 現幹部 幹部其他의 異動 活動狀況.

49 國史編纂委員會編, 『대한민국 임시정부자료집』 33·35집.

50 國史編纂委員會編, 『韓國獨立運動史 資料 3』(臨政篇 Ⅲ), 582~583쪽.

IV. 임시정부 피난과 연미당의 활동

1. 연미당 가족의 상해 탈출

한국독립당이 창당되면서 연미당은 부군인 엄항섭과 함께 한국독립당의 청년단체인 청년동맹 활동에 주력하며 임시정부의 활동을 지원하였다. 부군인 엄항섭은 한국교민단의 의경대장義警隊長으로 활동하면서 조선혁명당의 재무직을 맡아 일하기도 하였다. 연미당 부부는 1930년대 초 일제 대륙침략을 배경으로 침체와 위기에 처해있던 임시정부로 하여금 활로를 모색하기 위해 조직된 특무조직인 한인애국단에도 참여해 단장 김구를 적극 지원하며 활동하였다.

1932년 4월 29일 홍구공원虹口公園에서 윤봉길의거가 일어나 상해파견군 최고사령관과 백천의칙白川義則과 상해거류일본민단장인 하단정차河端貞次가 사망하고 제3함대사령관 야촌길삼랑野村吉三郎 중장과 제9사단장 식전겸길植田謙吉 중장, 주중국일본공사 중광계重光癸 등이 크게 부상당하였다. 윤봉길 의사가 의거 현장에서 붙잡혀 신문을 받은 직후, 일본영사관 경찰은 프랑스 조계 당국의 협조를 얻어 프랑스 조계지 일대에 임시정부와 거류민단 사무소, 그리고 한인들의 집을 급습하고 한인들을 체포하기 시작하였다. 엄항섭은 윤봉길의거의 주도 인물이며 일제의 제일 체포대상이기에 엄항섭과 그의 가족은 상해를 탈출하지 않을 수 없었다. 연미당의 맏딸 엄기선은 윤봉길의거 때 도시락 폭탄을 싼 보자기가 모친 연미당이 직접 재봉틀로 박아 만든 보자기라는 전언을 들었다고 회고한 바 있다.[51]

---

51 의거 현장에서 수거된 도시락 폭탄을 싼 보자기에 대해 윤봉길 의사는 취조 과정에서 자신이 직접 일본인 상점에서 구입했다고 진술한 바 있다. 엄기선의 기억이 사실이라면 윤봉길 의사가 연미당을 보호하기 위해 거짓 진술을 했거나 일본인으로 위장해 홍구공원의 식장 안으로 입장하기 위해 본래 보자기를 두고 일본인

윤봉길 의거 직후의 홍구공원 기념식장   윤봉길 의사의 도시락과 물통 폭탄

상해를 떠난 후 엄항섭은 임시정부와 중국정부 간의 연락 임무를 맡아 바쁘게 활동하며 가족과 사적인 시간을 거의 갖지 못하였다. 연미당은 남편을 대신해 이동녕과 이시영 등 임정 요인들을 모시며 피신생활에 들어갔다. 백범 김구가 가흥 매만가 76-4호의 저보성褚補成의 아들 집에 피신해 있을 당시 연미당 가족과 이동녕과 이시영 등 요인들은 제1지구 범호진范湖鎭 남대가南大街 88호에 은둔하고 있었다. 당시 폐결핵에 걸려 각혈하며 위중상태에 있는 이동녕을 연미당은 극진히 간호하였다.[52]

가흥 수륜사창   가흥 피난시절의 임시정부 요인들
(1932, 맨 왼쪽이 김구, 맨 오른쪽이 엄항섭)

들이 흔히 사용하는 보자기를 구입, 폭탄을 새로 도시락보에 쌌을 가능성도 있다 (엄기선, 『연미당의 愛國千秋』, 96쪽).

52 諸官機密제477호, 金九特務隊員 檢擧 및 一派의 動靜에 關한 件 제1보, 1935.10.12.

가흥 김구 피난처

연충렬 소식을 보도한 신문기사
《매일신보》 1937.11.9)

　　이 시기 연미당에게는 불행한 사건이 닥쳤다. 동생 연충렬이 암살당한 것이다. 상해 프랑스 조계 날비덕로辣斐德路 옥거리玉據里 30호 2층에 본부를 둔 상해한인청년당上海韓人靑年黨도 윤봉길의거 이후 상해를 떠나 남경으로 피신하게 되었고 한인청년당원들은 중심을 잃고 뿔뿔이 흩어져 여러 가지 어려움에 직면하게 되었다. 한인청년당을 결속시키기 위해 동분서주했던 연충렬은 동 당원인 이규서와 함께 일본 관헌 밀정의 혐의를 받고 1933년 1월경에 남경방면에서 죽임을 당하는 비극이 일어났다.[53] 연미당에게 유일한 혈육이었던 동생의 죽음은 그녀에게 큰 충격이었을 것이다.

---

53 연충렬과 이규서가 활동한 上海韓人靑年黨은 한국독립당의 청년조직이라 할 수 있다. 윤봉길의거가 일어나자 많은 청년당원들이 일본 영사관 경찰에 체포당하였다. 연충렬과 이규서는 한인청년당을 주도했던 청년이었기에 좀더 정확한 진상조사가 요구된다.

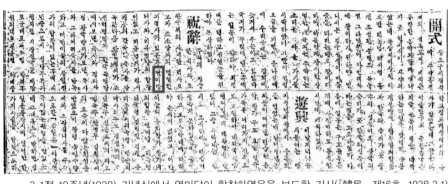
3·1절 19주년(1938) 기념식에서 연미당이 합창하였음을 보도한 기사(『韓民』 제16호, 1938.3.1)

2. 남목청楠木廳 사건의 발발과 연미당의 활약

1936년부터 연미당은 임시의정원 의원으로 선인되어 의정활동을 하였다. 부군인 엄항섭은 임시정부 결산위원으로 활동 중이었다. 부부는 재건 한국독립당이 새로 출범했을 때 함께 참여하여 당원으로 활약하였다.

1938년, 임시정부가 호남성湖南省 장사長沙에 이주해 있었던 시기에 연미당은 30세가 되었다. 일본군의 침략공세가 심해진 남경에서 연미당은 둘째 아들 엄기남을 출산하고 가까스로 남경을 벗어나 임시정부가 이전해 있는 장사로 탈출하였다. 이후 남경에서는 일본군에 의한 학살이 자행되었다. 장사에서 연미당은 동포들과 함께 1938년 3·1절 기념식을 맞이하였다. 3월 1일의 기념식에서 임시정부 주석의 기념 식사에 이어 조완구의 임시정부 역사 보고와 조소앙의 기념사가 있었다. 그리고 이어 연미당이 연사로 등장하였다. 연미당의 연설내용은 전해지지 않지만 여성을 대표해 연설했을 것이다. 이어 이복영의 합창이 있은 후 정부를 대표하여 이동녕의 축사가 낭독되었다. 그리고 조선혁명당과 한국독립당, 그리고 중국인들이 보낸 축사들이 연이어 낭독되었다. 뒤이어 어린이들의 삼일절가 합창이 있었으며 다음으로 중국인 내빈들의 축사가 이어졌다.54 이들의 축사는 중·한 양국은 지금 공동의 적을 대적하는 터인즉

마땅히 공동 진선에서 협동 일치할 것과 한국의 승리가 곧 중국의 성공이요, 중국의 승리가 곧 한국의 성공이라는 요지의 내용들이었다. 참석한 내빈 일동이 구호를 외친 후에 사진을 찍고 동 11시 30분에 기념식을 마치었다.[55]

3·1절 19주년 기념대회(1939, 장사)

한편 저녁 7시부터 장사 청년회관에서 1천여 명의 관중이 모인 가운데 유흥회가 개최되었다. 유흥회에서는 남녀 청년동지들이 여러 날 연습한 음악, 창가, 무도, 요술, 연극, 가곡 등 여러 프로그램이 성황리에 공연되었다. 이날 임시로 조직된 음악대의 공연은 연습이 충족치 못했음에도 불구하고 좋은 공연을 펼치었다는 찬사를 받았다.[56] 이어 왕형과 송민수·오광심 주연으로 삼일운동 당시 일어난 사실을 근거로 극본을 쓴 『삼일혼』이란 연극이 공연되었다. 그 내용은 3·1운동 이후 20년간 한 사람은 군사운동에, 다른 한 사람은 민중운동에 전력했는데, 이들 두 사람이 나중에 힘을 합해 왜적을 물리친다는 많은 이들에게 감명을 주었다. 이 같은 유흥공연을 끝으로, 시조·춘향가(이복원)·육자배기(이달)

54 중국성당부 특파원 뇌련 시장 진국균 제8로군 대표 서특립 항적후원회 대표 진윤천 야례중학교장 노계상 등 제씨의 축사가 있었다(「三一節紀念狀況」, 『韓民』 제16호, 1938.3.1).

55 「三一節紀念狀況」, 『韓民』 제16호, 1938.3.1.

56 어린이들의 유희 창가가 있었고 연미당 선생과 이복영(지복영), 이국영, 김병인, 김철, 유해준 등의 창가대 합창과 독창이 이어졌다. 방순희는 무용을 공연하였고 김철은 클라리넷 독주, 진준호는 바이올린 독주, 안병무와 김철랑은 요술공연을 벌여 큰 환영을 받았다(『韓民』 제16호, 1938.3.1).

1938년 3·1절 유흥회 대원들의 단체사진(뒷줄 왼쪽에서 아홉번째가 연미당)

연극 『삼일혼』 공연 기사(『한민』 제16호, 1938.3.1)

등 전통 소리공연이 이어져 많은 관중의 환영을 받았다.[57] 이처럼 연미당을 비롯한 여성 동지들의 열의와 열성적인 준비로 3·1절 기념식은 그 어느 때 보다도 성황리에 거행되었다.

1938년 5월 6일, 장사 남목청 6호 조선혁명당 본부에서 불행한 사건이 벌어졌다. 조선혁명당·한국독립당·한국국민당 3당의 통일회의가 열린 자리에서 동포 간에 총격이 벌어진 것이다.[58] 3당 통일문제를 협의키 위해

---

57 「三一節紀念狀況」, 『韓民』 제16호, 1938.3.1.

58 이날 참석한 3정당과 주요 인사는 다음과 같다. 조선혁명당(이청천, 유동열, 최동오, 김학규, 황학수, 이복원, 안일청, 현익철 등), 한국독립당(조소앙, 홍진, 조시원 등), 한국국민당(이동녕, 이시영, 조완구, 차리석, 송병조, 김붕준, 엄항섭, 안공근,

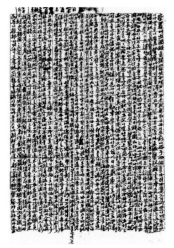

『백범일기』중 남목청사건 서술 부분

5월 6일[59]에 남목청楠木廳에서 김구와 현익철, 유동열, 지청천 등 각 당 대표들이 모임을 가졌는데, 갑자기 난입한 이운한李雲漢이 권총을 난사하였다. 그 첫발에 김구가 중상을 입었고, 두 번째에 현익철이 맞아 현장에서 즉사하였다. 세 번째 총탄에 유동열이 중상을 입었고, 네 번째 총탄을 맞은 지청천은 경상을 입었다. 갑작스런 총상을 입고 장사의 상아의원湘雅醫院으로 급송[60]되어 그곳에서 응급 치료를 받고 깨어난 김구는 연미당의 집으로 모셔져 그녀의 정성스러운 간호를 받고 회복될 수 있었다.

안창호 서거 호외
(《대한민국 임시정부 공보》1938.3.20)

안창호 추도회(《신한민보》1938.3.23)

양묵, 민병길, 손일민, 조성환) 등이다.
59 임시정부 기록에는 5월 7일로 되어 있음.
60 정정화, 『長江日記』, 학민사, 1998, 150쪽.

1938년 3월 10일, 도산 안창호 서거 소식이 장사에 전달되자, 좌우익 모두의 독립운동 세력은 도산 서거 추모식을 거행하였다. 임시정부에서 개최한 서거 추도회를 준비한 이도 연미당이었다. 연미당은 이복영, 김정숙 등과 함께 애도가를 불렀다. 당시 도산의 추도식장 안은 비분강개한 분위기로 눈물바다를 이루었다고 한다.[61]

3. 한국광복진선청년공작대 및 한국독립당 활동

1937년 2월, 한인 남녀 청년들은 한국광복운동단체연합회를 결성하여 항일전선 구축에 나섰는데, 연미당 부부도 1938년 10월에 결성된 한국광복진선청년공작대의 대원이 되었다. 한국광복진선청년공작대는 선전과 홍보 활동에 주력하며 중국의 선전공작대와 함께 활동했다. 또한 일본군 내에 복무하는 한국인 병사에 대한 초모 공작과 함께 군인들을 대상으로 하는 위문활동 중 특히 연극이나 무용 공연 등은 여성대원들에 의해 기획, 공연되었다. 한편 대원들은 일본군의 정보를 수집·보고하는 일도 맡아했다. 연미당의 맏딸 엄기선도 어린 나이에 한국광복진선청년전지공작대 공작대열에 참가하였다. 후일 엄기선은 당시 함께 공작대열에 참여했던 박영준·이재현·노복선 등과 함께 광복군으로 복무하였다.

임시정부는 진강(1935), 장사(1936.5~1937), 광동(1938), 유주(1938)를 거쳐 1939년에 기강綦

한국공작대유예회의 활동을
보도한 중국 신문
(《유주일보》 1939.3.4)

---

61 《新韓民報》 1938년 6월 30일자.

江에 도착하였다. 1939년 5월 9일, 한국국민당·조선혁명당·한국독립당은 3개 정당조직을 취소하고 통일정당인 통합 한국독립당이 기강에서 창당하였다. 연미당 역시 한국독립당에 여성당원[62]으로서 참가하여 반드시 독립을 쟁취하고 독립국가를 건설해 가고자 하는 의지를 다지었다. 그리고 한국독립당 중앙조직부 산하 총 5개 구區 조직 중, 제 1구 소속인 엄항섭과는 별도로 제 2구에 소속되어 활동하였다.[63]

이처럼 한국독립당 활동을 전개하는 중에도 연미당은 임시정부의 큰 어른인 이동녕을 극진히 간호하였다. 그러나 임시정부가 중경重慶에 자리 잡기 이전에 먼저 중국 측과의 교섭을 책임 맡고 있는 부군인 엄항섭과 함께 중경으로 가지 않을 수 없었다. 그래서 기강에서 이동녕은 정정화의 간호를 받게 되었다. 그러나 이동녕은 끝내 병석에서 일어서지 못

한국청년전지공작대 각 기관 대표(1939.4.4)

한국청년전지공작대와 엄항섭
(1939, 앞줄 왼쪽에서 두 번째 엄항섭)

---

62 한국독립당 당원은 모두 85명인데, 이중 25명이 여성당원으로 여성의 비율이 크게 늘어났다. 그 명단은 다음과 같다. 연미당을 비롯해 최소정[최선화], 조용제, 민영숙, 민영주, 이숙진, 호요동, 최형록, 조가임, 방순희, 신순호, 이복영, 오영선, 정정화, 황애숙, 오건해, 정현숙, 오희영, 오희옥, 신명호, 이헌경, 이순승, 홍미영, 김수현, 강영파 등이다.(국사편찬위원회편, 『대한민국 임시정부자료집』34, 「한국독립당당원 명단」(1944.3.15).

63 한국독립당, 『通告』2호(1943.3.15), 韓國精神文化研究院, 『韓國獨立運動史資料集』, 趙素昂篇(四), 1997, 106~107쪽.

임시정부의 여인들
(앞줄 왼쪽에서 두번째가 연미당)

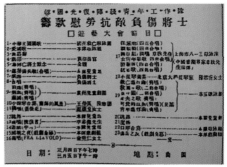

한국광복진선청년공작대의 공연 일정을
보도한 중국 신문(《유주일보》1939.3.4)

대한민국 임시정부 기강 청사(1997년 현재)

기강에서 창당한 한국독립당 창립 선언문(1939)

하고 1940년 3월 13일에 문타만門沱灣 임시정부 판공처 2층 침소에서 민족진영이 대동단결 할 것과 정당의 통일을 유언하고 서거하였다.

그해 9월 임시정부는 중국 국민당 정부가 임시수도로 정한 중경에 안착하게 되었다. 연미당 가족은 엄항섭을 따라 먼저 중경에 와서 자리잡았다. 당시 엄항섭은 한국독립당집행위원, 임시의정원 외무분과 위원장, 한중문화협회韓中文化協會의 한국 측 이사, 그리고 광복 시점까지 중앙위원회 선전부장, 김구 주석 판공비서 등을 역임하며 조그만큼의 휴식도 허용치 않는 분주한 활동을 하였다. 연미당은 남편을 대신해 가족을 돌보면서 남편 못지않게 활동을 펼쳤다.

이동녕의 국장(1940.3.17)

중경 대한민국 임시정부 청사(복원 전)

중경 대한민국 임시정부 청사(복원 후)

4. 한국애국부인회 재건과 광복군 초모 활동

1940년대에 주의·이념을 초월하여 각 당파에서 모두 임시정부를 지지 옹호하는 분위기가 조성되자, 연미당은 여성들도 이러한 흐름에 적극 참여하여 민족통일전선운동을 적극 추진하였다. 독립운동계가 좌파와 우파로 나누어져 서로 노선 차이를 이유로 갈등하

중경에서 창립한 한국혁명여성동맹 회원(1940)

고 분란을 일으키는 것을 지켜본 여성들은 더 이상 민족 통일전선으로의 통합을 미룰 수 없다고 판단하고 적극적인 행동에 나섰다. 중경에서 여성들은 1940년 한국혁명여성동맹韓國革命女性同盟을 창립하고, 선언문과 강령을 발표하였다. 한국혁명여성동맹에서 한국여성은 혁명여성임을 자처하며 조국 독립의 완성과 세계 평화실현을 위해 역량을 집중하고 중국여성과 전 세계 피압박민족 여성들과 연계 분투하겠다는 다짐을 표하였다. 한국혁명여성동맹에서 연미당은 임원을 맡지는 않았다.[64] 그러나 측면에서 열렬히 한국여성혁명동맹의 활동을 지원했음은 물론이다. 이후 1943년 2월 23일, 각 정파의 여성들 50여 명이 임시정부 집회실에 모여 한국애국부인회韓國愛國婦人會 재건대회를 개최하였다. 재건 한국애국부인회는 3·1운동 이후 국내는 물론 미주와 상해 등지에서 결성된 애국부인회의 애국활동을 계승하고 남녀평등의 여권 확장을 통해 민족통일전선

---

64 한국혁명여성동맹 집행위원장 방순희(겸 서무부 주임), 집행위원 : 오광심(겸 재무부 주임)·정정화(겸 조직부 주임)·김효숙(겸 훈련부 주임)·김정숙(겸 선임), 감찰위원 : 최형록·최소정·이순승(『韓民』 제1권 제3·4기, 1940.7.28, 55~56쪽).

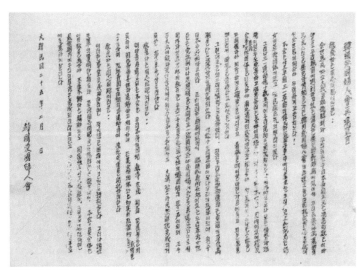
한국애국부인회 재건 선언문(1943, 중경)

운동에 적극 동참하기 위해 재건한 것이다. 이제 여성들도 남성을 지원하고 부군을 내조하는 차원이 아닌 민족해방운동의 전사戰士로서, 그리고 조국 광복과 민주주의 국가 건설의 주체로서 민족 통합과 조국 독립을 달성해 나가야 할 역사적 임무를 수행해야 한다는 분명한 자각에 도달한 것이다. 이 대회 주석에는 임시정부 부주석 김규식의 부인인 김순애가 선임되었다. 부주석에는 방순희, 그리고 연미당은 조직부 주임을 맡았다. 조직부 주임은 실무 조직의 책임 자리로, 실질적인 조직운영을 담당하였다. 그리고 각부 주임으로 서무부 주임 최소정, 선전부 주임 김운택, 재무부 주임 강영파, 사교부 주임 권기옥, 훈련부 주임에 정정화가 각각 선출되었다.[65]

재건 한국애국부인회는 "국내외 부녀는 총단결하여 전민족해방운동과 남녀평등이 실현되는 민주주의 신공화국 건설에 적극 참가하여 분투하자"는 행동강령을 선포하고 각종 매체를 통해 국내외 동포 여성들에게

---

65 韓國精神文化研究院, 『韓國獨立運動史資料集』趙素昂篇(四), 1997, 98~105쪽.

민족적 각성을 촉구하며 독립운동 참여를 호소하였다. 그리고 의연금을 모금하며 대일전선에서 부상당한 부상병들과 무력항쟁을 준비하는 한국 광복군을 위문하는 등 독립운동 지원과 후방활동을 전개하였다. 또한 해외 각지의 한인여성단체들과도 긴밀한 연계를 통해 임시정부의 독립운동을 지원하는 일을 적극 수행하였다.

당시 한국애국부인회는 한국의 전 인구를 삼천만 동포로 보고 여성의 수를 그 절반인 1,500만 명으로 계상하였다. 한국애국부인회는 1,500만 명의 전 여성이 단결하여 원수 일본을 타도하고 대한독립과 민족해방 완성의 거룩한 제일보를 삼자는 결의를 다지는 선언서를 발표하였다.

> 지금 우리 민족해방운동은 공전의 혁명 고조를 타고 활발하게 전개하게 되었다. 30여 개의 동맹국이 모두 우리의 우군이 되어 원수 일본을 타도하고 있다. 정히 이러한 시기에 있어서 임시정부 소재지에 있는 우리 혁명 여성들은 당파별이니 사상별을 불문하고 일치단결하여 애국부인회를 재건함으로써 국내와 세계만방에 산재한 우리 1천 5백만 애국 여성의 총 단결의 제1성이 되며 3천만 대중이 철과 같이 뭉쳐서 원수 일본을 타도하고 대한독립과 민족해방 완성의 거룩한 제일보를 삼으려 한다.[66]

이들 여성들이 목표하는 대한독립과 민족해방 완성의 방향은 남녀가 정치·경제·사회·문화 제 분야에 실질적으로 동등한 권리와 자유를 향유하는 '민주주의 공화국' 건설에 두었다. 한국애국부인회가 채택한 7개항의 강령에서 이 같은 목표 달성을 위한 행동강령을 밝히고 있다.

1. 국내외 부녀를 총 단결하여 전민족해방운동 및 남자와 일률 평등한 권리와 지위를 향유하는 민주주의 신공화국 건설에 적극 참가하여 공동 분투

---

66 독립기념관소장, 「한국애국부인회의 재건 선언문」(1943.2), 소장번호 5-001425.

하기로 함.

2. 혁명적 애국 부녀를 조직 동원하여 국내외 전체 부녀동포의 각성과 단결을 촉성하며, 나아가 전민족의 총단결과 총동원을 실시하기 위하여 노력하기로 함.

3. 전민족해방운동을 총영도하는 혁명적 권력구조인 대한민국 임시정부를 적극 옹호함.

4. 부녀의 정치·경제·교육·사회상 권리 및 지위 평등을 획득하기에 직극 분투하기로 함.

5. 부인의 정치·경제·지식의 보급 향상과 문맹퇴치 및 문화수준의 제고와 특히 아동 보육사업에 노력함.

6. 직업상 부녀의 권리 및 지위의 남녀평등과 특별대우 향유의 획득에 노력함.

7. 전세계 반파시스트 부녀의 국제적 단결을 공고히 하여 전세계 부녀의 해방과 전인류의 영원한 평화와 행복을 쟁취하기 위하여 공동 분투하기로 함.

이제 조국 광복을 앞에 두고 여성들은 전민족의 총단결과 임시정부를 옹호하는 기본적인 입장에는 변함없으나 새로운 국가 건설을 목전에 두고 여성들은 여성의 권리와 지위향상, 남녀평등과 부녀의 해방이라는 뚜렷한 목표의식을 표명함으로써 새로운 국가건설의 주역으로서의 정체성을 분명히 천명한 것이다.

광복군과 미국 OSS 특무대가 합동으로 한국진공작전을 추진할 때, 엄항섭은 김구 주석을 보좌하며 OSS 훈련 유치를 위한 활동과 공작을 추진하였다. 당시 연미당은 1944년 중국 국민당정부와 대한민국 임시정부 간의 협조로 결성된 대적선전위원회對敵宣傳委員會를 통해 애국부인회 조직부 주임의 임무를 띠고 중경방송重慶放送에서 반일의식을 고취하는 방송과 국내외 여성 동포들의 각성과 분발을 촉구하는 방송을 하였다. 한편 중국 전선에 끌려온 일본군 소속의 한적韓籍 사병들에게 임시정부와 광복군의 활동상황을 한국말로 알리며 일본군 진영에서 탈출하도록 유도하였다. 국제동맹군과 한국 동포들에게는 중국에서의 일본군 만행을 폭로하는 역할을 수행하였다. 또한 중국 전선에서 포로로 잡힌 일본군 중에는 한적 포로들이 상당수 있었다. 연미당을 비롯한 여성들은 이들 한적 포로들이 광복군으로 들어올 것을 권유하는 초모공작을 적극 전개하였다.

또한 한국애국부인회 여성들과 임시정부 요인 자녀들은 위문금품을 마련하여 전선에서 활동하는 항일 군인들을 위문했다. 중경 토교土橋 깊은 산 계곡에 소재한 일본군 포로수용소도 방문하여 일본군 포로 중 한국 국적을 가진 사병들을 위문했으며 '나의 살던 고향', '푸른 하늘 은하수', '3·1절노래', '군가'들을 불러 그들의 향수와 애국심을 자극하는 공연을 펼치어 공연장은 눈물바다를 이루었다고 한다. 한편 여성들은 식민지 한국에서 크게 히트한 대중가요인 '타향살이'67 노래를 배워 임정요인들한테 들려주기도 했다. 이 같은 여성들의 문화활동과 위문활동, 그리고 초모활동은 일제의 패망을 예견하는 가운데 광복을 맞이할 때까지 흔들림 없이 지속되었다.

---

67 타향살이는 손목인 작곡과 김능인 작사로, 가수 고복수가 1934년에 오케레코드사에서 취입한 노래이다. 떠돌이 유랑극단 배우의 신세를 노래한 내용으로 발매 1개월 만에 무려 5만장이 팔렸고 단번에 만인의 애창곡이 되었다. 만주 하얼빈과 북간도 龍井 공연에서 가수와 청중이 함께 이 노래를 부르다 통곡의 눈물바다를 이루었다고 한다. 이 노래는 重慶의 임시정부 요인들도 즐겨 부르는 애창곡이 되었다.

Ⅴ. 광복과 환국

1. 자유한국인대회自由韓國人大會 개최

광복을 준비하고 있는 중경 한인사회가 큰 충격에 빠졌다. 그것은 종전 후 한국을 신탁 통치한다는 소식이 전해진 것이다. 미국 신문《Chicago Sun》지 런던 특파원의 전언에 의해 4월 27일 워싱턴발 전문電文으로 중경 각 신문 지상에 발표된 내용은 영국과 미국의 최고 정상들이 워싱턴에서 제2차 세계대전 종전 이후의 원동遠東문제를 논의하면서 한국은 독립되기 전에 잠시 '국제호위國際護衛'를 거쳐야 한다는, 즉 한국을 국제 감시 아래 두기로 했다는 이른바 '신탁통치'의 소식이었다. 이 소식을 듣고 1943년 5월 10일, 한국애국부인회를 비롯한 한국독립당·조선민족혁명당·조선민족해방동맹·무정부주의연맹·한국청년회 등 6개 대표 정당 및 단체들이 공동으로 참여한 가운데 재중국 자유한국인대회가 개최되었다. 한국 독립에 외세가 개입하고 이로 인한 정치적 혼돈이 초래될 것을 우려한 한인들은 조속히 동대회를 추진하였다.

자유한국인대회는 광복운동 진영의 단결과 한국민의 광복을 준비하는 모습을 대내외에 과시하고자 좌우익의 각 정파 세력의 대표들이 참석한 가운데 개최되었다. 이때 한국애국부인회 대표로 참석한 연미당은 본 대회에서 한국독립당의 홍진洪震, 조선민족혁명당의 김충광金忠光, 조선민족해방동맹의 김규광金奎光, 무정부주의연맹의 유월파柳月波, 한국청년회의 한지성韓志成 등과 함께 주석단主席團의 일원으로 추대되어 대회를 주도하였다.

여기에서 연미당은 각 단체의 대표들과 함께 어떤 외세의 압박과 간섭도 반대할 것을 결의하고 "한국은 마땅히 독립국이 되어야 하고, 한민족은 마땅히 자유민이 되어야 한다"는 내용의 '자유한국인대회 선언문'[68]

을 발표하였다. 그리고 각 동맹국 영수들에게 전문[69]을 성안 발송하여 한국 민족의 완전 독립을 요구하고 우선적으로 국제사회가 대한민국 임시정부를 승인 할 것을 촉구하였다.

2. 광복과 환국, 남편과 이별

1945년 8월 15일, 조국이 광복되었다. 엄항섭은 가족을 중국에 남겨두고 1945년 11월 23일 임시정부 요인 제1진으로 환국하였다. 그리고 건국

---

68 자유한국인대회 선언문. "… 1. 韓國民族의 一致하고도 堅固한 要求는 절대 완전한 獨立과 自由이다. 어떠한 國際的 干涉으로 護衛니 共管이니 하는 것은 모두 이를 絶對的으로 反對한다… 2. 韓國에는 8萬方里의 國土가 있고, 3천만의 人口가 있다. 지극히 豐富한 物產이 있고, 또 現代的인 工業建設도 있는 터이다. 그러므로 戰後에 있어서 同盟國 사이에는 平等하고 互惠的인 相互扶助 밑에 신속히 强盛한 民族國家를 建立할 것이요, 결코 남의 勢力의 侵奪을 받아서는 안된다. 3. 이 目前에 있어서의 全體 韓國民族은 적극적으로 抗日鬪爭을 진행할 때이며, 同盟國들은 응당 戰後에 있어서의 韓國의 完全獨立을 宣布하여 이로써 딴 나라들의 戰爭에 參加할 意志와 戰鬪할 行動을 激勵시키도록 해야 할 것이다. 그런데 이제 소위 國際護衛라는 消息이 散布되고 있으니, 이는 저들로 하여금 同盟國에 대한 信任을 저버리게 한 것이요, 아울러서 저들의 戰鬪의 積極性을 損失시킨 것이며, 동시에 敵들에게 우리를 離間시킬 機會를 준 것이다. 4. 韓國은 遠東의 政治地理上에 있어서 실로 가장 重要한 地位를 차지하고 있다. 그런 때문에 韓國이 獨立되느냐 敗亡하느냐 하는 것은, 곧 遠東의 平和를 維持하느냐 破壞하느냐 하는 것을 결정짓게 된다. 過去의 일도 그러했고, 장래에도 반드시 이와 같은 것이다. 때문에 戰後에 있어서의 韓國의 完全 獨立은 장차 遠東 내지는 太平洋의 完全平和를 保障하게 될 것이다."(大韓民國臨時政府文書輯覽 86-89, 《獨立新聞》 重慶版 1943.6.1).

69 "…소련·영국·미국 등 主要 同盟國의 政治領袖들은 한결같이 大西洋憲章 속에 있는 民族自決의 原則을 韓國에 適用해 줄 것이다. 또 戰時나 戰後에 있어서도 한결같이 韓國民族의 獨立과 自主的인 運動을 援助해 줄 것이다. 동시에 우리들이 간절히 바라는 것은 여기에 관계되는 同盟國政府는 위에 말한 소위 國際護衛 문제에 대하여 조속히 이들 부인하고 아울러 戰後 한국의 完全 獨立을 宣布할 것이며, 이와 同時에 즉시 韓國臨時政府를 承認하여 우리 韓國民族의 주요 同盟國에 대한 信任을 굳세게 해야할 것이다. 또한 우리 3천만 韓民族으로 하여금 猛烈히 抗日戰爭을 進行하여 이것으로써 反戰略戰爭의 최후 승리를 促成하여, 眞正한 世界平和를 이룩하도록 해야 한다."(大韓民國臨時政府文書輯覽 86-89, 《獨立新聞》 重慶版 1943.6.1).

사업에 뛰어들었다. 연미당은 아이들과 함께 이듬해인 1946년 7월, 이범석이 이끄는 광복군 제2지대 대원들과 함께 미군이 제공한 군함을 타고 환국하였다. 처음에는 인천항에 도착했으나 당시 콜레라가 돌자 입국하지 못하고 부산에서 일주일을 보내고 다시 인천으로 입국하였다. 연미당 가족은 서울 경교장에서 일주일을 보낸 후 성북동 산꼭대기 별장에 거처를 마련, 이곳으로 이사하였다.

환국 당시 한국광복군

광복 이후 정국은 좌우익 간의 대립으로 극한 혼란에 빠져 독립운동계의 우려가 현실이 되었다. 엄항섭은 한국독립당의 국내지부를 건설하는 일에 몰두하는 한편 백범 김구를 도와 신탁통치 반대운동과 미소공위 반대운동 등에 참여하면서 민주의회 의원으로 활동하였다. 또한 나라를 새로 건국하는 데 필요한 인재를 양성하기 위해 1947년 3월에 서울시 용산구 원효로에 소재한 원

엄항섭이 김구를 도와 설립한 건국실천원양성소
졸업생과 함께(1949)

효사에서 건국실천원양성소를 설립하였다. 이곳에서 전국 각지에서 우수한 애국청년들을 건국운동의 중견 일꾼으로 양성하는 교육을 실시하였다. 매 기수의 교육 인원은 100명 내외였으며 제9기까지 배출하였다. 교

육기간은 제1기가 2개월, 제2기부터 제9기까지는 1개월 과정이었다. 교육내용은 독립운동사·정치·경제·법률·헌법·역사·선전·민족문화·국민운동·철학·약소민족문제·농촌문제·협동조합·사회학·공산주의 비판·여성문제 등 다양한 교육과정이 운영되었다. 엄항섭을 비롯해 임시정부 요인들이 교육 강사로 활약하였다.[70] 한편 1948년에 남북 제정당사회단체 대표 자연석회의에 참가하며 민족통일을 위한 신념을 실천하려 했으나 남북협상은 실패로 돌아가고 말았다. 그리고 1949년 6월 26일 김구가 안두희의 권총에 살해당하자 엄항섭은 정치적 위기에 몰리게 되었다. 광복 후 연미당은 특별한 사회활동을 하지 않고 부군인 엄항섭을 열심히 내조하였으며 가족을 돌보는 일에만 몰두하였다.

그러나 6·25전쟁의 발발은 민족통일과 통일 국가 건설의 염원을 완전히 배반하는 것이었다. 미처 피난가지 못한 채 서울에 갇힌 신세가 된

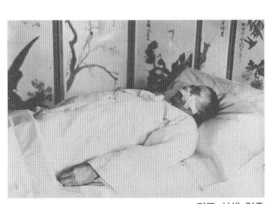
김구 선생 임종

김구 선생 영결식

---

70 양성소 강사는 엄항섭을 비롯해 趙素昻·趙琬九·申翼熙·池靑天·羅在夏·金成柱·金敬洙·崔虎鎭·金正實·梁柱東·閔泳珪·嚴詳燮·金學奎·薛義植·金基錫·李相助·朱碩均·洪秉璇·金昰善·金錫吉·安在鴻·鄭寅普·黃基成·李仁·金活蘭·金法麟·朴順天·李殷相 등 각계의 인사들이었다.

연미당은 가족과 함께 한강을 건너 남편의 고향으로 내려가고자 했으나 도중에 엄항섭은 인민군에게 붙잡히고 말았다. 엄항섭은 가족만을 고향 여주로 내려 보내고 자신은 조완구·김규식·조소앙·최동오·김붕준·윤기섭·유동열·명제세·박건웅·원세훈·안재홍 등 인사들과 함께 인민군에게 납북되었다.

북한에서 엄항섭은 1956년 7월 재북평화통일촉진협의회 상임위원 겸 집행위원에 선출되어 통일 운동을 전개하였다. 그러나 1962년 7월 30일에 심장병과 고혈압이 악화되면서 이로 인해 서거한 사실이 확인된다. 엄항섭은 "내가 일 욕심이 많아 그동안 여러 사람과 다툰 것이 후회되오. 통일을 못보고 먼저 가게 되어 억울하오. 통일의 제단에 한 줌 흙으로 바치고 싶소."라는 마지막 유언을 남기고 눈을 감았다고 한다.[71] 현재 엄항섭의 유해는 평양 애국열사릉에 안치되어 있다.

중국에서 출생하여 해방 후 조국을 찾은 연미당은 자신의 친족들의 원적지가 어디인지 알지 못했다. 그래서 남편과 자리 잡았던 서울 중구 도동 1가 127의 29번지 주소를 자신의 원적지로 신고해 호적을 만들었다. 그리고 1950년 5월 27일에 와서야 서울 중구청에 혼인신고서를 제출하였다. 얼마 안돼 터진 6·25전쟁으로 남편이 납북되자 월북가족으로 오해되면서 남은 가족은 결코 평탄치 못한 역경의 세월을 보내야만 했다. 그럼에도 불구하고 납북된 부군을 대신하여 경제적 어려움 속에서도 자녀들을 훌륭하게 성장시켰다. 경제적 어려움과 과로로 인해 갑자기 찾아온 중풍으로 연미당은 남은 여생을 부자연스러워진 육신을 이끌고 어렵게 살았다. 그리고 1981년 1월 1일, 73세를 일기로 서거하였다.

엄항섭은 그의 월북의 경위가 분명하게 밝혀지지 않은 가운데 자진 '월북설'이 있어 오랫동안 대한민국에서 독립운동의 공적을 인정받지 못

71 이태호 저, 『압록강변의 겨울』, 다섯수레, 1991, 442~443쪽.

연미당의 묘(대전현충원)   엄기선의 묘(대전현충원)

하였다.[72] 그러나 본인의 의사에 반해 납북된 사실이 확인됨으로써 대한민국정부는 1989년에 건국훈장 독립장을 추서하였다. 남편에 이어 연미당도 독립운동의 공적을 인정받아 1990년에 건국훈장 애국장이 추서되었다. 맏딸 엄기선 또한 독립운동에 참여한 공로를 인정받고 1993년 대한민국 건국포장을 받았다. 엄기선은 3·1여성동지회 대전지회장을 역임하고 1970년 6월 29일 사회복지시설인

엄기선

루시 모자원 2대 원장으로 취임해 오랫동안 사회복지활동에 종사했으며 2002년 2월 9일, 어머니와 같은 73세를 일기로 운명하였다.

---

72 연미당 가족의 삶을 지켜본 박찬익의 아들 박영준은 자신의 자서전에 "… 불행하게도 엄항섭씨는 6·25전쟁 때 납북당하셨고 연미당은 아이 다섯을 데리고 남한에서 갖은 고생을 다 겪으시고 노년에 중풍으로 돌아가셨다. 지금은 국가유공자이지만, 그 때만 해도 엄항섭이 납북당했다는 이유로 국가유공자로 인정을 하지 않아 국가로부터 그 어떤 도움도 받지 못했던 시절이라 그 고생은 이루 말할 수 없었다. 나는 지금도 연선생 일가의 비극적인 삶을 생각하면 가슴이 저려오고 한숨이 나온다. 약삭빠른 친일파들은 해방 후에도 권세를 누리고 대대손손 부귀를 누리고 있는데, 이국만리에서 조국을 위해 힘쓴 연선생 같은 가족은 제대로 대접을 받지 못하는 역사의 아이러니에 허망을 느끼게 된다…"고 기록하였다(박영준, 『朴英俊 자서전; 한강물 다시 흐르고』, 60~61쪽).

Ⅵ. 맺음말

한국여성의 독립운동사는 오랫동안 소외당해 왔다. 그러나 여성은 이제 남성의 부수적인 존재로서가 아닌 한 시대와 역사를 이끌어간 당당한 역사의 주역으로서 평가되어야 할 것이다. 일본 제국주의의 무단통치에 놓인 조국을 구하기 위해 많은 여성들이 나라 밖에서 항일투쟁을 전개하며 민족통일전선운동에 발 벗고 나섰다.

이들 여성 중 연미당은 한국 독립운동의 중심지로 알려진 북간도 용정과 상해에서 민족주의 교육을 받고 부친 연병환의 독립정신을 이어받으며 성장하였다. 아버지가 서거한 후에는 독립운동가인 남편 엄항섭을 도우며 그녀 또한 시종일관 독립운동의 길을 걸었다. 연미당은 민족과 조국의 암울한 현실 속에서도 독립운동가의 딸로서, 독립운동가의 아내로서, 어머니로서 자신에게 주어진 역할과 의무를 충실히 수행하였다. 독립운동의 전면에 나서서 활동하는 부군을 대신해 생계를 책임진 강인한 아내였으며 한국인이라는 정체성을 잃지 않도록 자녀들을 훈육, 지도한 교육자였다. 그리고 무엇보다도 가정을 지켜나간 굳건한 실질적 가장이었다.

중국 관내 여성 독립운동과 광복진선 통일운동에 큰 기여를 한 연미당은 자기 자신과 그녀의 가족만을 위한 삶에서 벗어나 대한민국 임시정부 살림을 꾸리고 정부 요인들의 일상과 안위를 위해 헌신하는 대의의 삶을 살았다. 그리고 직접 항일투쟁전선에 나서서 후방사업과 선전사업, 그리고 갖가지 문화활동을 전개하였다. 정치적 헤게모니 쟁탈을 우선하며 분열과 갈등을 빚어내며 혼란에 빠진 남성 중심의 독립운동계에서 연미당은 여성들과 함께 주의와 정파를 초월해 임시정부를 지원하고 한국광복군 초모활동에 매진하며 제2의 독립운동 전선에서 큰 공헌을 하였다. 이같은 연미당의 활동은 해외에서 전개된 독립운동이 깊이 뿌리

를 내리고 열매를 맺을 수 있도록 하는 자양분의 역할을 수행했다고 평
가할 수 있다.

참고문헌

1. 자 료

《皇城新聞》, 《大阪每日新聞》, 《大阪朝日新聞》, 《新韓民報》

『新東亞』, 『韓民』

獨立紀念館 소장, 「興士團資料」·「安昌浩資料」

『谷山延氏大同譜』

국가기록원 소장 조선총독부기록물, 외사국, 「국경부근 재류청한인 범죄자 취급방의
　　　　건」, 재간도일본제국총영사관, 금반혼춘급용정촌세관개설의 건(1910.1.4).

在上海日本總領事館警察部 第二課, 『朝鮮民族運動年鑑』 1932.

高等法院檢事局思想部, 『朝鮮思想運動調查資料』 2집, 1933.

韓國精神文化院 『韓國獨立運動史資料集』, 趙素昻篇(四), 1997.

國史編纂委員會, 『韓國獨立運動史』 資料 3(臨政篇 Ⅲ), 1968.

國史編纂委員會編, 『韓國獨立運動史』 資料 20(臨政篇).

大韓民國國會圖書館編, 『韓國民族運動史料』(中國篇), 1976.

日本外交史料館 所藏, 不逞團關係雜件-朝鮮人의 部.

鄭元澤 著, 洪淳鈺 編, 『志山外遊日誌』 탐구당, 1983.

Daniel. L. Gifford, Education in the capital of Korea, 『The Korean Repository』, vol 3.

이태호 저, 『압록강변의 겨울』, 다섯수레, 1991.

정정화, 『長江日記』, 학민사, 1998.

박영준 자서전, 『한강물 다시 흐르고』, 한국독립유공자협회, 2005.

백범김구선생전집편찬위원회, 『직해 白凡逸志』, 대한매일신보사, 1999.

국사편찬위원회편, 『대한민국 임시정부자료집』 33·34·35집, 2013.

2. 연구논저

이명화, 「大韓民國臨時政府의 敎育政策과 活動」, 『실학사상연구』 12, 역사실학회,

1999.1.

대전애국지사숭모회, 『사랑과 열정을 祖國에 - 일파 엄항섭선생·미당 연충효여사
　　　　부부 독립운동사 -』, 1992.

박걸순, 「연병환의 생애와 민족운동」, 『증평출신 곡산 연씨의 독립운동 조명』(「연
　　　　병호항일역사공원」 조성계기 독립운동사 학술대회 발표문), 2014.12.19.

엄기선, 『연미당의 愛國千秋』, 애국지사연병환·연병호선생선양사업회, 2013.

애국지사 연병환·연병호선생선양사업회, 『애국지사 연병환·연병호』, 2013.

대한민국 임시정부에서 김구의 측근으로 활동한 엄항섭嚴恒燮

한 시 준
단국대학교

Ⅰ. 임시정부의 파수꾼

엄항섭

> 선생님! 선생님! 선생님은 가셨는데 무슨 말씀하오리까. 우리들은 다만 통곡할 뿐입니다. … 선생님! 선생님! 민족을 걱정하시던 선생님의 말씀을 저녁마다 듣자왔는데, 오늘 저녁부터는 뉘게 가서 이 말씀을 듣자오리까. 선생님! 선생님! 민족을 걱정하시던 선생님의 얼굴을 아침마다 뵈었는데, 내일 아침부터는 어데 가서 그 얼굴을 뵈오리까. 선생님은 가신대도 우리는 선생님을 붙들고 보내고 싶지 아니합니다.
>
> 〈김구 선생 추모사 중에서〉

이는 엄항섭이 김구의 영전에 바친 추모사의 일부이다. 1946년 6월, 김구가 안두희의 흉탄을 맞고 서거하였다. 국민 대다수가 그랬지만, 그 어느 누구보다도 애달파 한 것은 엄항섭이었다. 엄항섭은 임시정부에 참여한 이래 한시도 김구의 곁을 떠나지 않고, 그를 존경하며 선생님처럼 모시고 활동하였다. 그런 김구의 영전 앞에서 엄항섭은 애절하고 비통한 마음을 짓누르며 선생님께 마지막 인사를 고하고 있었다.

엄항섭은 1898년 9월 1일 승지를 지낸 엄주완嚴柱完의 아들로 태어났다.

김구 장례식 때 추모사를 읽는 엄항섭

고향은 경기도 여주군 금사면(현 산북면) 주록리이다. 본관은 영월이고, 일명 예빗 엄이라 불리기도 하였다. 중국에 망명해서는 일파一派라는 호를 주로 사용했고, 필명으로 대위大衛를 사용한 적도 있다. 그의 성장과정에 대해서는 알려진 것이 거의 없다. 그는 1919년에 보성법률상업학교를 마친 것으로 되어 있다. 보성법률상업학교는 보성전문학교의 옛 이름으로, 현 고려대학교의 전신이다.

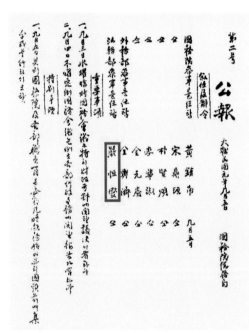
엄항섭의 법무부 참사 선임을 보도한 공보(1919.9.5)

엄항섭이 보성법률상업학교에 다니고 있을 때, 3·1운동이 일어났다. 전 국민이 일어나 조국의 자주독립을 부르짖는 것을 보면서, 엄항섭은 독립운동에 헌신하기로 마음먹었다. 그리고 중국 상해로 망명하였다. 그가 상해에 도착하였을 때, 상해에는 임시정부가 세워져 있었다. 임시정부에 참여한 엄항섭은 거기서 김구를 만났고, 김구와 함께 임시정부를 중심으로 활동하

1920년 대한민국 임시정부 신년 축하회(앞줄 오른쪽 첫 번째 엄항섭)

였다.

엄항섭이 임시정부에 참여하여 활동을 시작한 것은 1919년 9월 법무부 참사에 임명되면서부터였다. 당시 임시정부는 새로운 체제를 갖추어 출범한 상태였다.

3·1운동 직후 노령·상해·한성에서 수립되었던 세 곳의 임시정부가 통합을 실현하고, 1919년 9월 11일 대통령 이승만李承晩과 국무총리 이동휘李東輝를 중심으로 새롭게 출범한 것이다. 임시정부가 통합정부를 구성하였을 때, 엄항섭은 법무부의 참사가 되어 임시정부에 참여하게 되었다.

그러나 임시정부에 오래 있지 않았다. 당시 그의 나이 22살이었다. 상해로 찾아온 청년들 대부분이 그랬듯이 그 역시 학업을 계속하고자 하였다. 그가 입학한 곳은 항주杭州에 있는 지강芝江대학이었다. 그는 지강대학에서 중국어·영어·불어 등 어학을 공부하였다. 어학을 공부한 것이 후일 그가 임시정부에서 활동하는데 주요한 자산이 되었다.

1922년 지강대학을 졸업한 후, 엄항섭은 상해로 돌아왔다. 그동안 상해의 임시정부는 크게 변해 있었다. 수립 초기 국내외에서 많은 인사들이 모여들어 임시정부를 구성하고 있었지만, 여러 가지 사정으로 인해 뿔뿔이 흩어진 것이다. 미국에 있던 대통령 이승만은 상해로 부임하였다가 다시 미국으로 돌아갔고, 국무총리 이동휘도 연해주로 떠났다. 그리고 가원들도 대부분 사퇴하였다. 시일이 지니면서 젊은 청년들 역시 임시정부에서 멀어져 갔다. 이로 인해 임시정부는 정부로서의 조직을 유지할 수 없을 정도가 되었고, 김구와 이동녕을 비롯한 몇몇 인사들이 임시정부를 부둥켜안고 있었다.

사람만 떠난 것이 아니라, 경제적으로도 매우 어려워졌다. 수립 초기에는 임시정부에 대한 기대로 많은 사람이 모여들었고, 이와 함께 독립자금도 적지 않게 들어왔다. 그러나 사람이 떠나면서 자금도 함께 줄어들었고, 임시정부 청사의 집세를 내지 못할 형편이 되었다. 그 뿐만이 아니었다. 임시정부를 유지하고 있던 김구·이동녕 등의 인사들조차 끼니걱정을 해야 할 정도로 경제적 곤궁은 극심한 형편이었다.

엄항섭은 임시정부는 어떻게 해서든 유지시켜야 한다고 생각했다. 그 방편으로 그는 불란서 조계의 공무국에 취직하였다. 자신이 월급을 받아 그 돈으로 임시정부 요인들의 끼니를 해결하고, 또 일본영사관에서 한인들을 체포하려는 정보를 얻어내고자 하는 의도도 있었다. 당시의 사정을 김구는 『백범일지』에 다음과 같이 기록해 놓았다.

엄항섭군은 유지청년으로 지강대학 중학을 졸업하였다. 졸업 후 그는 자기 집 생활은 돌보지 않고, 석오 이동녕 선생이나 나처럼 먹고 자는 것이 어려운 운동가를 구제하기 위해 불란서 공무국에 취직을 하였다. 그가 불란서 공무국에 취직한 것은 두 가지 목적에서였다. 하나는 월급을 받아 우리에게 음식을 제공해주는 것이고, 다른 하나는 왜倭영사관에서 우리를 체포하려는 사건을 탐지하여 피하게 하고, 우리 동포 중 범죄자가 있을 때 편리를 도모해주는 것이었다.

엄항섭이 불란서 조계의 공무국에 취직한 것은 임시정부를 유지하기 위한 방편이었다. 임시정부를 유지시키기 위해서는 최소한 이를 지키고 있는 요인들의 먹고 자는 것만이라도 해결되어야 했다. 그 역할을 엄항섭이 맡은 것이다.

엄항섭뿐만 아니라 그의 첫 부인 임씨도 임시정부 요인들을 극진히 모셨다. 김구는 "내가 자기 집에 갔다가 나올 때면 문 밖까지 따라 나와 전송

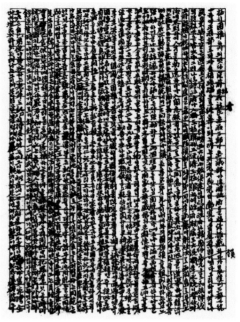

엄항섭에 대해 기록한 『백범일지』

하며 은전 한 두개씩을 내 손에 쥐어주며 아기 사탕이나 사 주세요."라고 하였던, 엄항섭 부인의 고마움을 잊지 못하고 있다. 그리고 상해에서 숨진 그 부인의 무덤이 눈앞에 아른거린다며, 무덤에 묘비를 세워주지 못한 것을 가슴 아파했다.

요인들의 생활만이 아니라, 이들이 일제 경찰에 체포되지 않도록 보호하는 것도 임시정부를 지켜내는 주요한 방법이었다. 상해의 일본영사관에서는 임시정부 요인들을 체포하기 위해 혈안이 되어 있었다. 이들을 체포하려면 사전에 불란서 조계 당국과 교섭하여 양해를 얻어야 했다. 엄항섭이 불란서 공무국에 근무하면서, 이러한 정보들을 입수하여 미리 피신하도록 한 것이다. 임시정부가 1920년대 중반에 부딪혔던 어려움을 극복할 수 있었던 데는, 그리고 임시정부라는 조직이 존립할 수 있었던 데는, 엄항섭의 공헌이 적지 않았다.

당시 엄항섭은 20대의 청년이었다. 엄항섭이라는 한 청년의 힘이 임시정부를 유지하고 존립시키는 원천이 되었던 것이다. 이러한 그의 역할을 감안하면, 엄항섭은 임시정부를 지켜낸 인물, 즉 '임시정부의 파수꾼'이

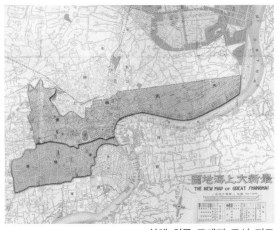

상해 외국 조계지 표시 지도

란 표현이 적절한 것이 아닌가 생각된다.

II. 김구의 측근으로 활동하다

김구를 모시고 박찬익과 함께
(뒷줄 왼쪽 엄항섭, 오른쪽 박찬익)

엄항섭은 임시정부에 참여한 이래 줄곧 김구와 함께 활동하였다. 자신의 활동이나 역할이 대외적으로 드러나지 않는 경우가 많았지만, 김구가 활동하는 곳에는 거의 엄항섭이 있었다. 김구와는 스물두 살의 나이 차이가 있었다. 그는 김구를 선생님처럼 모시고, 그의 활동을 뒤에서 도운 것이다. 박찬익朴贊翊·안공근安恭根과 같은 인물들이 측근으로 김구를 보좌한 일이 있었고, 엄항섭도 이러한 역할을 담당하고 있었다.

1926년 12월 김구는 국무령에 취임하여 임시정부를 활성화시킬 방안을 강구하였다. 그 방안의 하나가 헌법을 개정하는 것이었다. 당시 엄항

섭은 불란서 조계의 공무국에 근무하면서, 이 일에 관여하였다. 헌법개정 기초위원이 되어 그 일익을 담당한 것이다. 보성법률상업학교를 졸업하고 임시정부 법무부에서 근무한 경험도 있었고, 김구의 의도를 누구보다도 잘 간파할 수 있는 인물이 엄항섭이었다. 헌법의 개정은 대통령·국무령과 같은 단일지도체제의 폐단을 극복할 수 있는 방향으로 설정되었고, 집단지도체제인 국무위원제를 도입하는 것으로 이루어졌다. 1927년 4월 11일 제정 공포된 '대한민국임시약헌'이 바로 그 헌법이었다.

김구가 미주교포들에게 재정적인 지원을 요청하는 '편지정책'을 할 때도, 엄항섭이 그것을 도왔다. 김구는 임시정부의 재정을 마련하기 위한 방법의 하나로 미주교포들에게 재정지원을 요청하는 편지를 써서 보냈다. 편지의 내용은 김구가 직접 썼지만, 영어를 할 줄 몰랐던 김구는 겉봉에 주소를 쓸 수 없었다. 김구 옆에서 이 일을 한 것이 안공근과 엄항섭이었다.

안공근

김구가 작성하여 발표하는 각종 글을 번역하는 것도 그의 몫이었다. 한인애국단을 조직하여 이봉창李奉昌·윤봉길尹奉吉 의사의 의거를 주도하였던 김구는 두 의사의 의거를 세상에 알리고자 하였다. 그 하나로 김구는 이봉창 의사가 사형에 처해진다는 소식을 접하고, 이봉창이란 인물의 행적과 그가 결행한 일왕저격의거의 경과 사실을 「동경작안지진상東京炸案之眞相」이

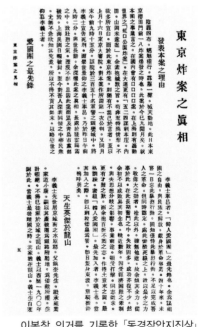

이봉창 의거를 기록한 「동경작안지진상」

란 제목으로 작성하였다. 국한문 혼용으로 된 이 글을 엄항섭이 중국어로 번역하였고, 이 글은 중국의 《신강일보申江日報》와 《중앙일보中央日報》에 「진동전세계 동경작안지진상震動全世界 東京炸案之眞相」이란 제목으로 보도되었다.

김구가 가흥嘉興으로 피신해 있을 때도 그 곁에는 엄항섭이 있었다. 이봉창·윤봉길 의사의 의거 이후 일제는 60만원이라는 엄청난 현상금을 걸고, 김구를 체포하려고 하였다. 김구는 일단 상해에 있는 미국인 피치 박사의 집으로 몸을 숨겼다. 엄항섭은 박찬익·안공근 등과 함께 김구가 안전하게 피신할 곳을 찾았다. 중국측과 교섭하여 가흥에 있는 저보성楮輔成의 집을 피신처로 마련하였고, 엄항섭은 이동녕李東寧 선생과 김의한金毅漢 가족들과 함께 먼저 그곳으로 가 자리를 잡았다. 그리고 김구를 모셔왔다. 당시 일제가 내건 현상금은 천문학적인 액수로, 일제뿐만 아니라 중국인과 한국인들도 자칫 현상금에 눈이 어두울 수 있는 상황이었다. 믿을 수 있는 것은 최측근뿐이었다.

가흥시기의 김구, 이동녕, 엄항섭(1934)

가흥시기의 임시정부 요인
(1934, 뒷줄 왼쪽 첫 번째가 엄항섭)

엄항섭은 김구가 장개석을 만나러 갈 때도 수행하였다. 중국 측은 김구가 주도한 이봉창·윤봉길 의사의 의거에 대해 크게 감격하였고, 이 일을 계기로 김구와 장개석과의 면담이 이루어졌다. 1933년 봄 남경에서 이루어진 면담에 엄항섭은 박찬익·안공근과 함께 김구를 수행하였다. 이

면담에서 중국 측이 한국독립운동을 적극적으로 지원하기로 하였고, 한인청년들을 낙양군관학교에서 훈련하도록 하는 성과를 거두었다.

엄항섭이 정리한 『도왜실기』
(1932, 상해)

이러한 몇 가지 예에서와 같이 엄항섭은 상해에서 김구를 만난 이래 그가 서거하던 순간까지 김구를 보좌하며 활동하였다. 때로는 김구의 명의로 발표된 각종 선언문이나 글들을 번역하는 일을 맡기도 하였고, 대필을 할 경우도 없지 않았다.

해방 후 국내에 돌아와 김구가 쓴 중문으로 된 『도왜실기屠倭實記』를 번역하여 간행한 것이 그러한 예이다. 그리고 항상 최측근으로 김구의 곁에 머물며 그를 보좌하며 참모와 같은 역할을 수행하였다.

Ⅲ. 정당을 결성하고 임시정부를 유지 옹호

엄항섭은 1930년대에 들어와 정당을 결성하고 이를 중심으로 활동하였다. 독립운동전선에서 정당을 결성하자는 논의는 임시정부 수립 당시부터 제기되었다. 독립운동을 위해서는 정부라는 조직체보다는 정당이 효율적이라는 의견이었다. 이후 1920년대 중반부터 전민족이 대단결하여 민족의 유일한 정당을 조직하고, 이를 중심으로 독립운동을 전개하자는 유일당운동이 전개되었다. 민족유일당은 결성되지 못하였지만, 그 여파로 1930년대에 들어서면서 많은 정당들이 결성되기 시작하였다.

엄항섭이 정당 결성에 참여한 것은 한국독립당이었다. 1929년 말 민족유일당을 조직하려는 시도가 좌절된 후, 임시정부를 중심으로 활동하던 인사들이 정당의 결성을 추진하였다. 그 방향은 민족주의 세력을 결집하여 정당을 조직하고, 이를 기초세력으로 삼아 임시정부를 유지 옹호하는 것으로 추진되었다. 정당의 추진은 국내에서 광주학생운동이 발발하였다는 소식이 전해지면서 급진전되었고, 1930년 1월 김구·이동녕·안창호·조소앙 등과 함께 한국독립당을 창당하였다.

한국독립당이 창당되면서 임시정부의 활동기반이 마련되었다. 한국독립당은 민족주의 세력이 결집한 정치적 조직이었지만, 동시에 임시정부의 전위조직이자 기초세력으로 역할한 것이다. 임시정부는 이를 기초로 적극적인 독립운동을 강구하기 시작하였다. 그 하나가 의열투쟁이었다. 이를 위해 김구를 책임자로 하는 한인애국단을 결성하였다. 그리고 한인애국단 주도하에 각종 의열투쟁을 계획하고 추진해 나갔다. 특히 이봉창·윤봉길 의사의 의거는 세계를 깜짝 놀라게 한 역사적인 사건이었을 뿐만 아니라, 독립운동의 일대 전기를 가져온 쾌거였다. 이로 인해 임시정부는 그동안의 침체와 어려움을 극복하고, 소생의 발판을 마련할 수 있게 되었다.

그러나 이는 오래 지속되지 못하였다. 우선 임시정부 요인들이 중국 각 지역으로 분산되었다. 윤봉길 의사의 의거 직후 일제 경찰이 불란서 조계를 급습하면서 임시정부는 근거지였던 상해를 떠나 항주로 옮겨갔다. 그리고 미처 몸을 피하지 못한 안창호는 피체되었고, 주요 요인들은 항주·가흥·남경 등지로 피신한 것이다. 엄항섭은 김구의 측근들과 함께 가흥에 피신해 있었다.

또 여러 정당들을 중심으로 통일운동이 전개되면서, 임시정부가 무정부 상태를 맞기도 했다. 1930년대 들어 많은 정당들이 결성되었고, 이들을 중심으로 대일전선을 통일하자는 운동이 일어났다. 통일운동은 여러 정당이 통일하여 단일 신당을 결성하고, 이를 중심으로 독립운동을 전개하자는 것이었다. 이 과정에서 임시정부를 폐지하자는 주장이 제기되기도 했다. 이 통일운동에 임시정부의 기초세력인 한국독립당의 주요 인사들도 참여하였고, 마침내 1935년 7월 한국독립당·의열단·신한혁명당·조선혁명당·대한독립당이 통일을 이루어 민족혁명당을 결성하기에 이르렀다. 이 과정에서 한국독립당은 해체되었다. 그리고 국무위원 7명 중 송병조宋秉祚·차리석車利錫을 제외한 5명이 민족혁명당에 참여함으로써, 임시정부는 무정부상태를 맞게 된 것이다.

1936년 가흥의 임시정부 요인
(뒷줄 왼쪽 두 번째가 엄항섭)

1937년 송병조 회갑기념
(뒷줄 오른쪽 두 번째가 엄항섭)

엄항섭은 통일운동에 참여하지 않았다. 임시정부의 폐지를 전제로 하였기 때문이었다. 그는 임시정부는 어떻게 해서든지 존립되어야 한다는 생각이었고, 무정부상태를 수습하고자 하였다. 그 방안의 하나는 국무위원을 선임하는 것이었다. 이를 위해 1935년 10월 가흥에서 제28차 임시의정원 회의를 소집하였다. 일제의 정보 보고에는 제28차 의회가 엄항섭의 집에서 개최된 것으로 나타나 있다. 이 회의에서 민족혁명당에 참가하며 국무위원을 사퇴한 5명에 대해 보선을 실시, 김구·이동녕·이시영李始榮·조성환曹成煥·조완구趙琬九를 새로 선임하였다. 이로써 임시정부의 무정부상태가 수습되었다.

엄항섭의 임시의정원 상임위원 피선 보도
《임시정부 공보》 1936.11.17)

엄항섭이 발간을 주도한 『한민』

다른 하나는 임시정부의 세력 기반이 될 정당을 창당하는 것이었다. 엄항섭은 김구·이동녕과 함께 이 일을 추진해 나갔다. 그 방법으로 민족혁명당에 참여하지 않은 한국독립당 세력을 결집하였다. 김붕준金朋濬·양우조楊宇朝를 비롯하여 한국독립당 광동지부는 민족혁명당에 참여하지 않고 있었다. 이들을 중심으로 1935년 11월 김구를 이사장으로 한 한국국민당을 창당하였다. 엄항섭은 이사 7인 중 한 사람이었고, 동시에 선전부장을 맡았다. 국무위원을 보선하여 무정부상태를 수습하고, 한국국민당을 창당함으로써, 일단 임시정부는 유지될 수 있는 조직과 세력기반을 마련할 수 있었다.

이후 엄항섭은 한국국민당의 세력을 확대해가면서, 임시정부를 유지 옹호해 갔다. 엄항섭이 추진한 방법은 청년들을 조직화하는 것이었다. 당시 김구 주위에는 낙양군관학교 출신들을 비롯하여 많은 청년들이 모여들고 있었다. 엄항섭은 이들을 중심으로 한국국민당청년단·한국청년전위단을 결성하였다. 한국국민당의 외곽단체이자 전위조직을 만들고, 이를 기반으로 임시정부를 유지 옹호하기 위한 것이었다. 그리고『한민韓民』·『한청韓青』 등의 기관지를 발행하였다. 청년들에게 독립운동의 노선과 지도이념을 교육하고 선전하고자 한 것이다.

엄항섭이 한국국민당을 결성하여 임시정부를 유지 옹호하고 있을 때, 독립운동전선에 또 다시 통일운동이 일어났다. 1939년 5월 김구와 김원봉이 좌우익의 정당과 단체를 통일하자는 데 합의한 것이다. 이에 의해 그해 8월 기강綦江에서 좌우익의 7개 정당과 단체가 참여한 가운데 통일회의가 개최되었다. 그러나 좌우익 사이의 이념적인 차이와 독립운동 최고기구를 임시정부로 할 것이냐 통일된 단일신당으로 할 것이냐를 둘러싸고 의견이 대립되었고, 결국 이로 인해 결렬되고 말았다.

좌우익진영의 통일운동이 결렬된 후, 우익진영 3당의 통합이 추진되었다. 3당이란 한국국민당을 비롯하여 민족혁명당에 참여하였던 조소앙이 탈퇴하여 재건한 한국독립당, 이청천 등 만주세력이 중심이 된 조선혁명당을 말한다. 이들 3당은 임시정부의 옹호를 전제로 통합하기로 하고, 1939년 10월부터 통합을 위한 논의에 들어갔다. 엄항섭은 한국국민당 대표로 통합회의에 참여하였고, 결국 1940년 5월 8일 3당이 통합하여 새로이 한국독립당을 결성하였다. 이를 중경에서 결성되었다고 하여, 중경 한국독립당이라 일컫는다.

한국독립당의 창당은 몇 가지 점에서 중요한 의미를 갖고 있다. 하나는 1935년 민족혁명당 결성을 계기로 분파되었던 민족주의 세력이 총결집을 이루었다는 점이다. 둘째는 임시정부로 민족주의 세력이 결집함으로써, 임시정부의 세력기반이 크게 확대되었다는 점이다. 한국독립당의 중앙집행위원장은 김구가 선임되었고, 엄항섭은 홍진·조소앙·조시원·이청천·김학규·유동열·안훈·송병조·김붕준·양명진·조성환·차리석·이복원과 함께 중앙집행위원이 되었다. 이후 엄항섭은 한국독립당을 중심으로 임시정부를 옹호 유지하면서 활동하였다.

IV. 임시정부의 선전부장

한국광복군총사령부 성립 전례식(1940.9.17. 전면 김구 우측이 엄항섭)

임시정부는 1940년 9월 중경에 정착하였다. 1932년 윤봉길의사의 의거를 계기로 상해를 떠나 항주로 옮겼던 임시정부는 중일전쟁이 발발하면서, 진강鎭江·장사長沙·광주廣州·유주柳州·기강 등지로 이동해 다니다가 중경에 도착한 것이다. 당시 중경은 중국국민당 정부가 임시수도로 정한 곳이었다. 중경에 도착한 임시정부는 김구 주석체제로 정비되었고, 활발하게 독립운동을 전개하기 시작하였다.

大韓民國第三十四回議政院議員一同紀念撮影

대한민국 제34회 의정원 일동(1942.10.25. 넷째 줄 중앙이 엄항섭)

임시정부가 중경에 정착하여 추진한 첫 사업은 한국광복군의 창설이었다. 임시정부는 수립 초기부터 군대를 편성하여 대일항전을 전개한다는 계획을 수립하였지만, 이를 실행에 옮기지 못하고 있었다. 중경에 정착하면서 이를 추진한 것이다. 그 방법은 만주지역에서 활동하던 독립군들과 중국의 중앙육군군관학교를 졸업하고 중국군으로 복무하고 있던 한인청년들을 기반으로 우선 총사령부를 성립하는 것으로 추진되었고, 1940년 9월 17일 광복군 총사령부 성립전례식을 거행하였다.

엄항섭은 광복군 총사령부 성립전례식의 실무를 담당하였다. 성립전례식은 중경에서 가장 좋은 호텔인 가릉빈관嘉陵賓館에서 개최되었고, 당시 중경에 있는 외국사절들을 비롯하여 중국국민당·중국공산당의 인사들과 중국군 관계자 등 2백여 명이 참석하는 대규모 행사였다. 행사는 일본공군기의 공습을 피해 아침 7시부터 3시간 동안 진행되었고, 이를 통해 한국광복군이 창설되었다. 이 행사의 제반 준비와 실무를 엄항섭이 맡아 한 것이다.

그리고 임시정부에서 추진하는 사업이나 활동을 미주교포들에게 알리는 일을 맡아 한 것도 엄항섭이었다. 당시 임시정부가 해결해야 했던 주요한 과제의 하나는 재원을 마련하는 일이었다. 중국정부로부터 재정적인 지원을 받기는 하였지만, 그것만 가지고는 턱없이 모자랐다. 광복군을 창설하였지만, 그 대원들의 의식주도 해결할 수 없는 상황이었다. 독립운동을 적극적으로 전개하기 위해서는 적지 않은 자금이 필요하였고, 그것을 미주교포들에게 의지하지 않을 수 없는 것이 현실이었다.

재정적인 지원을 얻기 위해서는 임시정부가 어떠한 활동을 추진하고 있는지를 알려야 했다. 엄항섭이 그 일을 맡았다. 엄항섭은 「광복군총사령부성립전례배관기光復軍總司令部成立典禮拜觀記」, 「광복군에 관한 보고」, 「대한철혈남아大韓鐵血男兒 사방에서 운집」 등의 글을 작성하여, 임시정부가 광복군을 창설하여 활동하고 있다는 사실을 알렸다. 엄항섭이 보내는 글들은 대부분 미주에서 발행되는 《신한민보》에 그대로 보도되었다. 엄항섭은 《신한민보》의 통신원 역할을 하였고, 《신한민보》는 '임시정부 소식' 난을 마련하여 이를 미주교포들에게 알리고 있었다.

엄항섭의 이러한 활동은 크게 드러나지 않는 일이었다. 그의 이름을 표면에 나타내지도 않았다. 그는 한국독립당의 중앙집행위원, 임시의정원 의원, 그리고 주석 판공실 비서로도 활약하고 있었지만, 이름을 내세우지 않고 실무적인 일을 수행하고 있었다. 임시정부에서 추진하는 사업이나, 임시정부를 위한 일에 엄항섭이 관계되지 않은 일들이 별로 없을 정도였다. 엄항섭은 그의 이름을 드러내지는 않았지만, 임시정부의 실무적인 일들을 맡아서 수행하고 있었던, 임시정부의 젊은 일꾼이었다.

엄항섭이 대외적으로 그의 이름을 나타낸 것은 임시정부의 선전부장

1942년 대한민국 임시정부 수립 23주년
기념식(뒷줄에 서 있는 사람이 엄항섭)

엄항섭의 선전부장 피선 보도
(《북미시보》 1944.9.1)

이었다. 1944년 임시정부는 새로운 체제를 갖추었다. 좌익진영이 참여하여 좌우연합정부를 구성한 것이다. 좌익진영은 1942년 그 무장세력인 조선의용대를 광복군으로 합편하고, 10월에는 의정원에도 참여하였다. 그리고 1944년 4월에는 정부에도 참여함으로써, 좌우연합정부를 구성하게 되었다. 좌우연합정부가 구성되면서 정부의 조직도 확대 개편하였다. 부주석

1945년 국내진공작전을 협의한 김구와
도노반 장군을 수행하는 엄항섭(김구 뒤)

제를 신설하여 김구와 김규식을 주석·부주석으로 선임하였고, 종전의 내무·외무·군무·법무·재무의 5부에서 문화부와 선전부를 증설한 것이다. 이때 엄항섭이 선전부장으로 임명되었다.

1945년 11월 23일, 엄항섭은 주석 김구와 함께 제1진으로 환국하였다. 그 뒤 국내에서도 임시정부와 함께 활동하며 김구의 곁을 떠나지 않았다. 그러나 국토는 38선으로 분단되었고, 미군정하에서 임시정부의 이름으로 활동할 수 있는 공간과 여건도 없었다. 남한만의 단독정부 수립이 추진되자, 그는 이를 반대하며 김구와 함께 남북협상에 참여하였다. 통일된 정부 수립을 갈망하였지만, 남북에 각각 정부가 수립되어 민족이

1945년 엄항섭과 임시정부 요인들
(뒷줄 오른쪽 첫번째가 엄항섭)

김구의 화계사 방문을 수행한 엄항섭
(앞줄 왼쪽 세 번째)

1945년 중경 청사에서 한국독립당 환국
기념(앞줄 왼쪽에서 네 번째가 엄항섭)

환국 후 엄항섭은 백범의 곁을 떠나지 않았다
(앞줄 맨 왼쪽)

엄항섭 묘비(북한 평양 애국열사릉)

분단되고 말았다.

그리고 선생님처럼 모시던 김구가 동족의 흉탄에 서거하면서 희망도 없어져 버렸다. 민족의 분단은 전쟁을 불러왔고, 그는 1950년 9월 납북되었다. 북한에서도 통일을 위해 진력한 것으로 전해지고 있지만, 1962년 7월 30일 끝내 숨을 거두고 말았다. 정부는 선생의 공훈을 기리어 1989년 건국훈장 독립장을 추서하였다.

독립운동가 후손의 삶

- 연병호의 손자 연규은 구술채록 -

□ 구 술 자 : 독립유공자 연병호 선생 손자 연규은씨
□ 구술일자 : 2015년 8월 10일, 9월 23일
□ 구술장소 : 충북 증평군 증평읍 자택 및 연병호 항일공원 조성현장
□ 채 록 자 : 김건실(영동대학교 강사)

Q   선생님. 안녕하십니까?

延   예. 안녕하세요.

구술 채록 광경
(오른쪽이 연규은, 왼쪽이 김건실)

Q   선생님께 여쭤볼 말씀은 조부님들에
    관한 이야기가 중심이 되겠습니다
    만, 선생님이 살아오신 이야기나 가
    족들에 관한 것도 여쭙도록 하겠습
    니다.

延   저희 할아버지들 업적을 정리하신다
    는 데 제가 적극적으로 협조해야죠.
    그러나 제가 할아버지와 같이 산 적

도 없고, 활동하신 내용도 다 여기 와서 들은 이야기이기 때문에 내가 뭐라고 드릴 말씀이 별로 없습니다.

Q 예. 저도 그 점을 충분히 고려해서 선생님에 관한 부분부터 차근 차근 풀어나가도록 할까 합니다. 그러시다보면 중간에, 잊고 계셨 던 옛날 기억이 떠오르실 수도 있지 않을까 해요. 선생님 올해 연 세가 어떻게 되시죠?
延 올해 나이가 일흔 셋이 되죠. 1943년 5월 2일생입니다.

Q 현재 사시는 곳은 어디시죠?
延 충청북도 증평군 증평읍 중앙로 태양맨션입니다.

Q 독립운동가 연병호 선생님의 직손이신 거죠?
延 예, 맞습니다.

Q 원래 여기 증평에서 계속 사셨나요?
延 아닙니다. 1997년도에 중국 장춘長春 에서 한국으로 이주해 왔으니, 18년 째입니다.

Q 가족들이 같이 이주하셨나요?
延 예. 아내와 아들, 막내딸 네 식구가 왔습니다.

당고모 가족과 함께 할아버지
연병호의 묘소 앞에서
(1997년, 국립현충원)

Q 슬하에 두 남매를 두셨던 건가요?

延 큰딸이 또 있습니다. 큰딸은 결혼을 해서 중국에 살고 있습니다. 아들하고 막내딸하고만 나왔죠. 딸 둘에 아들 하나입니다.

Q 한국으로 영주하시기 전부터 한국에는 많이 오가셨나요?

延 아닙니다. 그전에는 92년에 처음 내 당고모堂姑母하고 연락이 닿았거든요. 그리고는 94년에 처음 한국에 나왔고요. 그 이전에는 전혀 나온 적이 없습니다.

Q 그럼 1997년에 한국으로 이주하시게 된 것은 어찌 보면 조금 급작스럽게 이루어진 느낌도 드는데, 먼저 나오시게 된 경위를 말씀해 주시겠습니까?

延 92년에 당고모하고 처음 연락이 된 뒤에, 한국에 저희 할아버지 손孫이 아무도 없지 않습니까? 친가 쪽으로는 저희 누이하고 제가 유일한 혈육이거든요. 그러다보니 당고모님이 한국에 나와 달라고 요청도 하시고, 저도 저희 할아버지 일로 여러 가지 고민을 하다가 결국 제가 한국으로 나올 결심을 하게 된 거죠.

Q 그럼 1992년 전에는 조부님에 관해 아시고는 계셨는데 왕래가 없으셨나요?

延 저희 할아버지에 대해서 어렴풋하게 듣기는 했죠. 그렇지만 정확하게는 잘 몰랐습니다. 저희 아버지는 할아버지에 관해서 일체 말씀을 안 해주셨어요. 저도 어렸을 적에 아버지 고향이 남한이고, 할아버지가 거기에 계시다는 정도만 알았지, 어떤 분이신지 무슨 일을 하신 분인지는 전혀 알지를 못했습니다.

✍ 할아버지와 아버지의 고향, 도안으로 보낸 후손의 편지 한 통

Q 그러시군요. 선생님께서 장춘에서 오셨다고 하셨는데, 거기서 태어나신 건가요?

延 태어나기는 길림성吉林省 연길延吉에서 났죠.

Q 연길 어디쯤인지 구체적으로 기억나시나요?

延 하남가河南街라고는 내가 아는데… 여기 어디 있을 겁니다.
(부친 연중희 선생의 제적등본 서류를 꺼내 보여주신다)

Q 원래 출생은 연길이시네요. '만주국滿洲國 간도성間島省 간도시間島市…'.

延 옛날 연길이 간도시였어요.

Q '안정구 진항로 제18비4호'. 출생하신 곳 주소군요. 1968년도 2월에 허시복許時福 여사님과 결혼하셨고요. 1997년도 10월에 호적정리 하셨네요. 한국으로 오신다고 호적정리 하신 거죠?

延 예.

Q 그때 한국으로 오시게 된 계기를 좀 더 구체적으로 말씀해 주시겠어요? 당고모님하고 92년에 처음 연락이 닿았다고 하셨는데 어떻게 연락이 되셨는지요?

延 70년도 말에 한국에 직계 형제분들이 있는 분들이 홍콩을 통해서, 혹은 일본을 통해서 한국을 방문한 집이 여러 집 있었거든요? 근데 그중 한 분이 일본에 동생이 있었어요. 그 사람도 공무원인데,

농촌 지방 공무원이었거든요. 재직 당시에 휴가를 얻어가지고 일본을 통해서 고향을 갔는데 그곳이 전라도랍니다. 저희 어머니 고향은 벌교거든요? 보성 벌교. 근데 그분 고향이 벌교 이웃되는 동네라 그랬는데 정확히는 내가 기억을 못하겠어요. 그분이 거기 갔다 온 다음에 우리 집에 와가지고 내가 요번에 이렇게 해가지고 고향에 갔었는데, 고향 비행장에 도착하니까 지방 신문기자들이 사진 찍고 난리가 났었다고 그러더라고요. 그분이 가신 다음에 내가 아버님한테 물었죠. '아버님, 고향에다가 어떻게 연락을 해서 한 번 가실 의향이 없으십니까?' 하고. 그때 아버님 건강이 많이 안 좋았어요. 폐가 이미 신축성을 다 잃은 상태셨거든요. 근데 아버님 말씀이 '얘, 아직 때가 아니다.' 그러시는데, 뭐 더 설명도 없으시고, 아직 때가 아니라고만 하시더라고요.

Q 설명도 없으시고 그냥 때가 아니라고만 하셨다고요?

延 예. 그러다가 83년도에 아버님이 돌아가시고, 92년에 한국하고 중국하고 수교가 됐잖습니까? 수교된 다음에 장춘시 시청에서 경제 단체 사람들이랑 공무원들 한 이백 명 정도 거느리고 한국에 방문하는 계기가 있었어요. 거기에 우리 누이 동기생이 있었어요. 나도 누이라고 부르는 분인데, 그분이 시청에서 일정한 위치에 있는 분이라서 시장 통역 겸해서 한국으로 나가게 된 거에요. 그래서 그 준비 겸, 한국에 가서 찾아볼 사람도 알아볼 겸해서 그 누이가 모교에 왔었거든요. 우리 모교 은사님들 친척 관계 같은 거 조사 나온 걸 내가 듣고, 그날 저녁 바로 한 20km 떨어진 내 누이한테 찾아갔죠. 누이가 있는 공장에 찾아가서 '이씨 누이네가 요번에 한국 간다고 그런다. 누이! 편지 한 장 써. 고향에 우리 연락 한 번 부

쳐보자!' 그랬죠. 그분들이 그때 한국에 한 열흘 왔었어요. 그때 우리도 편지를 썼던 거죠.

Q 편지에는 뭐라고 쓰셨나요?

延 내용은 특별한 것이라기보다는, 그때는 저희 할아버지 함자를 병자, 학자[秉學]로 기억했어요. 옛날에는 할아버지 함자가 병자 학자였거든요? 근데 뒤에 어떻게 변경된 것 같은데, 개명하신 것이 호적에는 안 나타나서 어떻게 된 건지는 모르겠어요. 어쨌든 간에 '병자, 학자 손인데 고향에 어떤 분들이 계시는지 궁금해서 연락드립니다.' 뭐, 이런 내용으로 편지를 썼죠. 시청에 근무하던 그 누이가 한국에 갔을 때, 우리 그쪽에서 역사를 가르치는 은사님의 형제분이 한국에서 무슨 기업하는 분이 있었어요. 그분들은 서로 왕래가 있는 분들이니까 그분한테 전달한 거예요. '이거 우리 모교 후배가 고향에 이런 편지를 보내는데 이걸 좀 어떻게 연락을 해줄 수 없습니까?' 그랬더니 그분이 '아이고, 놔두고 가시오!' 그러더래요. 그분이 자기 비서를 시켜서 그 편지를 증평에 연씨 회관 있잖습니까? 거기다 연락을 했어요. 그래서 20일인가, 22일인가 만에 학교로 전화가 왔어요.

Q 여기 증평에서요?

延 아뇨, 증평이 아니라, 서울에 있는 당고모한테 연락이 왔어요. 근데, 그 편지에 내가 집 전화번호랑 내가 근무하는 학교 전화번호를 다 썼거든요? 근데 그것은 어떻게 됐는지, 전화는 엉뚱한 데로 왔습디다. 원래 서울에 계신 당고모께서 옛날 젊어서 교환수를 했습니다. 그래서 교환수의 도움을 받아서 장춘에 있는 조선족 중학

교라고 하는 데를 찾으셨대요. 근데 학교로 찾아진 게 아니라, 학교의 공장! 학교에도 공장이 있거든요? 학교도 돈벌이를 했으니까. 거기로 오후 4시쯤에 전화가 왔어요. 그때 나는 바깥 볼 일이 있어가지고 외출한 상태였거든요. 돌아오니까 거기 있는 선생 한 분이 '아! 연선생! 거, 한국에서 전화 왔는데, 몇 시 이후에 전화 다시 한다고 하니 기다리시오!' 그래요. 그래서 그 시간에 거기 가서 전화를 기다리고 있었죠. 그랬더니, 진짜 전화가 왔어요. '여기 나 서울인데, 규은이지?' 하면서 내 이름을 대더라고요. 그러시면서 당신이 내 당고모라고 그러시는 거예요. 내 돌 때 날 안아 본 고모거든요? 고모도 우릴 찾고 있었대요. '내 널 안아본 고몬데, 어떻게 하냐? 너 한 번 나와야지!' 그때까지 난 고모가 있는 줄도 몰랐어요. 그렇게 당고모랑 연락이 시작된 것이 결국 한국에까지 나오게 된 거죠.

Q 그러시군요. 선생님께서 먼저 한국에 연락을 하신 것이 계기가 되어 당고모님과도 연락이 닿을 수 있었던 것이군요.

延 그렇습니다.

✍ **내 아버지, 성년이 되어서야 공주감옥에 계신 할아버지께 처음 절을 올리다**

Q 그럼, 일단 족보를 보면서 선생님과 연병환, 연병호 두 분 선생님과의 관계를 정확히 정리해보죠.

延 여기 보시면, 연, 병자 환자[延秉煥] 할아버지가 제 큰할아버지 되시

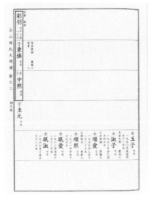

『곡산연씨대동보』

고요, 병자 호자[延秉昊] 할아버지가 제 직계 할아버지 되십니다.

Q 증조할아버지는 연, 채자 우자[延彩羽] 되시네요.

延 예, 맞습니다.

Q 증조할머니가 전주 이씨 분이시고, 슬하에 연병환, 병호, 병주秉柱, 병오秉昨 이렇게 네 분 형제시구요. 연병오 선생은 '연병한'으로도 존함이 되어 있네요.

延 예.

Q 연병호 선생님 슬하에 중자 희자[中熙]가 계시고, 그 밑에 충자 희자[忠熙], 그 밑에 성자 희자[性熙], 이렇게 세 아드님이시니 성자께서 부친이시죠?

延 네.

Q 한 분 더 계시지 않나요? 형제분이 네 분이라고 들었는데….

延 이렇게 중자[중희], 충자[충희], 성자[성희] 삼형제고 고모가 한 분 계시죠.

Q 전화 통화하셨다는 그 고모님 말씀이신가요?

延 아닙니다. 그 고모는 당고모니까 병주 할아버지 딸이고요, 여기 순희順熙 고모가 전화한 고모고, 친 고모는 혜영惠英 고모에요.

Q 친 고모님은 막내셨나요?

延 아니, 고모님이 맏이에요.

Q 중자 희자 선생님보다 위에 태어나셨어요?

延 예! 맨 위에요. 내가 아버지께 들은 기억으로는 1932년경에 할머니가 아버지 삼형제를 거느리고 용정에 갔다하셨거든요? 그때 큰고모는 이미 출가해서 같이 떠나지 않았다고 하셨는데, 그게 아! 여기 있네요. 29년! 여기 나옵니다. (가족 관계 서류를 보시며) 서기 29년 10월 13일에 이덕용이라고 괴산 분인데, 이분하고 혼인했으니까 고모님은 여기 계셨고, 할머니가 아들들만 데리고 만주로 들어가신 거지.

Q 할머니가 현풍 곽씨시군요. 이 분이 세 아들을 데리고 남편 분을 만나러 가신 거네요.

延 예. 근데 할머니가 용정에 가신 것은 거기에 병환 할아버지 집이 있었거든요? 그래 거기 가신 거예요. 여기[국내] 있는 거보다 나을 거라고 가셨다고 그래요. 근데 가보니까 그때는 이미 큰할아버지는 상해 쪽으로 나가신 뒤라 큰 할아버지네 살림은 거기 관리하는 사람들이 다 알아서 하고 있더래요. 그래서 할머니가 삯빨래, 나물

캐는 일 이런 저런 일을 해가지고 삼형제를 고등학교까지 다 공부를 시켰대요.

Q 만주 가셔서는 남편 분을 못 만나신 건가요?

延 그렇죠. 그 이전부터 할아버지는 만주에는 안 나타났어요. 거기 할머니 계신 데에는 한 번도 안 나타났다고 그래요.

Q 할머니는 부군인 연병호 선생께서 안 나타나시는 걸 아시고도 만주로 가신 건가요?

延 그렇다고 봐야죠. 여기 있으면 일경의 감시가 하도 심하니까. 그래도 만주에 가서는 일본 사람들 추적 같은 걸 덜 받으니까 정신상으로는 좀 편안하시고 괜찮으셨던 거지.

Q 결국은 이것이 선생님께서 만주에서 태어나시게 된 계기도 된 거구요?

延 그렇죠.

Q 아버님이신 연성희 선생은 몇 년생이시죠?

延 1918년생. (족보를 가리키시며) 용정에서 공부를 하셨어요. 학교 다닐 때 통신부도 저기에 있는데 중학교 이름이 영신중학교永新中學校에요. 일본사람들이 만주에

연규은의 부친
연성희

연규은의 모친
양옥련

연성희와 양옥련의 결혼식(1940)

와서 학교를 만들어 가지
고 영신중학교를 세웠다
고 하는데, 나중에는 광
명중학교光明中學校라는 이
름으로 바뀌었어요. 근데
그 광명중학교가 우리 조
선인들 중 유명인들을 많
이 배출한 곳입니다. 일

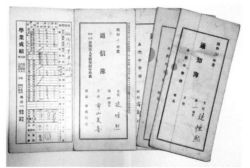
부친 연성희가 다닌 영신중학교(3년)와
광명중학교(2년) 통신부

본 사립학교인데, 다른 분은 내가 잘 모르겠지만 정일권丁一權씨라
고 해방된 후에 여기에서 총리까지 하셨던 분, 그분도 우리 아버
님 선배셨어요. 일본사람들이 만주에다 최고 학교를 만든 건데 아
버지께서 거길 나오신 거지. 졸업 후에는 국민학교, 그러니까 거기
서는 소학교라고 하는데 소학교 교편을 하시면서 우리 어머니하고
만나신 거고.

Q 교편생활을 하시다가요?

延 예. 어머니도 거기서 고등학교를 나왔어요. 외할아버지는 방구들 수리해주고 연통 터주고 그런 일을 하시던 분인데, 그래도 딸 공부를 다 시켰어. 그렇게 교편하시면서 두 분이 만나서 결혼하시게 됐죠. 그렇게 됐습니다. 그리고 결혼한 이후에 아버지 3형제 중에 그래도 우리 아버지가 형편이 좀 나았던

광명중학교 기념비

것 같아요. 광명학교 나왔지, 직업도 교편이고 그러니까. 할머니가 우리랑 같이 사셨어요. 그래서 나 태어날 때도 할머니께서 같이 계셨고, 돌 때도 날 안아보셨던 거지. (할머니의 품에 안겨있는 자신의 돌 사진을 보여 주셨다.) 여기 이 사진이 우리 할머니하고 사촌들하고 내 돌 때 같이 찍은 사진인데, 난 팬티도 안 입고, 허허허! 그 사진이 그렇게 해서 생겨난 겁니다.

그러다가, 42년에 할아버지가 출옥하신다는 통지를 받고, 아버님이 여기 공주[형무소]까지 오신 거죠. 그러니까 성인이 되시고서야 아버님도 할아버지, 그니까 당신 아버지를 처음 뵙게 된 거죠. 근데, 할아버지가 '금년에는 못 나간다, 2년 후에 오라.' 그러시더래요.

Q 부친께서도 공주감옥에서 연병호 선생님을 처음 뵙게 되었다는 말씀이신가요?

延 그때 처음 만나신거나 다름 없는거죠, 옥사에 계실 때. 우리도 한

국 나왔을 때 공주감옥에 가봤어요. 그 옥사 자리는 없습디다. 하여간 그래서 아버님이 할아버지가 출옥하시는 44년에 여기 공주에 다시 내려오셨는데, 일경이 '만주는 못 간다! 지방에서 유지들이 보증을 서서 이곳 도안에 거주해야지 어디도 못 간다!' 그랬답디다. 그러니 아버님이 다시 만주로 돌아가 돈을 마련해서 부모님 살림 준비를 해가지고, 여기 도안에다 모시고는, '제가 만주에서 조금 더 벌어가지고 나오겠

할머니 곽애섭 여사
(1944년 연규은 돌사진)

습니다.' 그러시고 만주로 들어가신 것이 영영 마지막이 된 거죠.

Q 그때 할머니만 이쪽, 고향[국내]으로 모시고 오신 건가요?

延 네. 할머니만 내려오셨죠. 한 살 된 날 안아보시고는 바로…. 내가 한국 오니까 여기 동네 어른들이 할머니가 말년에 내 이름을 그렇게 부르시더랍디다. 그니까, 한 살, 내가 한 살 때 날 안아보시고 나오신 거거든요? 맨 밑의 사촌동생延圭鵬(1944년생)은 아예 보시지도 못하셨고. 내 위로 사촌까지 치면 형 둘에, 친 누이, 사촌 누이 이렇게 있는데 그렇게 내 이름만 외우더라고 그런 얘길 합디다.

Q 저도 연병호 선생님께서 고향에 계시면서 만주에 계신 선생님 가

족들과는 연락이 안 되신 건지 궁금했었거든요. 이런 사연이 있으셨군요. 그니까 아버님께서 할아버님을 더 잘 모시려고 만주에서 조금만 더 돈을 벌어서 내려오시겠다고 하신 게 생이별이 되신 거네요?

延 예. 그게 그렇게 됐어요. 그게 44년이거든요? 근데 그 다음 해에 일본이 항복해가지고 물러가니까 아버님 형제분들, 그니까 큰아버지댁 식구들이 고향에 갈 기회가 되겠다! 생각하시고—내가 이건 똑똑히 연도가 기억이 안 나는데—45년인가, 46년에 두만강을 건너서 북한 땅을 들어갔어요.

Q 큰아버님들이라고 하면 누구를 말씀하시는 거죠?

延 중자, 희자 큰아버지, 충자 희자 큰아버지네 두 분 식구들이 다 이북 땅으로 들어갔어요. 고향 땅으로 내려간다고. 근데 그 때 당시에 정말 깊게 결심을 하고 줄곧 끝까지 내려 왔으면 여기까지 내려 왔을 텐데 여러 가지로 뭐, 경제력도 없고 하니깐 결국 여기까지는 못 내려 왔죠.

Q 그분들은 북한 땅이 고향 땅이 아니더라도, 그래도 같은 나라 땅이니까 내려가신 거였나요? 아버님은 같이 내려가시려고 하시지는 않으셨나요?

延 원래 목적은 여기 남한까지 나올 목적으로 건너가신 거죠. 저희 부친은 그전에 소학교 교편생활을 하셔서 수입이 어느 정도 있으셨으니 안 가신 것 같아요. 나중에는 애들도 있고 할머니도 계시고 하니까 수입이 좀 더 나은 데로 간다고 일본사람들이 하는 간도성, 연길 지구를 통째로 관할하는 기구에 '문교고文敎雇'라고 있었

어요.

Q 문교고요?

延 고 위에 과라고 있고 그랬거든요? 그때는 과가 없었지만 계系랑 비
슷한 거예요. 그 지역의 학교 학생, 구역을 관리하는 업무 같은 걸
하는 데가 문교곤데, 거기에서 직원을 뽑는 입사시험을 보셨대요.
경쟁률이 200 대 1이었다는데 거기를 들어가셨어요. 성적도 좋고,
학교도 확실한 광명중학교를 나오셨고 하니까. 거기 가서 한 1년
정도 일을 하셨답니다, 일본 행정기관에서. 그러시다가 거기 연길
에 있는 남한 고향인 기업가들이―내가 그분들 성씨를 기억을 했
었는데 기억이 안 나네요―그분들이 인쇄소를 꾸려야겠는데, 그니
까 영업사원이지, 자기네들은 생산하는 기술은 있지만, 활동하고
영업하는데는 아버지를 목표로 둔 거예요. 아버지가 좋은 고등학
교 나왔지, 문교고에 가서 일하고 있으니까 발도 넓을 거고.

Q 요즘 말로 아버님을 스카우트 하신 거네요?

延 예! 그 사람들이 '나한테로 와 주시오! 그러면 봉급도 지금 당신
받는 그 봉급 이상으로 줄 것이고, 당신은 낼 출자금은 없지만,
내가 당신 이름으로 출자금 2,000원을 넣어 줄 테니 열심히 와서
일을 좀 해주시오.' 그래서 스카우트 돼서 건너가셨죠. 그러고 나
니까 형편도 좀 나아지고 그래서 큰아버지를 도와서 어디다 목기
제작소도 차려봤고, 뭐도 차려봤고 하셨다는데 그게 다 잘 안됐
답니다. 안되니까 아까 말했지만 큰아버지 두 분은 '아이고 안 되
겠다, 우리는 그냥 고향에 내려가야겠다.' 그래가지고 아래로 내
려가고.

저희 부친은 그때 연변지대가 이미 중국 공산당의 세력범위 내에 있었거든요? 정부는 아직 서지 않았지만 팔로군 세력 범위 내에 있었는데 거기를 후원하는 경제단체, 무슨 뭐 무역한다든가, 장사 한다든가하는 거기 직원으로 들어갔게 되셨어요. 그런 계기로 해서 공산당의 기관으로 들어가신 셈이죠.

그길로 계속 중국 공무를 하다보니까, 그 신분으로 마지막 최후까지 가게 되는, 그렇게 됐어요. 좀 더 벌어서 나간다는 게 중국하고 딱 요렇게 단절되다 보니까 저희 부친은 이북도 못 나가고…. 중화인민공화국이 성립되고 49년도에 거기를 길림성이라고 했는데, 길림성 상무청 업무과 과장이 되셔가지고 3개 과를 맡았답니다. 글공부도 많이 했고 그런 사람이라 맡긴 거죠. 거기 팔로군이나 임원들은 무식자들이 많거든요. 근데 아버님이 중화인민공화국 설립 당시 과장인데, 1983년 돌아가실 때도 과장! 평생 과장이에요. 큰 과오가 있는 것도 아니어서 좌천시키지도 못하고, 승급시키자니 고향은 남한 사람이고, 일정 때 일본사람들이 꾸린 학교를 나왔지 그래서 그렇게 됐죠.

Q 당사자인 아버님이 참 힘드셨을 것 같아요. 그곳에서 가족들과 살아남기 위해 얼마나 아버님이 노력하셨을지 조금은 알 것도 같습니다.

延 얘기 들으셨겠지만, 58년도의 광철운동! '광철을 캐내려면 나라가 부강해야한다!' 이러면서 한참 광업진흥운동을 했던 시기가 있었어요. 그때 아버님이 다니시던 회사가 길림성의 무역회산데 나라 경제와 관련된 석탄회사, 석탄공사, 석탄 석유를 관련하는 공사의 과장으로 계셨거든요. 광철을 생산하려면 코크스가 있어야 하지 않

습니다. 코크스는 석탄을 때줘야 코크스가 나오거든요. 그걸 공급하는 사무실 직원으로 계신 건데, 일주일 동안 의자에서 내려오시지도 못하고 밤새 작업하셨대요. 그때 아버지 나이가 마흔 둘인가셋인가 이러셨는데, 그때 폐렴에 걸리셨어요. 원래 기관지가 안 좋으신 분인데 폐렴에 걸려서 결국은 해소, 천식으로 돌아가셨어요. 그때 중국 길림성에는 같이 근무하던 사람들이 조선 사람 간부들이 많았습니다. 조선 사람들이 활동범위도 넓고 그러니까 공산당 산하기관에 조선인 과장, 처장이 상당히 많았는데, 모두 우리 아버지가 어떤 사람인지 아는데, 알지만 공산당에서 안 찍어주니까 평생 진급을 못하셨죠. 요즘 사람들은 이런 말하면 무슨 말인지 이해 못하는 분들이 많습니다.

✍ 자본가 아닌 자본가의 아들로 살아야했던 시절, 농촌으로 내려가다

Q 선생님은 만주에서 어떤 학창시절을 보내셨는지요?

延 집안 얘길 더 하자면…, 연길에서 살다가 내가 세 살 되던 해에 도문圖們으로 이사를 갔어요. 그때 공산당 가족 숙사가 도문에 있었거든요. 그러다가 48년, 그러니까 중화인민공화국 선포 직전에는 길림으로 이사를 갔어요. 아버지 따라 계속 옮긴 거지. 근데 53년에 길림성 성소재지가 길림에서 장춘으로 옮겨졌어요. 그러니 아버지는 또 장춘으로 가시고. 우리는 어머니 직장 때문에 바로 옮길 수가 없었거든? 그래서 어머니하고 우리 남매는 56년에 장춘으로 갔어요. 그때가 내가 초중 2학년 때였어요. 우리 누이는 공부를 아주 잘했어요. 중학교에서 고등학교 올라갈 때, 중국에서 처음으

로 성적이 좋은 학생들은 자동적으로 올려 보낸다고 했거든? 그래서 길림 조선중학교 6개 반에서 11명이 뽑혔는데, 누이도 그 안에 들어서 시험 없이 고등학교에 올라갔어요. 나도 학교 성적이 10등 이내였고 반에서 활동도 많이 하고 그랬는데 59년도에 아버지 성분이 바뀌었어요. 원래는 아버지 성분이 '위만偽滿 직원, 시내 도시 빈민城市貧民 중에서도 위만 때 직원이다.' 이랬는데, 1959년에 옛날 그 2,000원 때문에! 그 자본금 2,000원 대준 거 있었잖아요? 그때 2,000원 자본금이면 중국에서 자본가라는 선이었거든요? 근데 2,000원을 본인이 낸 것도 아니고, 그걸로 부자로 잘 살아본 적도 없고, 그런 데도 그것이, 나라 법칙이, 기준선이 그렇게 돼버리니까 59년도에 나는 자본가의 아들이 딱 돼버린 거예요. 대학교에 갈 때가 됐는데 대학교를 못 갔죠. 아주 나중에 고등학교에 찾아 갔을 때 내 은사님께서 하시는 말씀이 그 당시 내 당안檔案에는 이미 빨간 도장이 찍혀 있었대요. 그러니 누구도 내 당안을 들춰보지도 않았다는 거지. 한 반에서 15명쯤 대학교를 갔는데 그때 내 성적이 7, 8등 했거든요. 대학을 가겠다고 내가 대학 시험장을 세 번을 들어갔어요. 그걸 해 보겠다고. 난 내 당안이 이미 그렇게 됐다는 걸 몰랐지. 우리 누이도 성적이 좋았는데 여기로 치면 전문 대학밖에 못 갔어요. 누이는 그게 성에 안 차가지고 대학 안 간다고 막 그랬어. 아버지 어머니가, 그때 우리 어머니는 장춘중학교 회계로 계셨는데, '가라! 가라!' 하시며 달래고…. 그런데 내 처지는 그보다 더 비참했지. 그렇게 되고 나니까 취직도 안 되는 거예요. 그때는 사회도 경제도 침체된 데다가, 이런 성분을 가지니까 안 되는 거지.

Q 진짜 절망적인 느낌이 드셨겠어요.

延 예. 그랬죠. 그러다가 1964년도에 연변에서부터 천진의 고등학교 졸업생들이 자진해서 농촌으로 내려가기 시작했어요. 시내에 있는 고등학생들이 농촌에 가서 할 일이 많다! 거기 가서 농민들도 교육시킬 수 있고, 문화도 전파할 수 있다! 이런 바람이 일었었죠. 그래 64년도에 ─ 난 61년도에 졸업했거든요?─ 모교에서 농촌에 내려가는 집체에 오라고, 농촌 내려가는 동원을 한다고 하더라고. 그때 다섯 사람이 갔어요. 고등학교 졸업생 둘, 초등학교 졸업생 셋. 가만 생각해보니깐 ─이제 시내에서는 더 이상 희망도 없지, 취직도 안 되고 그러니까 ─ 거기다가 이건 당에서 호소한다니까, "따라가겠습니다!" 그랬더니 학교 선생님들이 "규은아! 너는 가면 평생 못 돌아온다는 각오를 가지고 가야지, 다른 사람은 가서 성적이 적당히 좋고 기회가 되면 돌아올 수 있지만, 너는 그걸 포기하고 농촌사람이 된다는 목적으로 가야지 그렇지 않으면 빠져라!" 이러시는 거예요. 뭐, 다 내 형편을 다 아는 사람들이잖아요. "아, 예. 알겠습니다! 그래도 가겠습니다." 그랬죠. 도저히 시내에서는 아무것도 안 보이니까. 근데 우리 집안이 할아버지 때도 그렇고, 아버지도 그렇고 농사일은 안 하신 것 같아. 나도 시내에서만 살아서 농촌이라고는 전혀 몰랐지. 내려간 곳이 장춘에서 제일 발전이 안 된 신립성新立城이라고는 곳이었어요. 저수지도 있고 한 덴데. 그곳으로 내려갔죠. 농촌이라고 내려가니까 거기에 대학 간 우리 고등 동기생들 집이 다섯이 있습디다. 우리보고 너는 농촌일이라고는 하나도 모르면서 뭐하려고 농촌에 내려왔냐. "에이, 형편이 그렇게 됐소." 그래 거기 가서 18년을 있다가 그제야 '지금이야 우리도 농민이 됐다!' 그랬죠. 이제야 자본가고 뭐고 다 없어졌지만…. 하여

간 그렇게 돼가지고 그때서야 직접 벽돌 짊어지고 우리 집도 처음 지었어요. 그리고는 고향 가서 아버지 환갑잔치 해드리고 돌아가니까 농촌 간부들이 "규은아! 너네 부부처럼 둘 다 지식청년인 사람들, 이제 도시로 다시 갈 수 있다!" 그럽디다. 그게 79년인데, 80년에 처음 공문이 내려왔어요. 내외간이 다 도시청년인 집은 가족들 데리고 도시로 다시 가라! 그래가지고 벽돌집 지은 거 그대로 두고 81년도에 장춘으로 다시 왔잖습니까. 허허!

농촌에서 일하는 것도 그래요. 추수도 다른 사람들은 쌩쌩! 쌩쌩! 이렇게 하는데 나는 평생 낫질이라고는 안 해봤으니까 저만큼 떨어지는 거지 뭐. 뒤에서 볏단을 수습하는 사람들이 우리가 추수한 것을 다 세거든요. 다른 사람들은 10부, 12부 이런데, 나는 6부, 7부 그랬죠. 재간이 없는데 어떡하라고. 그렇게 생활하고 있는데, 후에 중국 농촌에서 기업을 꾸린다고, 그니까 농촌에서도 돈벌이를 하라고 이런 정책을 했는데, 내가 손재간이 좀 있었거든요? 목수 일도 했고. 대대 서기들이 친구 형님들이었거든. 형님들이 '얘는 이게 여기 농

연규은이 18년의 농촌생활 끝에
손수 지어 마련한 벽돌집

촌 안 내려올 사람이 여기 내려 왔구나. 농촌 일은 아무 것도 할 줄 모르는 사람인데….' 그렇게 걱정을 한 거지. 그러다가 나보고 대대로 올라오라고 그래요. 대대로 올라갈 수 있다 해도 소대에서 놔 주겠는가, 내가 그랬더니 '그건 걱정 마, 우리가 알아서 할 테

니까!' 그래가지고 대대 기업에 가서 한 7년, 돈 좀 벌어줬죠. 누가 일 맡아오면 제작은 도면 가지고 내가 하고. 그러다가 도시에 다시 나오게 된 거죠.

✍ 농민의 신분으로 도시로 돌아가 학교 공인이 되다

Q 도시에 나와서는 어떤 일을 하셨나요?

延 도시에 나와서는 장춘의 자전거 공장에 갔어요. 예전에 거기에다 납품한 적이 있었거든요? 거기 독려 과장이, "너, 나한테로 와! 나한테로 와서 보일라 지켜.

모교인 조선중학교 공인 시절의 연규은

야간 수당도 있고, 낮에 교대하기도 조금 쉬울 수도 있고 하니까 그게 아마 네 나이에 제일 나을 거야." 그래서 거기서 한 5년 있었습니다. 근데 5년 있다 보니깐, 내 기관지가 원래 좀 나쁜 걸 내가 알거든요? 아버지도 그러셨으니까. 내가 일평생 이 먼지구덩이에서 이런 식으로 일해 가지고는 안 되겠다는 생각이 들어요. 그래서 다른 일자리를 찾았는데, 그때 내가 목표로 둔 게 내 모교였지.

모교에다가 '내가 거기 목수로 들어갈 테니 날 받아 주겠는가?' 했더니 거기 은사들도 계시고 하니까 "네가 학교로 오면 좋지~!" 모두 그러셔서 학교로 가게 됐죠. 학교는 직원이 있고, 일꾼이 있습니다. 일꾼이 공인이에요. 행정직을 하는 직원이 또 있고, 교원이 있고 이렇거든요? 근데 나는 공인 신분으로 간 거죠. 근데 공인 신분이지만 기실은 가서 관리직을 맡았댔습니다. 후군 살림이라고, 후군에서 교장과 살림에 관한 걸 맡아서 했죠. 생활실 보수, 정비에 대한 이런 거. 그니까 직원 아닌 직원이 돼가지고 그걸 한 십년 했습니다.

나중에는 학교 후배가 교장이 됐는데, 나보다 한 살 아랜가? 그래요. 그래서 교장보고 거기서 방침만 정하고, 누구도 와서 우리한테 잔소리는 하지 말라! 일점일획도 잘못된 것이 있으면 나를 트집잡지, 우리 일하는데 와서 간섭하지 말라! 우리 직원들한테도 내가 시키는 대로 하면 된다. 일체 위의 문제는 내가 해결 하겠다! 그랬더니 우리 직원들도 좋아하죠. 십년을 그렇게 일해서 내 나름대로 조금은 이루어놨습니다. 그래 학교 교장들이 교육국이라든가 상부 회의 갔을 때 우리학교가 상대적으로 다른 학교에 비해 학교 외관만 봐도 관리되는 표시가 보이니까 우리 교장도 만족스러워 했어요.. 반 주임들이나, 담임선생들도 보수 같은 것도 재깍재깍 나오고 하니까 다들 좋아했죠. 저게 거기서 상장 탄 것들이에요.

Q 91년, 92년, 93년, 해마다 상을 받으셨네요. 장려증서! 선진공작자. 근데 성명이 연강延强으로 되어 있으시네요?

延 내 본 이름을 한어로 발음하면 까다롭습니다. 그래서 문화대혁명 때 이름을 고쳤어요. 요번에 학교 가니까 내가 직원으로 있을 때 졸업한 학생들이 지금 부교장으로 올랐습니다. 허허허. 여기 보세요, 직별이 공인이라고. 근데 여기 '총무'라고 돼 있잖아요? 총무는 직원이 해야 하는 건데. 그러니까 총무처 주임은 있고, 총무가 없어서 경제권은 거기서 알아서 하고, 내가 공인 신분으로 살림은

내가했죠.

Q 그러셨군요. 그럼 사모님과는 언제 결혼하셨나요?

延 내가 64년도에 농촌엘 내려갔는데, 우리 식구도 65년도에 거길 왔습니다, 그 집촌으로. 그전에는 전혀 모르는 사이였죠. 왜 그때 당시 우리 어머니가 학교에 계셨다고 했잖습니까? 학교에 회계로 계셨어요. 그런데 한 날은 길가는 여학생을 보고 '저기 길 가는 쟤도 요번 너네 집촌으로 간다.' 그래요. 그래 생활촌 내려가서 보니까 그 여학생이 있더라고요. 그 여학생이 지금 식구예요.

나는 '자본가 아들'이었는데, 근데 농촌에는 정말 지주, 부농이 있습니다. 그 자녀들은 매찜[매찜질]도 맞았어요. 문화대혁명 때 매찜도 맞고 박해를 많이 받았어요. 그러나 나한테는 그 사람들이 그런 취급을 못했지. 나는 시내에서 온 지식청년 신분이기 때문에. 어차피 나는 나죽었소 하고 아무 것도 참여 안 하고 시키는 일만 했으니까. 어쨌든 생활촌 가서 보니까 우리 식구 성분이 지주였습니다. 근데 우리 장인이 왜 지주가 됐는가 했더니 장인은 완전 촌 농꾼이셨는데, 돈을 벌어서는 땅을 사고, 또 돈이 조금이라도 생기면 땅을 사고, 그래가지고 땅을 사 놓은 면적이 지주에 해당하는 그 선에 딱! 도달하게 된 거예요. 근데 토지개혁이 되고 나니까 성분이 지주가 돼버린 거지.

Q 지주 아닌 지주가 되신 거군요.

延 장인이 그전엔 팔로군들 후원도 많이 해주고 집에다 보호도 해주고 여러 가지 일을 많이 했거든요? 절대 누구를 압박하고 착취하고 이런 분이 아니셨는데, 법이 그러니 어떻게 합니까?

Q 주변사람들이 그런 걸 알아도 어쩔 수가 없는 시절이었군요.

延 그랬죠. 그런 처지를 서로 알고 나니까 우리 식구 눈에는 내가 애 처로웠던 모양이고, 나도 뭐, 나를 동정해주고 이런 것이 말로는 안 했어도 느껴져요. 그러다 보니까…, 허허허! 이건 옛날 얘기긴 한데, 농촌에서는 추수 전날 저녁에 소도 잡고 술도 사고 농민들 이 같이 노는 판을 벌이는데 우리 둘이 한쪽 구석으로 달아났어요. 거기 농촌 지식 청년들이 나이가 다 나보다 아래였는데, 내가 없 으니 찾았던 모양이에요. 우리 둘이 한적한 데 가서 얘기하고 있 다가 이게 딱! 발각된 거라. 하하하! 우리 식구는 부모님이 이미 다 돌아가시고, 농촌 큰오빠 밑에 있다가 시내 가서 공부하고 바 로 농촌 내려온 거니까, 농촌 일을 잘했지.

Q 중국 생활이 만만치 않으셨네요.

延 지금도 장춘가면 친구들이 날 기억해 주는 게 그거예요. '저놈 저 거 나라 정치 때문에 쓸데없는 고생했다. 그런 일 할 사람이 아닌 데' 그래요. 시골 친구들도 '너 농촌이 어떤 덴지 알고 나왔는가? 뭐 하러 농촌 나왔나?' 그러고. 그런데 안 그랬으면 기껏해야 시내 에서 소학교 선생질 아니요? 내가 관 일도 반년 정도 해봤습니다. 거기 사람들이 같이 있자는 걸 뿌리치고 나와 버렸는데, 거기 있었 으면 문화대혁명 때 애들 손에 죽었나갔을 판이지. 그때 사회가 어 떤 사횐데 선생한테 뭐라도 걸고 들어가면 반항도 못했어요. 근데 농촌가는 바람에 그건 피했어요. 그래서 친구들한테 '내가 현명했다 야. 그때 내가 농촌에 나갔기에 편하게 지냈지, 시내에 있었으면 무 슨 고생했을지 모른다.' 그랬더니 친구들도 다들 그건 그렇다고.
농촌에서 농민들하고도 관계가 좋았습니다. 그래서 대대에서도 승

인해줬고 대대 기업에 가서 일도 많이 하고. 근데 우리 식구한테
참 미안한 것은… 혼례도 못해 줬어요. 못하는 것을 뭐 어떡해요.
그때 아버지는 저 길림성 끝 사막, 내몽골 옆 백성자白城子까지 밀
려나 계셨어요. 과장급에서는 떨어지지 않았지만, 결국 어머니도
거기서 돌아가시고. 그러니 뭘 가지고 혼례를 하겠어요? 술이라도
있어야 잔치를 벌이지 맹물 놓고 할 순 없잖아요. 술도 못 샀어
요. 날짜는 돼 가는데 당시엔 부모도 없지. 식구도 오빠는 있지만
오빠네 애들도 많고 하니까 형편이 안 되지…. 그게 이날 이때까
지 가장 후회스러워요. 그래도 시내 들어와 자리 잡고, 애들도 공
부를 잘해서, 딸 둘은 정말 똑똑하게 키웠습니다. 그나마 그래서
위안이 되죠.

✍ **기차로 근 서른 시간, 장춘에서 상해까지 큰할아버지의 무덤을 찾아
나서다**

Q 중국에서의 생활에 우여곡절이 많으셨군요. 그때가 중국 역사 자
체에 굴곡이 많은 시기이다 보니까 더욱 그러셨던 것 같기도 하고
요. 이번에는 큰할아버지이신 연병환 선생에 관해서 여쭤보겠습니
다. 연병환 선생이 영면하신 지 88년만인 작년(2014년) 11월에 유
해의 국내 봉환 작업이 이루어졌는데요. 그때 선생님께서 직접 유
해 봉환을 하셨죠?

延 예. 제가 직접 가서 큰할아버지 유해 봉환 작업을 했죠.

Q 이번 큰할아버지 묘소를 찾는 데는 중국에 있는 선생님의 큰 따님

연정홍씨의 노력도 컸다고 들었습니다만, 큰할아버지 유해 봉환 작업에 선생님께서 오랫동안 많은 애를 쓰셨다고 알고 있습니다. 선생님은 큰할아버지의 묘소에 관해 처음 어떻게 알게 되셨는지요?

情况说明

大韩民国报勋代表团：
　我处收到市政府外事办公室领事处转大韩民国驻上海总理事馆照会，获悉贵团前来了解4位韩国独立有功者墓地之事，我处现将查找到的相关资料整理如下：
　1.金泰渊　葬外籍人墓区　编号6-2-14号
　　　　墓碑碑文 TAI Y. KIM
　2.李英全（李德三）葬外籍人墓区　编号8-1-18号
　　　　墓碑碑文 LI YOUNG SON
　3.朴奎明　未查找到此人信息
　4.延秉焕　葬外籍人墓区　编号6-5-9号
　　　　墓碑碑文 YAN PUNG HAN
　同时，根据相关资料记载，李英全（李德三）和延秉焕两人骨灰已由上海市朝鲜人协会迁走，具体迁葬日期不详（1994年前后）。
　特此说明。

연병환 묘소 여부에 대한 송경령
능묘 회신 공문(2011.11.1)

延　제1992년도에 처음 당고모랑 전화 통화하게 됐다고 했잖아요? 그때 당고모가 전화 통화에 '큰할아버지 산소가 상해 정안사에 있다'고 알려주셨어요. 그 말씀은 찾아보라는 뜻 아니겠어요?

Q　그 전화 받으실 때 정안사가 어떤 곳인지 아셨나요?

延　몰랐죠, 전혀 몰랐어요.

Q　지금도 장춘에서 상해는 비행기로도 가까운 거리가 아닌데, 그때는 어떻게 상해까지 찾아가셨는지요?

延　기차로 갔죠. 스무 시간을 넘게 탔습니다. 하여튼 갔다 왔더니 발이 퉁퉁 부어서 피범벅이 됐을 지경이었죠.

Q　생각만 해도 고생이 많으셨을 것 같습니다. 상해 정안사는 쉽게 찾으셨나요?

延　저도 상해가 어디 있는지, 정안사가 뭐하는 덴지 생전 가본 적도

없고. 그래서 장춘시청에 있는 친구들을 찾아가서 '내가 상해 정안사라는 곳에 있는 산소를 찾아가야 하는데 민정국에 아는 사람이 없냐?' 그랬어요. 중국에서는 묘지나 매장 관련 일은 민정국에서 알아서 하거든요. 그래서 장춘시 민정국 과장이 상해시 민정국 과장한테 '친구가 갈 테니까 도움을 좀 주라!' 이렇게 쪽지를 써줬

큰할아버지 연병환의 유해를 찾기 위해 상해 정안사를 방문했을 당시(1992년 11월, 왼쪽은 매형)

어요. 학교에는 보름 휴가를 내고 상해를 갔습니다. 도시가 어마어마해요, 장춘 촌사람이 처음 상해 갔으니 뭘 압니까? 상해는 언어도 안 통해요. 그 쪽지를 가지고 민정국엘 가니까 거기에서 '맞다, 정안사에 이런 게 있었다. 옛날에 거기가 외국인 공묘인데 이분들이 있었다, 거기가 지금 시중심이다' 그래요. 어쨌든 거기 가서 구석구석 민정국 당안을 다 뒤졌죠. 그랬더니 어느 다락지기에 있는 당안에서 옛날 파닥파닥하는 그런 종이에 앞 페이지에는 박은식, 노백린, 또 한 분하고 이렇게 세 분이 한 데 있고, 다음 장에 연병환이라고 저희 큰할아버지 함자가 적혀 있습디다. 그래서 이거 찾았다고. 지금 이분들 산소가 어떻게 됐냐 하니까, 뭐라고 얘기를 해줬는데 그걸 내가 제대로 듣질 못하고 왔지. 거기서 한 얘기는 '이분들이 다 정안사에 계셨는데 정안사가 시국일 때문에 공원화

되어서 그걸 어디로 안장을 했다.' 그랬던 거예요.

Q 그분들이 원래 다 정안사에 계셨었나요?

延 다 정안사에 계셨죠. 박은식이라고 대통령하신 분도 다 정안사에 계셨어요.

Q 어디로 옮겼다고 했는데 그걸 모르셨다고요?

延 그걸 내가 제대로 못 알아들었어요. 옮기는 과정 같은 얘기도 그 때 직원들이 해주고, 홍위병들이나 다른 사람들이 훼손할까봐 부대를 동원해서 그걸 어떻게 옮겼다고 그랬는데 마지막 그 부분을 내가 못 알아들었어요. 상해가 외지인 데다가 큰 대도시에 가본 적도 없고, 말도 잘 안통하고 그러다 보니 그 말을 제대로 이해하지 못하고 나왔죠. 그때 상해 직원 얘기는 '지금 봐서는 이분들이 다 한국 유명인사들인데, 이 유해를 어떻게 하시려면 한국정부에서 나서야지 당신 민간인 힘으로는 힘들 것입니다.' 그런 말이었어요. 하여간 거기 기록에 큰할아버지가 연변 해관에 계셨다는 이런 기록이 있었기 때문에 상해 갔다 온 다음에 길림성 당안관을 찾아갔었습니다. 당안관에 가서 자료도 찾아보고, 연변에 그런 해관이 있었느냐, 해관에 누가 근무했고, 규모는 어땠느냐? 하니까 간단한 기록이 해관에 있긴 있는데, 그냥 '해관은 있었다.' 정도에요. 그 이상의 기록이 없어요. 어쨌든 내가 상해 간 때가 11월이었는데, 이듬 해 3월달 신문에 보니까 한국정부에서 임정요인 다섯 분, 유해를 찾았습니다! 이렇게 기사가 났더라고요.

Q 선생님께서 상해에 가셨던 해가 1992년이신 거죠? 1992년 11월에

가셨는데, 93년 3월에 다른 다섯 분 유해 봉환 기사를 보셨다는 거네요?

延 예. 92년도에 내가 상해에 갔었는데, 93년도에 한국정부에서 찾았다고 국내로 모셔간다고 그분들 함자 적힌 걸 보니까 그때 그 분들이더라고.

Q 거기에 할아버지는 포함되지 않으신 거군요.

延 그때야 내 큰할아버지는 평민이니까. 그래서 이거 내가 기회를 봐서 한국에 가서 자료를 찾아가지고 할아버지를 독립유공자 반열에 올려야 여러 가지가 되겠구나! 이런 결심을 하게 됐죠.

Q 연병환 선생이 독립유공자로 훈장을 받으신 것은 언제셨나요?

延 2008년이에요. 대통령 표창을 받으셨어요.

Q 유해에 대한 정확한 위치는 언제 알게 되신 건가요?

延 2011년에 상해 송경령능원에서 묘비가 확인됐다는 연락을 받았죠. 유해가 정확히 거기 묻혀있는지는 몰라도 일단 정확히 묘비가 있다는 사실은 확인했죠. 그걸 찾는데 내 큰딸이 고생을 좀 많이 했죠.

Q 그럼 1992년에 큰할아버지를 독립유공자 반열에 올려서, 유해를 꼭 찾겠노라 결심을 하신 지 22년간의 노력 끝에 이루어내신 성과시군요. 기분이 어떠셨나요?

延 정말 감개무량했죠. 큰할아버지의 유해가 발견되는 순간은 뭐라 말로 표현할 수 없을 정도였죠.

? **가깝고도 먼 혈육 큰할아버지의 두 딸, 미당 고모네와 혜경 고모네**
이야기

Q 연병환 선생의 후손들하고는 언제부터 알
   게 되셨나요?

延 내가 94년에 처음 한국에 두 달 놀러왔
   습니다. 그때 처음 서씨 형님네, 그러니
   까 혜경 고모네 집안 식구들을 알게 됐
   죠. 서씨 형님네 가게가 청주 연초제조
   창 부근에 있었는데 거기 가서 그 형제
   분들을 만났죠.

연미당(고모) 후손이 건네줬던
엄항섭·연미당 독립운동 자료집
『사랑과 열정을 조국에』

Q 그전에는 전혀 모르셨고요?

延 몰랐죠. 그날 나는 누구 손자다. 나는 큰할아버지 외손자다. 이러
   면서 인사하고 그 김에 그 집까지 가서 마룻바닥에서 서로 처음
   맞절을 했어요.

Q 연미당 선생 집안도 그때 알게 되셨나요?

延 아니에요. 그때는 몰랐고요. 연미당 고모에 대해서 처음 알게 된
   건 2002년인가, 2003년인가 똑똑히 잘 기억은 안 나는데 저희 할
   아버지 추모제 때 대전에서 두 분이 오셨어요. 그때 그분들이 대
   전애국지사숭모회에서 발간한 이 책을 가져다 주셨거든요?
   (『사랑과 열정을 조국에』- 일파 엄항섭 선생·미당 연충효 여사 부
   부독립운동사 - 자료집을 꺼내 보여주신다)

Q 1992년에 발행된 것이군요.

延 여기에 또 한 분, 도움을 주신 분이 연정은씨라고.

Q 선생님과 같은 항렬이신가요?

延 아뇨, 저보다 위 항렬이에요. 희자 항렬이신데, 이분이 할아버지 생가를 보존하는데 공이 큽니다. 지금은 돌아가셨어요. 그분이 70 년대부터 할아버지 생가를 보존해야 될 역사적 가치가 있겠다고 생각하셔서 생가보존위원회를 만드시고 후에는 그것이 발전해서 기념사업회가 조성되었어요. 그분이 미당 고모네 쪽에 찾아가기도 했는데, 그분 안내로 대전에 있는 미당 고모 후손들이 할아버지 추모제 때 왔어요. 그래서 연락을 시작하게 됐죠.
그래서 나도 고모부가 엄항섭씨라는 얘기를 듣게 됐죠. '엄합섭'에 관해서는 이미 알고 있었지만 우리 '당고모 남편'이라는 것은 여기 와서 알게 된 거죠. '엄항섭'에 관한 얘기는 중국 고향에서도 들었습니다. 김구의 비서니까.

Q 조부님들을 비롯해서 집안 분들이 그렇게 대단하신 분들이라는 걸 중국에 계실 때는 모르셨나요?

延 그랬죠.

Q 그럼 2002년경에 연미당 선생 후손들도 알게 되신 거네요?

延 근데 이때 이분들이 왔다가고 한참동안 연락이 안됐어요. 나도 교통수단도 없고, 여기 들어앉아 있으니까. 근데 이 책(『원명 연병호』자료집, 2006)을 발간한 다음에 그분들한테 보내드리려고 보니까 주소를 몰라서 책자 발간인으로 돼있는 대전애국지사승모회 회장

인 이규희씨 주소로 찾아갔죠. 미당 고모 후손들 집은 모르니까. 대전에 있는 아파트 관리소에 가서 이런, 이런 사람인데 이사람 좀 만나게 해 달라, 그러니까 관리실에서 그 집에 전화해보고 만날 의사가 없다면 다른 방법이 없다고 그래요. 그런데 그 집에서 바로 "아, 얼른 오시오, 오시오!" 합디다.

「원명 연병호」 자료집
(2006년 증평군 발행)

Q 주먹구구식으로 찾아가셨네요?

延 그렇게 찾아갔죠. 이 책을 들고 가니까 그 뭐지? 루씨모자원으로 갑디다. 거기 가서 인사하고 요번에 이런 책자를 발간해서 오게 됐다고 하니까 거기 형수님이 '한국에 있는 사람들도 못했는데' 그래요. '이거 솔직히 제가 한 것은 아니라, 저도 옆에서 도움은 많이 줬지만 생가보존회에서 한 겁니다.' 그랬죠.

Q 2002년부터 2006년 사이에는 계속 못 보시다가 이 책을 계기로 만나게 되신 거군요. 처음 만나셨을 때 연락처 교환을 안 하셨어요?

延 그때는 나도 행사 때문에 계속 움직여야 되고, 그분들은 뒤에 계시니까. 식사할 때 좀 더 얘기를 길게 했으면 싶었는데…. 그게 또 그 아드님이 귀가 안 좋아요. 어려서 중경에서 귀를 다쳤어요. 하여간 내 나름대로는 다 쫓아다녔는데도 어떻게 그렇게 됐어요.

Q 선생님, 아까 족보 얘기를 하시다 말았는데, 연병환 선생 슬하에도

중희라는 분이 계셨잖아요? 근데, 계자系子라고 된 걸보니 이분은 선생님의 큰아버지께서 큰할아버지 댁에 양자로 가신 건가요?

延 맞습니다. 이분은 원래 제 큰아버진데 여기 양자로 들어가신 거죠.

Q 연병환 선생 슬하에 연충렬, 미당 연충효 선생은… 안보이네요?

延 여기 호적상에는 미당 고모가 없어요. 미당 고모는 큰할아버지께서 중국 들어가서 낳은 딸이기 때문에. 큰할아버지 딸이 또 있는데…

Q 첫째 부인이신 김사영여사와의 사이에서 낳은 따님이 있으시죠? 그분은 연미당 선생과는 나이차가 어떻게 되시나요?

延 여기 족보를 보시면 자子 향희享熙가 있고, 혜경惠慶, 이렇게 돼 있죠? 향희 이분은 중간에 돌아가신 분이고, 혜경 이분이 호적 상에 기재된 청주 고모입니다. 여기 이 호적에는 연충렬씨도 미당고모도 없어요.

Q 향희라는 분은 언제 돌아가셨어요?

延 아마 일찍 죽은 것 같아요. 그리고 혜경 고모는 여기 호적에 있는데, 미당 고모는 없어요. 미당 고모가 혜경 고모보다 나이가 위예요. 연창흠씨가 이 관계를 밝힌 거죠. 이런 여러 문제 때문에 서씨 집안(혜경 고모의 후손) 사람들하고 미당 고모네 집안하고 사이가 좀 껄끄러운 거지.

Q 그동안은 혜경 고모님이 연병환 선생 집안의 장녀이신 줄 아셨던 거네요?

延 장녀일 뿐 아니라, 큰할아버지의 유일한 후손 집안이라고 알고 있

었는데, 갑자기 미당 고모가 이집의 맏딸로 나타나게 되니까···. 가족사가 좀 복잡해요.

Q 그럼 이제까지 연미당 선생은 아버님이 누구로 되어있으셨던 거죠?

延 큰할아버지께서 중국 나가셨을 때, 그때 미당 고모가 용정에서 태어나셨다고 하거든? 큰할아버지는 국내 호적정리를 직접 안하셨다고 하고, 그 당시에 일체의 가족 호적정리는 셋째 병주 할아버지께서 하셨는데, 이 분도 그때 미당 고모의 존재를 알았대요. 내가 당고모께- 3년 전에 89세로 돌아가셨어요. -처음 미당 고모가 있다는 사실을 알고 미당 고모 얘기하니까 '큰아버지가 만주 들어가서 만난 여자 핏줄이여. 거기에 대해서는 일체 캐묻지도 마!' 그래요.

Q 민감한 질문이긴 한데 그래도 풀어야 할 숙제이기도 하니까 계속 여쭤볼게요. 현재 연병환 선생의 기념제나 그런 것은 혜경 고모님 집안 쪽에서 지내시는 거죠?

延 그렇죠.

Q 연미당 선생 집안과 혜경 고모님 집안 간의 왕래는 어떠신지요?

延 행사 때 만나면 그저 말하는 정도? 그래도 작년 학술 행사 때 '두 분이 앞으로 연락을 가집시다' 그래서 내가 '아, 이제 연락 하는구나' 하면서 앞 사진은 못 찍었지만, 뒤 사진은 찍었는데 그 정도입니다.
그게 미당 고모가 오십 몇 년도에 귀국해서 영주하셨잖습니까? 그때 서울 어느 동사무소에 가서 자신에게 호적등재하는 게 있답디다. 근데 거기에 분명히 아버지가 '병자 환자'로 나타나가지고 그렇게 정리하셨거든. 연창흠씨가 자료를 보니까 그런 게 다 나타나니까 그래서 우리 쪽은 승인을 했지, 근데 서씨 집안은 안하고 싶겠죠. 그래서 내가 '이건 하고 안하고의 문제가 아니라 할아버지 사생활이고, 사실이니까 여기에 대해서 우리 후손들이 더 왈가왈부하지 맙시다.' 그랬어요. 그리고 미당 고모 후손들은 대전에 계시거든요? 큰 할아버지 산소 정리할 때 그 얘기하니까 자기들은 어차피 호적이 대전에 있으니까 '청주 분들 뜻대로 하시라, 절대 우린 간섭 안 하겠다'고 하시더라고요. 그래서 호적도 혜경 고모네 후손 분들만 올리고 미당 고모 후손들은 이름이 안 올라가게 된 거죠. 일이 그렇게 된 거예요.

Q 그럼 지금도 연미당 선생 집안 분들은 호적에 안 올라가있으신 거네요?

延 호적에는 안 올랐죠. 우리 호적하고 연결이 안됐어요, 고모가 혼자 취득했어요.

Q 연충렬 선생도 물론 안 되어 있겠고요. 이 두 분은 아예 이쪽 연씨 집안 호적에 안 올라가 있다는 말씀이군요.

延 예. 30년 동안에 만약 여기에 어른이 누구라도 중간에 계셨다면, 어떻게 해서라도 캐묻고 해서 이런 사실이 일찍 나타났겠는데. 그래서 내가 사안은 복잡하지만 이미 어른들도 다 돌아가셨고 사회적으로 일도 이렇게 됐으니 더 이상 문제 삼지 말고 알아서 그냥 각자 잘 지내자 그랬죠.

Q 작년 학술 행사 때는 양쪽 집안에서 다 오셨죠?

延 예. 서씨집 큰 손자, 그러니까 큰 외손자가 수권자거든요? 그래서 서씨네 아들하고, 그날 엄씨네 후손도 왔어요. 서로 크게 대면은 않고 각자, 각자… 뭐, 좀 그런 관계에요. 약간 껄끄러운 관계, 좀 그런 게 있습니다. 큰할아버지 비석 세울 때도 나는 서씨 집안 설득해서 양쪽 집안을 같이 각인해서 넣으려고 했는데, 미당 고모네 집안에서 그런 거 너무 신경 쓰지 말라고, 일체 청주 분들이 하고 싶은 데로 하시고, 우리 이름은 안 올라가도 괜찮다고 그래요. 그렇게 양해를 해줍디다. 그게 그렇게 됐습니다.

Q 선생님께서 양쪽 집안 사이에서 여러 가지로 애가 많이 쓰이시겠어요.

延 그때는 그런 일이 적잖이 있기도 했고, 큰할아버지가 중국 계실 때가 40대셨잖아요. 그런데 요번에 서씨네 얘기가, 증조부께서 자기 할머니를 데리고 용정을 한 번 다녀가셨대요. 그래서 고향에 와서 낳게 된 분이 혜경 고모래요. 그러니까 당시 그쪽 집안에서도 큰할아버지가 중국에서 어떻게 사신다는 걸 다 알고 계셨다는 거지.

Q 현재 연미당 선생 후손들은 연병환 선생 선양사업을 같이 하고 계시지 않나요?

延 아니, 지금 같이는 하고 있죠. 지금 여기에 선양사업회라는 게 연병환, 연병호! 연미당까지는 이름은 안 넣었지만 실제는 지금 거기 선양사업에서 이분들을 다 하고 있거든요. 그래서 대전 분들도 오셔서 여기 같은 회원으로 가입하시고 활동하시라고는 하고 싶은

「증평 출신 곡산 연씨의 독립운동 조명」 학술세미나(2014.12.19, 증평군청) 참석자 일동

데, 그 형님이 귀가 잘 안 들려요. 또 뭐 우리처럼 운전을 하시며 활동하시는 것도 아니시라 내가 청을 못 드렸습니다. 말을 안 꺼 냈어요. 청주 분들은 물론 우리와 같이 활동을 합니다. 공적비 세 우는 것부터 모임도 같이 하고 그랬죠.

✎ 격동의 중국 땅, 아버지는 할아버지가 어떤 분이신지 침묵으로 일관

Q 할아버지에 관해서 알게 되신 것은 언제쯤이셨어요?

延 그러니까 한 1955년쯤 되는 것 같아요. 물론 내 할아버지가 남한 에 살고 계시다! 이 정도는 알고 있었죠. 큰 아버지들이 이북에 내 려갔을 때가 46년, 47년 아마 그 정도니까. 할아버지도 한국에 계 시고, 큰아버지들도 고향 가려고 이북으로 갔다! 물론 못 내려가신 거야 몰랐지만. 날 안아 보신 할머니도 고향에 가셨다! 그 정도는 어려서부터 알았습니다.

Q 할아버지가 어떤 분이신지는 몰라도 한국에 계시고, 나를 안아주셨던 그 할머니도 할아버지가 계신 한국으로 가셨고, 큰아버지들도 어쨌든 고향으로 가시려고 이북으로 가셨다는 걸, 구체적으로 어떻게 지내시는지는 몰라도, 아시고는 계셨다는 거죠?

延 그렇죠. 구체적인 것은 몰라도 거기에 계시고, 우리의 고향이 있었다는 것은. 그리고 아버님이 옛날 공직생활하시면서 당안자료에 이력서를 쓰신 게 있습니다. 그걸 아버님이 계속 가지고 계셨는데 그건 아직도 안 버리고 있어요. 거기에 '충청북도 괴산군 도안면 석곡리 555번지!' 이렇게 돼있어요. 근데 거기 할아버지 함자가 병자 학자에요. 옛날에 큰할아버지가 호적을 하셨는데 거기에도 병자, 학자에요. 근데 그것이 어떻게 병자, 호자로 바뀌었다는 설명은 호적에 안 나타나요. 다른 사람들도 호적 보면 '이게 왜 이렇지?' 이런 얘기하는데, 그 이유는 저도 모르겠습니다. 어쨌든 병자 학자라고 우리가 기억하고 있었고, 그걸 여기 와서 제출하니까 지금 성함은 병자, 호자라고 하더라고.

Q 그러면 병자, 호자라는 존함은 여기 오셔서 아시게 된 건가요?

延 그러니까 92년도 당고모하고 전화할 때 내가 할아버지 함자를 병자, 학자로 얘기하니까, 당고모가 "야, 너 할아버지 이름이 병자, 호자다." 그러셔서 처음 알았죠. 어떻게 바뀌었는지 내막은 모르고요.

Q 할아버지에 관해 구체적으로 알게 되신 것도 그때셨나요?

延 그거는 이런 일이 있었어요. 조선전쟁[한국전쟁] 전에, 그때 편지 왕래가 많지는 않았지만, 나도 네 살 땐가 두만강을 건너서 큰 집에 가 본 기억도 있어요.

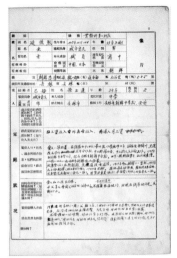

부친 연성희의 「간부경력등기표」. 여기에는 본적지가 괴산군 도안면 석곡리 555
번지로 되어 있고, 부친(연병학)의 행적과 숙부(연병호), 매부 엄항섭에 관해
기록하였다

Q 지금 북한지역, 말씀이신가요?

延 예. 내 기억에 허술한 집에 유리 창문 이런 것은 하나도 없고, 볏
짚으로 엮은 거적대기도 있고 그랬던 것 같아요. 근데 조선전쟁
때 큰아버지 두 분도 서로 연락이 두절됐답니다. 서로 어딜 가서
어떻게 됐는지. 그러다가 청진 시내에서 어느 날 두 분이 버스를
타게 됐는데, 큰아버지는 버스 앞으로 오르시고, 둘째 큰아버지는
뒤로 오르시고 이런 식으로 버스에서 두 분이 만나셨대요. 그러니
까 그 소식을 중국에 있는 우리 아버지한테까지 전하게 됐거든요?
그 다음은 아까 아버지 형제 얘기한 중에서 조금 빠진 게 뭐냐 하
면 제 친 고모님이 계셨잖습니까? 혜영 고모라고. 29년에 출가하셨
어도 여기 괴산에 사셨는데 자식이 없었어요. 조선전쟁 때에 할아
버지는 부산으로 피난 내려가셨지만 할머니는 미처 못 가셨거든
요? 그래 할머니가 걱정되니까 혜영 고모가 여기[친정] 와 있었지.

석곡리 산우물, 그곳이 지금 역사공원이 되는 자리에요. 이쪽에 와 있었는데, 인민군이 그때 여기 들어 왔었다거든? 여기 도안까지. 전투는 없었어도 점령은 됐다하니까. 근데 할머니가 국회의원 부인인데 이대로 찍히면 안 되니까 고모님이 머리를 써서 '우리 어머니를 보호하려면 내가 이북사람들한테 좀 친근해야겠다', 그리 생각하신 거 같아요. 그래서 같이 활동에 참가도 하고 그러니까 우리 할머니가 다른 피해를 안 입었죠. 그러다가 북한군이 후퇴할 때 어차피 자식도 없고, 동생들이 이북에 있다는 것도 알았던 것 같아요. 그래 올라가버렸어요.

Q 고모부는요?

延 그때 고모부는 이미 돌아가셨는지 그 관계는 내가 잘 모르겠어요.

Q 어쨌거나 고모만 올라가셨네요?

延 네. 고모만. 그래서 어떤 사람들은 월북했다고 그러지만, 사실 내 의견은 그렇습니다. 할머니를 보호하려고 할 수 없이 쫓아간 거죠. 여기 고향 분들도 '그럴 수밖에 없는 형편이었다. 근데 뭐 크게 선전할 게 아니라서 우리들만 알고 있었다.' 이런 얘기들을 합디다. 그래 고모가 북한 가니까 남쪽에서 왔다! 이래가지고 직업을 줬대요. 병기공장에요. 병기공장에는 보통사람이 못 들어가거든. 어쩔 수 없이 왔든지 어쨌든지 간에 남쪽에서 왔으니까 그래도 조금 나은 병기공장에서 근무할 수 있도록 해주고, 그렇게 되니까 위치도 좀 되고 해서 동생들하고 연락이 된 거지. 그래가지고 남쪽소식을 큰아버지들한테 전해준 거예요. '아버님이 44년도에 감옥에서 나와서 활동하시다가, 48년도에 여기에서 국회의원 하셨고, 재선 국회

의원 하셨고 이런 저런 활동하시고 지금 국회에 계시다.' 이런 내
용으로 아버지한테까지 편지가 왔는데, 이 사실은 우리 네 식구
만 알고 일체 바깥으로 얘기 안했지. 그게 55년도 일이에요.

Q 그럼 선생님 댁도 직접 들으신 것도 아니고, 북한을 거쳐서 할아
버지께서 남한에서 국회의원으로 활동하고 계시다는 소식을 들으
신 거네요?

延 그렇죠. '국회의원으로 활동하신다, 고향에는 두 분이 계시다' 그
정도 얘기는 들었죠.

Q 하긴 그때 중국에서는 이런 사실을 함부로 얘기할 수 있는 시기도
아니었겠어요.

延 그렇죠. 그때는 남한이 중국과 교류를 안 할 때잖아요. 우리 네 식
구만. 주변 누구한테도 얘기 안했죠. 그냥 고향에 할아버지가 계시
다는 그 얘기밖에 못했죠.

Q 선생님은 성장하시면서 할아버지께서 항일활동을 하셨다든가 이런
말씀은 들어보신 적이 없으셨나요?

延 전혀 없었습니다.

Q 아버님께서 일체 그런 말씀을 안 해주신 건가요?

延 우리 아버지도 할아버지가 어떤 활동을 하셨는지 잘 모르신 것 같
아요. 물론 안 해주셨을 수도 있지만. 아니, 잘 모르셨을 거예요.
여기서 나가신 게 32년이고 아버지가 18년생이시니까 그때가 14살
이셨지. 그때 떠났으니까 몰랐을 것 같아요. 어쨌든 아버지가 가정

사를 일체 얘기를 안했어요.

Q 그러니까 아버님께서는 어떤 이유에서 그러셨든지 간에, 할아버지가 어떤 활동을 하셨는지 본인은 아셨든 모르셨든, 선생님한테 일체 말씀을 안 해주셨던 거네요?

延 그렇죠. 근데 지금 봐서는 아버님 때 중국사회가 워낙 그랬지 않았습니까? 아마도 여러 가지 생각을 하셨던 것 같긴 합니다. 중국 땅이니까.

✍ 오십 평생 살아온 고향인 중국 장춘을 두고 1997년 귀국

Q 앞에서 간략하게 말씀은 해주셨지만, 선생님께서 고향인 중국을 떠나 할아버지와 아버지의 조국이자 고향인 대한민국 증평으로 영주하시게 된 구체적인 경위가 궁금한데요.

延 그러니까 95년이죠, 광복 50주년 때 광복회 초청 나라 행사로 9박 10일로 초청받아 왔댔습니다. 그전에 당고모도 나를 초청했는데, 그때는 친형제가 아니면 60세를 제한했어요. 친척 방문도 안됐어요. 근데 그 당시는 내가 60세가 안됐거든요. 오십 갓 넘었으니 당연히 안 됐죠. 친형제도 아니고 외 6촌이었으니까. 그러니까 우리 셋째 매제가 당시에 장교로 있었는데, 일 때문에 중국 왔다가 우리 집도 들러서 우리 가족도 다 둘러보고 그랬어요. 그 양반이 법무부하고 수속을 해가지고 제가 여기 한 번 온 적은 있습니다. 물론 정식으로는 95년도 나라 행사 때 온 거죠. 그때 한국 와서 보훈처 분들한테 내 얘기를 했죠. "지금 여러 집안 사정을 보아하니

앞으로는 내가 나와야 될 지도 모를 상황인데 수속이나 절차는 어떻게 됩니까?" 그러면서 할아버지 함자를 댔더니 "일체 문제없습니다! 선생님은 오시겠다고 결심만 하시면 될 겁니다. 결심만 하세요." 그래서 그때 왔다가 중국에 돌아가서 식구들, 친척들하고 상의를 했죠. '암만해도 나가야되겠다. 한국에 손들이 아무도 없고 하니, 나라도 한국에 좀 나가야 되겠다.' 그리고는 96년 초에 인가 수속을 넘겼더니 97년 2월에 중국에 있는 열한 집이 인가가 나왔습니다. 그 서류도 있어요. 허가 통보! 이거예요. 이게 그 당시에 같이 허가 나온 분들이지요.

Q 이분들이 같이 다 나오신 분들이군요. 25년생이신 분도 있으시네요?

延 대부분 나이 많은 분들이죠. 모두 열한 집인 것 같은데. 이것이 4월 달인데, 소문 안내고 준비를 하던 판이었죠. 준비를 해서 9월에 들어오겠다고. 중국은 학교 첫 학기가 가을입니다, 9월 달에. 8월 말에 개학 준비 차 학교에 갔을 때 교장선생님을 찾아갔죠. 교장선생님도 내 후배예요. '학교장, 나 이제 한국 가야 되겠다'고 그랬더니, '글쎄! 형님이 뭘 하긴 하는 것 같은데 얘길 안하니까 내가 모르지 않냐'고. '어쨌든 한 번 가보겠다. 가서 꼭 영원히 안 돌아오겠다는 결심은 아직 못하겠고, 일단 한 번 가봐서 정착해서 조상에 누를 안 끼칠 만하면 거기 있을 것이고, 가서 거지되면 돌아오겠다!' 했죠. 그랬더니 오늘 저녁에 우리 임원들하고 상의하겠다고. 직원들 인사이동은 당지도 서기가 합니다. 당지도 서기도 우리 선밴데, 그분도 누이 친구예요. 길림성에서 누이랑 같이 초등학교, 중학교, 고등학교 같이 시험 없이 올라갔던 선배거든요. 이튿날,

"저기 임원들이 상의 했는데, 1년 휴가를 줄게요. 1년 휴가를 줘서 1년 내 돌아오면 모든 것을 다 연결 시켜줄 것이고, 일 년 내 안 돌아오면 알아서 하라! 공직에 관계된 일체는 우리도 어쩌지는 못합니다." 나도 내가 결심한 바니까 "다 좋습니다, 근데 딱 한 가지 요구가 있는데…" 92년에 학교에서 내 집을 탔어요. 학교 교직원들에게 주는 집인데 그게 17평 정도 되는 신축 아파트였거든요. 학교에서 세를 주는 셈이지만, 명의는 내 명의로 돼 있는 건데, "저 집만 다치지 말아주시오." 그랬어요.

Q 혹시라도 돌아오실 지도 모르셔서 걱정하신 건가요?

延 예! 혹시라도 정말 내가 여기 와서 거지되면 조상에게 누가 되는 거 아닙니까? 그럼 돌아가야죠. 못 살고 돌아가게 되면 엉덩이 붙일 데는 있어야 되잖아요? 그래서 그 얘길 했더니 거기서도 "그건 우리도 염두에 두마!" 그래요. 그리고 중국을 나왔는데 이듬해 나래[중국] 정책이 바뀌었어요, 공가집! 그러니까, 정부 집인 것을 다 개인에게 팔게 됐죠. 당시에 그 집이 내 명의여서 우리가 돈을 내고 내 집이 된 거죠. 지금 아직도 그 집은 있어요. 중국에서 그동안 일한 퇴직금도 한국 나오면서 하나도 못 받았거든요? 그나마 그건 남아 있어요.

Q 광복 50주년 기념으로 정식 초청받아 나오시기 전에 매제 덕분에 나오셨다고 하셨잖아요? 그때는 언제였나요?

延 그게 94년도! 연길에 있는 한 회사에서 직원들이 한국에 연수 나온다고, 이런 수속을 만들어서 나왔지. 우리 그 셋째 매제가 그 사장보고 수속비하고 인가는 자기가 다 만들어 줄 테니 우리 친척

두 분을 딸려 보내달라고 했어요. 그런데 누이랑 같이 나오려니 한 초청에 연씨가 둘이 있게 되면 중국에서도 인가를 내줄 때 말이 있거든요. 그래서 같이 못 나오고, 따로 나왔어요. 먼저 누이가 다른 사람들이랑 나가고 나는 한 달 후에 또 다른 직원들이랑… 그렇게 떨어져 나왔어요. 나와서는 누이는 석 달 채워서 있고, 나는 두 달 있었죠.

Q 그때 나와 보시고 한국으로 이주할 결심을 하시게 되신 건가요?

延 갈등은 많이 했죠. 여기 와서 보니까, 그때가 건설현장에서 일하면 17,000원 벌 때입니다. 건설현장 최저임금이 17,000원 할 땐데. 그거 벌어서 80만원에 내가 먹고 자고… 고민이 됩니다. 그러다가 아니다, 내가 돈벌이할 걸로 고민할 건 아니다 싶었어요. 어차피 내가 결심할 것은 '나올 것인가', '아닌가'였죠. 매제는 1년이고 2년이고 수속은 다해줄테니까 여기 와서 실컷 벌다 가라고 그러는데, 난 그쪽에서 공직이 있는데 그런 게 목표는 아니거든요. 그래서 난 두 달 만에 가겠다고. 두 달 만에 집에가서 식구들한테 여기 형편 얘기를 했죠. 당고모하고 맏이 여동생은 나보고 꼭 나오라 그러고, 둘째하고 셋째네는 '형님이 알아서 판단하시오. 실속대로 하면 된다.' 그랬어요. 그래도 맏이네, 큰 매제는 - 지금은 돌아가셨는데 나보다 나이가 위예요 - '아~ 형님, 나와야 돼, 나와야 돼! 여기 조상이 누구도 없는데!' 그래서 솔직히 얘기 했어요. '지금 집안 사정 봐서는 내가 나오긴 나와야 되겠는데, 보니까 할아버지 재산이고 뭐고 아무 것도 없다. 내가 빈주먹으로 나오면 내가 힘들 때 누구한테 기대랴? 이건 내가 좀 더 고민해 봐야 되겠다.' 그랬죠.

Q 나오실 즈음에는 중국에서 어느 정도 기반을 잡으셨던 것 같은데…

延 잡혔죠. 거기서 직업적으로 큰 위치는 아니지만 그래도 고등학교 직원이지, 애들도 공부 잘 했지, 경제적으로는 크게 유람 다닐 정도는 아니어도 생활하는 집도 있고.

Q 처음 이쪽 고향으로 나오신다고 했을 때, 사모님이나 가족들은 찬성을 하셨나요?

延 그때 집에 와서 '여보 이거 암만해도 나가야 될 것 같다. 내가 고향에 연락을 안 부쳤더라면 모르지만 한국에서도 손이 중국 땅에 있다는 것을 아는데, 거기는 지금 손이 아무도 없다는데 내가 안 나간다는 것은 이건 말이 아니다. 가서 내가 거지되면 다시 돌아오더라도 일단 가보는 게 어떠냐?' 그랬죠. 식구는 흔쾌히는 아니지만 그래도 '당신 뜻대로 하세요.' 하고 따라줬어요. 우리 큰딸도 그때 학교에서 강사로 있을 땐데 "아빠, 한 번 가봐! 우리가 여기 있으니까 여기 돌아오셔도 굶어 죽지 않을 테니까, 걱정하시지 말고 공직은 떨어져도 조상 집안일 돌보는 것도 좋으니 가보세요!" 그래서 96년도에 이쪽으로 나오겠다고 당고모님한테 말씀 드렸더니, 반 년 만에 인가가 나왔거든요? 그래서 나오게 됐습니다.

Q 고민이 많이 되셨을 텐데 그래도 가족들이 선생님의 든든한 후원이 돼주셨네요.

延 그렇죠. 95년도에 초청받아서 나왔을 때 같이 나온 분 중에 장춘중학교 선배이기도 하고, 길림대학교 역사학과 교수였던 분이 학자로 초청받아 같이 나왔거든요. 그분하고 이런 저런 얘기를 많이 하고 그랬어요. 그분이 우리 집 가정사도 잘 알고. 근데 나보고

"야! 너 앞 뒤 연결 안 돼도 좋으니까 이력서 좀 써와 봐. 내가 정리 해줄 테니까." 그래요. 그래서 내가 "나같이 중국 근대, 현대 와가지고 가정사로 이런 일 겪은 사람 수 많고, 이제 그걸 내놔봐야

학교공회위원회 위원들
(왼쪽에서 두번째가 연규은, 1990년경)

그 당시 사람들이나 알지 젊은 사람들은 알아듣지도 못할 건데 필요 없습니다." 그랬죠. 지난 간 건 지나간 걸로 하자고. 하여간 그분은 얼마 전에도 인터넷으로 연락하니까, '지금이라도 좋다, 지금이라도 좋다!' 허허허! 아까도 얘기했지만 할아버지의 업적이라든가 여러 가지를 정말 여기 계신 분들보다 저는 더 모릅니다. 그렇지만 단 한 가지 내가 97년 중국 떠날 때 장춘에 있는 우리 누이가 — 그때 우리 집안 형님 누이들 한 12명이 모두 왔습니다. — "너 한국에 가면 잘해! 할아버지도 한국사회에 여러 가지 공훈을 많이 한 분인데 누를 끼치면 안 된다." 그래서 "알았습니다." 그러고 왔죠.

✍ 할아버지와 아버지의 고향, 이제 나의 고향이 된 증평의 정착과정

Q 한국으로 이주하셔서 정착하시게 된 과정 얘기를 해주시겠어요? 오십 평생을 중국에서 사시다가 나오셨는데 모든 게 낯설었을 것 같은데요.

延 물론이죠. 지금은 그래도 많이 좋아졌지만, 그때만 해도 중국동포를 보는 눈도 달랐고요. 문화적인 차이도 크고. 모든 것이 힘들었던 게 사실이었습니다. 첨 들어왔을 때, 솔직히 저는 우리 당고모가 그래도 서울에서 정착하라고 하실 줄 알았어요. 근데 할아버지 고향을 지켜야 된다고 여기로 내려가서 있어라! 그러시더라고. 처음엔 사실 좀 서운했지. 한국하면 서울 아닙니까? 당고모도 서울 사시고. 그리고 여긴 아예 아는 사람도 없지, 그때만 해도 여기[증평]가 이렇지도 않았거든요?

Q 97년이었으면 여기도 개발이 안돼서 촌이었을 텐데요.

延 그랬죠. 그래도 곰곰이 생각해보니까 내가 들어온 뜻도 그렇고 우리 당고모 말씀이 맞아요. 와서 좀 며칠 있으니까 우리 연씨 후배분인데 석곡리에서 이장하시던 분이 있었어요. 그분이 그때 괴산군수가 김환국 군수셨는데 군수한테 인사가자고. 그때는 증평이 괴산군에 속했거든요? 그 때만해도 증평출장소였으니까. 그래서 인사드리고 그 다음에 증평 면장께 인사를 갔어요. 근데 그 사람이 돌 공장을 했는데, 지금도 그 돌 공장이 있어요. 나보다 동생뻘이고 같은 규자 돌림인데. "형, 나 일꾼 한 명 더 써야 되는데, 오실래?" 그래요. "그럼! 내 오지 뭐!" 이튿날부터 거기 나가서 돌 지게차를 지켰어요. 나는 지게차를 못하니까 한쪽에 있다가 일하는 사람 눈치 봐서 돌이 다 깎였으면 바꿔주고, 기계 지키고. 80만원 받기로 하고 두 달 일했어요. 두 달 거기서 일했는데, 돌 공장 일이 좀 험하지 않습니까? 식사는 고기도 안 떨어지고 집도 가깝고 그럭저럭 지냈습니다. 근데 일하다보니 다른 사람들이 내가 그 일에 신경을 좀 못 쓴다는 얘기도 있고…. 그래서 두 달 딱 일하고는

난 내일부터 일 더 못 나오겠다고 하고 집에서 몇 달을 쉬었죠. 이듬해 봄이 되니까 그때가 오송역이 한참 개발될 때라 오송역사에 하우스 배관 일하는 목수 팀이 구성됐어요. 아는 사람이 '너 목수 아냐? 내일부터 저기 일하러 가자'고 그래요. 그래서 거기 현장 일하려고 망치에 뭐에 연장을 한 5만원 어치 사가지고 두 달을 다녔거든요? 두 달을 일하는데 반장이란 사람이 나 일하는 거 보더니, "저 사람 진짜 목수 맞아?" 내가 중국에서 나무도 깎아봤고 집도 지어 봤지만, 이런 일은 못해봤거든요.

Q 일하는 방법이 달랐군요?

延 하는 방법이 달랐지. 그러니까 소개해준 사람이 "저 사람 내버려두면 다 할 사람입니다. 이제 다 할 겁니다." 변호를 해줬지. 원래 목수는 8만원을 받기로 한 거거든? 막일꾼은 4만원 받고. 나는 6만원을 줍디다. 그래도 나는 얼른 고맙다고 받았지.

Q 돌 공장일 두 달 하시고, 쉬시다가 목수 일 두 달 하신 거네요?

延 예. 그러고는 그 일을 3월부터 4월 달에도 하고 있는데 전화가 왔어요, 증평출장소에서. 증평출장소장이 출장소로 한 번 들어오라고. 이튿날 출근 안하고 출장소를 갔죠. 그때 출장소장님이 안창국 씨였어요. 들어가 인사드리니까 "이렇게 먼 데서 오셨는데, 내 직권으로서는 사무직 같은 거는 안 되고, 미화원은 가능한데, 어떻습니까?" 서슴지 않고 "하겠습니다. 뭐 미화원도 좋습니다. 시키는 일 하겠습니다." 그랬더니 그럼 가서 기다리시라 그러더라고. 이튿날 담당 계장님이 연락을 주셨는데, "올 1일 될 때까지 기다리지 말고, 그냥 모레부터 출근하세요." 그 다음 날, 날 데리고 다른 데를

가요? 난 그래도 이쪽 길거리에 거리 청소 맡을 줄 알았거든요? 저쪽에 농공단지가 있는데 여기에서 거리가 한 8km되는데 거길 데리고 가나 싶어서 속으로 거길 어떻게 다니나 걱정을 했죠. 그 랬는데 어디로 데리고 갔는가 하면 다리 저쪽에 지금도 하수처리 장이라고 크게 있는데, 거기 데려다 주는 거예요. 거기서 근무하라 고. 공무원들 일하는 거 보조해주고 사무실 청소해주고, 바깥에 잔 디 깎고 향나무 전지해주고, 일요일 수당도 다 드릴 테니 소문내 지 말고 일요일은 집에 가서 쉬라고. 옛날에는 노인들한테는 그런 편의도 봐주고 그러기는 했다고 합디다. 허허허! 어쨌든 거기서 그 렇게 한 일 년 반 일했죠.

Q 그 일은 일 년 반 하시고 그만두신 건가요?

延 그게 이렇게 됐어요. 거기서는 내 재간대로 이래저래 일을 했죠. 근데 김대중 대통령이 올라오신 다음에 국가공무원들 정리할 때 미화원들 손을 댔지 않습니까? 용역으로 넘어가고 그랬는데. 내가 알기로는 나 취직시키는 거 추천할 때 이원종 도지사가 사인한 내 용이 '이 사람은 연한에 관계 말고 5년을 넘겨주시오.' 이런 사인한 것이 있다고 들었거든요? 그때 연흠운씨라고 과장님이 계셨는데 나한테 귓뜸으로 그래요. '아저씨는 5년 넘기기로 도지사가 사인한 계약이 있다.' 근데 그 출장소장님은 환경과장한테 정리했으면 하 는 뜻을 비쳤어요. 환경과장도 연씬데 담당직원하고 날 찾아왔어 요. 그러면서 '지금 시국이 이래서 공무원들 미화원들, 나이순으로 잘라서 내보내는데 형님은 어떻게 하겠습니까?' 내가 5월생이니까 내년 4월까지 하겠냐고 묻습디다. 근데 가만히 눈치를 보니 그런 얘기를 비추는 걸 봐서는 반년을 있어봤자 그랬잖아요. 그래서 '그

냥 따라 나오겠습니다.' 어차피 용역으로 나가도 일하는 거니까. 만약에 내가 다음 4월 달에 나왔는데 거기 일자리 없으면 또 다른 일 시작해야 하니까 그냥 용역으로 따라 나가기로 했죠. 그래서 용역으로 7년 있다가 2005년인가? 일을 그만 뒀어요. 나이도 들고, 새벽에 3시에 일어나서 일하려니까 호흡기에 자꾸 부담이 되고, 시름시름 앓은 걸 회사에 보이는 것도 그렇고. 거기 용역 사장도 같은 연씨예요. 촌수는 나보다 위지만, 나이는 나보다 한참 아래니까 빚지는 것도 싫고 해서 그냥 그만 뒀죠. 와서 정착한 과정은 이렇습니다.

Q 그럼 1997년에 나오셨으니 올해로 오신지가 18년 정도 되신 거죠?

延 예, 18년 됐습니다. 하여튼 여기 나와서 18년 살면서 내 생각에 할아버지도 제헌국회의원까지 한 분이고 하시니까 나라의 법과 일체 어떤 것이라도 정말 티끌만치 누가 되는 일은 안 한다는 신념으로 지금껏 지내고 있는데. 하여튼 여기 생활도 돌아보면 원래 내 고향도 아니고 하니까 거진 다 적응된 것 같다가도 여러 가지 적응하기가 정말 힘든 면도 있고, 하여간 그래요. 허허.

✎ **같이 영주하신 가족들의 한국생활은 어떠셨나요?**

Q 한국에는 부인과 아들, 막내딸 이렇게 네 분이 영주하신 거라고 하셨는데요?

延 예. 식구하고 작은 딸하고 아들하고 셋이 나랑 같이 나왔습니다.

Q 아드님하고 작은 따님은 여기 같이 사시나요?

延 작은 딸은 지금 서울에 있고요, 아들은 사고가 나서… 지금은 우리 둘 밖에 없어요.

Q 아드님이 여기에서 사고를 당하셨다고요?

延 예. 2010년 11월 11일에 교통사고로 세상을 떠났습니다.

Q 가슴 아프신 때를 다시 떠올리시게 해서 송구합니다.

延 잊어야죠. 이제 잊어야죠.

Q 한국에는 생활기반이 없는 상태로 들어오신 건데, 혹시 후손으로서 연금이나 지원금 같은 것이 있었나요?

延 특별히 있지는 않았습니다. 내가 만약에 중국에서 97년이 아닌 2002년이나 2003년에 나왔으면 그쪽[중국]에라도 연금이 있습니다. 그때쯤 나오면 33년 정년이 되기 때문에 연금이 보장돼요. 거기는 명퇴란 건 없거든요? 정년을 채워야 주는 거지. 난 그걸 포기하고 나왔죠. 어차피 내가 가서 정착할 거면 하루라도 젊었을 때 가야 되겠다! 생각했지. 그런데 나는 할아버지 손자이지 않습니까? 얼마 전까지도 연금 해당이 안됐어요. 해방 후에 돌아가신 유공자 자손들이 연금 문제 때문에 중앙에 민원도 많이 넣었죠. 나도 서울 모임에 여러 번 쫓아다니고. 법이 작년에 개정됐어요. 윗대에서 한 번도 연금을 안 받은 집은 그 집안 후손 중 한 사람은 연금을 주자 그렇게요. 우리 할아버지는 1963년에 독립유공자가 되셨지만 그동안 후손 누구도 연금을 받지 못했지 않습니까?

Q 그럼 이제까지 연금 같은 정부 지원이나 이런 걸 받으셔서 생활하셨던 게 아니셨나요?

延 물론 들어와서 정착금은 받았습니다. 근데 정착금은 독립유공자 후손이라서 주는 게 아니라 한마디로 어느 가정이든 들어오면 다 주는 그런 거죠.

환갑기념으로 찍었던 단란했던
다섯 가족의 모습

Q 독립유공자 후손으로서의 혜택을 받으신 것은 없으셨나요?

延 그때는 그런 법이 통과가 안 됐죠. 그래서 나라에서 이 사람들에게 배려를 해야겠다, 그래가지고 가계보조비라고 매달 25만원인가 35만원을 줬어요. 그게 나한테는 주요한 생활비였죠. 그리고는 아까 얘기한 대로 나도 벌고, 식구도 돈벌이 나가고. 지금은 내가 여기 와서 국민연금 5년 반 들어놓은 거랑 이래 저래 해가지고 한 7~80만원을 고정수입으로 하고 있고요. 지금은 법이 변경돼서 연금 수권자 절차를 밟고 있는 중입니다.

✍ **한국 영주 결심을 도와준 든든한 후원자, 내 누이 이야기**

Q 선생님은 누이분하고 선생님. 이렇게 두 분 남매지간이시죠?

延 네. 딱 둘만 있어요. 둘 밖에 없어요.

Q 누이께서는 선생님께서 한국에 나오셔서 조부님 일을 하시는 것을 어떻게 생각하시나요?

延 내가 한국에 나올 때 우리 누이도 적극적으로 날 환송해주고 한 30년 동안 우리 손 누구도 여기에 없던 걸 내가 이러는 거니까. "야, 한국 가서 수고해! 고생 좀 해라." 적극 밀어줬죠. 나도 누이를 철석같이 믿고 온 거고.

Q 지금도 계속 변함없이 적극적으로 후원해주고 계신가요?

延 그게 요즘 조금 오해가 생기긴 했습니다. 할아버지가 남겨놓으신 재산은 요번에 문화재로 지정된 생가 터, 그 한 자리가 전부에요. 그 땅은 원래 그대로 둘 땅이었어요. 그게 몇 년 전에 정부에서 할아버지 사업용도로 수렴해주셔서 1억 2천만원 보상을 받았습니다. 내 생각에 이 돈은 누이하고 나하고 우리 둘만의 몫이 아니라고 봐요. 사촌이 있으니까. 얘기했잖습니까? 북한에는 내 사촌들이 있거든요? 큰아버지 두 분의 자식들. 호적상으로 육촌이라도, 그니까 큰집에 양자를 가도 본 할아버지의 상속권은 다 있다는 걸로 내가 알고 있거든? 그리고 당연히 사촌들을 생각해야죠. 2013년에 장춘 갔을 때 누이한테 그랬어요. 보상받은 이 돈은 우리 돈이 아니라 여기자. 이건 우리 이외 사람 몫이다. 이번에 정부에서 땅을 수렴 해서 돈으로 된 거지, 아니었으면 그대로 땅을 놔두는 건데 그리 됐다. 그러니까 우리 둘은 자투리만 쓰고 일억은 남겨 놓자. 그건 사촌들 몫이다. 근데 이 해석이 누이한테 잘 안 들어간 것 같아요. 내가 평소에 누이하고 소통을 많이 안 해서 그런 건지….

Q 그 의논 이후에 두 분 사이가 약간 뜸해지셨나보죠?

延 예. 누이를 잘 이해시켜야
했는데 내가 그동안 소홀
한 점이 있었던 것 같기
도 하고. 내 누이가 예전
에 고생을 많이 했어요.
나는 나중에 아버지 성분
이 바뀌는 바람에 대학을
못 갔다고 그랬잖아요. 그

친누이 내외와 같이 찍은 사진
(왼쪽에서 두 번째가 누이)

래도 누이는 대학교를, 전문대학을 갔거든요. 그건 그래도 누이가
나보다 낫다고 생각했죠. 누이는 전문대학을 나왔어도 원래 공부
를 잘했으니까 시급市級 우수교사였어요. 근데 문화대혁명 때 홍위
병들한테 굉장히 고생했어요. 작은 철창 방에도 갇히고. 그동안 누
이나 나나 그때 그 일에 집착하거나 그러지는 않았어요. 나도 단
지 그냥 '야~ 이거 나는 행운아로구나, 나는 빠졌구나!' 이렇게만
생각했지. 그런데 그게 아니었던 것 같아요. 지금 생각해보니 그
일 때문에 누이의 사회생활이나 생각이 좁아졌을 수도 있겠다 싶
어요. 그동안은 그런 생각을 한 번도 못했어요. 그래서 한편으로는
이해도 가요.

Q 얼른 오해가 풀리셔서 옛날같이 두 분 든든한 관계로 돌아가셨으
면 좋겠군요.
延 그럼요, 당연히 그래야죠.

Q 연병주, 연병오 선생께서도 독립운동을 하셨다는 말씀을 들었습니
다만, 현재 독립유공자는 아니시죠?

延 예, 병주 할아버지도 독립운동을 하셨죠. 노력은 했는데 아직까지
되시지는 않았습니다.

Q 그런 집안 어른들의 일을 선생님께서 맡아서 하시는 것 같은데,
힘드신 때도 있으셨을 텐데요.

延 당연히 제가 해야 할 일이죠. 더군다나 나한테 처음 연락 해준 당
고모가 병주 할아버지 딸이잖아요. 힘들다기보다는 가끔 내 노력
을 몰라주면 서운할 때는 있죠. 굳이 얘기하자면 2008년도에 큰할
아버지가 독립유공자가 됐잖습니까? 그해에 내가 도지사 상을 받
았어요. 그래서 내가 그 상을 여기 육촌 서씨 형님한테, 형님 몫
인데 제가 받았다고 그러면서 다시 드렸거든요. 근데 친척 중에는
큰할아버지 훈격이 대통령 표창이라고 못마땅해 하는 사람도 있
습다. 대통령 표창이 어디 쉬운 겁니까? 그렇게 얘기할 땐 참
서운하죠. 큰할아버지 유
해를 국내로 모시는 일
도, 물론 나 아니면 못하
는 일이기도 하고 종손
으로 당연히 내가 해야
할 일이긴 했지만, 그래
도 내 나름대로는 큰할아
버지 일에 정말 노력을

연병환 유해 발굴 광경(2014년 상해 송경령능원, 왼쪽
우산 쓴 사람이 연규은)

많이 했거든요. 셋째 할아버지 일도 그래요. 내 딴엔 열심히 자료 모아서 유공자 신청을 했더니 마지막 돌아가실 때 일이 정리가 안 됐다고 일단 정리 먼저 하라고 그러더라고요. 그래서 실종 신고를 해서 서류를 다 하고 이제 직손이 와서 등기만 하면 되는데, 직손이 그 짬을 못 낸 거죠. 그래 1년 고생한 세월이 그냥 휙~! 날라 갔

셋째 종조부 연병주(서당 운영시절 학생들과 함께)

종조모 정인숙여사 환갑잔치(왼쪽이 연병주 선생 부부, 오른쪽이 연병호 선생 부부)

어. 요번에 나보고 그거 다시하면 안 되냐고 허허허. 어쨌든 다시 공정을 제출하긴 했는데 다른 추가 자료가 없으니까…. 주변 분들은 일은 제외에요. 그럴 땐 내가 좀 서운하긴 하지.

Q 넷째 할아버지에 관한 일도 선생님께서 하고 계신가요?

延 넷째 할아버지에 대해서는 전혀 모릅니다.

Q 그분 후손은요?

延 없어요. 넷째 할아버지는 젊어서 학생시절에 중국을 들어간 다음

에는 다시는 고향에 안 나왔어요. 옛날에 들는 소문에는 어떤 분이 부산에서 봤다는 얘기도 있던데 그건 한참 전의 얘기예요, 그걸 직접 들은 것도 아니고. 근데 모두들 추측이 넷째 할아버지 이데올로기가 공산 계열에 조금 가까웠지 않았겠느냐…, 그래서 둘째 형[연병호]이 한국사회에서 이런 저런 활동을 많이

넷째 종조부 연병오(1938)

하는데, 자기가 고향에 나타나게 되면 어떤 얘기를 할까 그래서 안 나타났을 거다, 이런 추측을 하는 사람들도 있습니다. 최근에 알게 된 것은 큰할아버지 두 번째 책자 발간한다고 당고모 생전에 찾아

상해 정안사에 안장된
큰형 연병환의 묘비 앞에서 찍은 연병오

갔는데 사진을 한 장 내놓습니다. 그게 청년 사진, 넷째 할아버지 청년 사진이었어요. 책자에도 그 사진을 실었습니다. 사진 뒤에다가 '원명2가圓明二哥 유념留念 유랑제流浪第 증贈!'이라고 적었어요. 유랑하는 동생이 형한테 드린다는 사진이란 건데, 그게 전붑니다.

✎ 조상의 고향, 증평에 오셨을 때 문중 어른들의 반응은 어떠셨나요?

Q 처음 선생님께서 이 지역에 오셨을 때 곡산 연씨 문중에서는 반응이 어떠셨는지요?

延 그게…, 곡산 연씨에서는 처음에 오니까. 그때 연정은씨라고 대동회 부회장을 했던 분이 계셨어요. 미당 고모네랑 연결되게 해줬던 분인데 98년인가, 97년 말인가에 나보고 여기 연씨 회관에서 대동회 총회한다고 인사가자고 그러시더라고. 그때 처음 가서 대동회장도 뵙고, 여러 문중 분들에게도 인사를 드렸죠. 그런데 대동회 회장님이 행사 시작에 총괄 인사하면서 "여기 연병호 선생 손이 요번에 중국에 여기 왔는데, 여기는 자본주의 사회입니다. 누구한테 손 내밀 생각도 말고, 알아서 살아야 됩니다!" 그래요. 그냥 사사로울 때 그렇게 얘기했으면 몰라도 전체 대회에서 그렇게 얘기하시니까. 내가 손을 들었죠. 발언하시는 중간에 이러는 건 불찰인 건 알지만 몇 말씀 올리겠다고 하고는 내가 한국 들어오는데 대동회에서 연락해서 데려왔느냐? 내발로 내 고향 찾아왔는데 왜 첫마디부터 그러시냐고, 내가 당신들한테 빚 될까봐 그러시느냐, 아무 것도 바라지 않는다고 화가 나서 그랬죠. 그러고는 한, 두 달 있으니까 대동회 임원 몇 분이 찾아와서 어떻게 사냐고 물어요. 잘 준비하고 살고 있다 그랬죠. 그랬더니 그 자리에서 120만원을 내놓더라고. 난방비에 보태 쓰라고. 옆에 같이 온 사람들이 그건 대동회에서 주는 게 아니고, 선대 할아버지가 주는 거나 다름없으니까 그냥 받어, 받어! 하여간 그 일은 그렇게 지나갔어요. 근데 또 에피소드가, 원래 할아버지 묘비석 아랫부분이 비어있었어요. 묘비는 있었지만, 밑에 글 남겨 놓는 부분에는 아무 것도 안 써져 있었거든요? 근데 98년 현충일 행사를 가보니까 거기에 글이 쓰여 있어요. 대동회장 글이라고 돼있더라고.

Q 선생님이 후손이신데 모르셨나요?

延　그러니까요. 그래서 내가 화가 또 났죠. 그렇지만 그날 여기 대동회에서 추모식한다고 와 있는데 거기다가 대고 크게 떠들 수도 없고, 그렇다고 말을 안 하자니 그렇고. 그래서 '저게 뭡니까? 저런 행사가 있으면 저한테 전화라도 해서 야, 요번에 우리 이거 해 넣겠다! 그러면 제가 동의 안할 사람이냐. 절차에 대해 사람을 이리 무시하시냐.' 그냥 그 정도 하고 말았죠. 이렇게 내가 두 번이나 무시를 당하고 나니까 대한민국 사회는 사람 사회가 이렇구나…, 뭐 그런 느낌도 듭디다. 어쨌든 몇 년 뒤에 10월 1일 여기 우리 선대 산소에서 행사가 있었어요. 그때 그 분도 오셨드만. 그래서 내가 그분보고 "할아버지! 나 지금 잘 살고 있어요!" 그랬죠. 하하하하! 나도 짓궂지. 하여간 그런 일도 있었습니다.

✍ 할아버지들의 조국 사랑에 누가 되지 말자!
그것이 후손된 최소한의 도리

Q　현재 조부님들 관련 행사에는 선생님께서 직접 다 참석하시죠?

延　당연하죠. 행사가 겹치는 경우에야 못하지만, 그런 경우 말고는 꼭 참가하죠. 옛날에는 현충일에는 서울 현충일 행사에 올라갔고요. 여기 군이 설립되고 난 뒤에는 현충일 당일 행사는 군 행사에 참여합니다. 청주 할아버지 기념비 행사는 청주 연씨지회에서 맡아 하는데 그때도 가고, 서울지회에서 현충원 참배할 때도 올라가고. 연씨들 대전지회에서 참배할 때도 날짜가 다르니까 참석하고, 어쨌든지 내가 움직일 수 있을 때까지는 참배 다니려고 쫓아다닙니다.

Q 이래저래 정말 바쁘시겠어요. 그럼 그동안 조부님들에 관한 자료 집 만드는 일에도 같이 참여하셨나요?

延 그럼요. 할아버지에 관한 자료는 처음 연창흠 실장님이 주관해서 문화원에서 발간하기 시작해서 작년에 두 할아버지나 미당 고모에 관련된 책자를 만들었는데요. 만드는 건 주로 연창흠 실장님이 했지만, 우리 집안의 재료, 사진 일체는 내가 제공하고 마을 이외 지역을 조사하러 나가게 되면 꼭 내가 동행했죠. 나도 운전한 지는 얼마 안됐지만 그래도 저번 미당 고모 조사하러 갈 때 여수까지 갔다 왔어요. 경제적으로 도움은 못될망정 몸으로라도 도와야겠다 싶어서 이곳저곳 많이 다녔습니다.

Q 그래도 가족들은 여기 저기 운전하시고 그러시면 불안하시겠어요.

延 그래도 나는 내가 하고 싶고, 내가 해야 될 일을 옆에서 해준다는 데 얼마나 고맙습니까? 그래서 큰돈은 못 내놔도 큰할아버지 공적비 세울 때 서씨네랑 기부금도 내고 독립기념관 어록비 세울 때도 기념품이랑 식사 대접도 하고 나름대로 노력은 하죠. 물론 당연히 해야 되고요.

Q 작년에는 증평군민장학회에 장학금을 기탁하셨다는 기사도 봤는데요?

延 그거야 뭐. 제가 할 도리를 하는 거지.

Q 나고 자라신 고향을 뒤로 하고 할아버지 고향으로 오신 게 가끔 후회가 되시진 않나요?

延 그건 아니에요. 그래도 이렇게 저렇게 해도 한국은 잘 나온 거 같

습니다. 기후라든가 내 신체조건
도 그렇고 내가 여기 나온 18년
동안 감기 한 번 안 걸렸다는 게
상상을 못할 일인데. 거기다 주
변에서, 나라에서 알아서 다 지
원해주고 하잖아요. 그러니까 할
아버지들 선양사업도 진행되는
거죠. 그냥 나는 옆에 지켜 서서
같이 인사를 드려야겠다, 이런
거죠. 후손으로 지낸다는 게 난
무척 영광스럽고 하여튼 여러
분들한테 늘 감사합니다.

연병호항일역사공원에 건립된
「애국지사연병환선생공적비」(2011)

Q 조부의 존함을 딴 '연병호항일역
사공원'이 현재 건설 중에 있는데요. 자리가 아버지의 이력서에 적
혀 있던 옛 주소 '괴산군 도안면 석곡리 555번지' 바로 그 자리죠?

延 예. 거깁니다. 도안 산우물. 요즘 매일 거기 가서 살펴보는 게 저
한테는 가장 큰 일과죠.

Q 완공되고 나면 앞으로 증평지역항일역사를 한 눈에 보여주는 아주
의미 깊은 장소가 될 텐데요. 후손으로서 감회가 어떠신지요?

延 감회야 이루 말할 수가 없죠. 이 사업 때문에 십 년 전부터 군에
서 부지를 매입하고, 큰할아버지 공적비도 여기에는 없는 스타일
로도 해가지고 여러 분들이 많이 동참하셨고요. 내가 여기 살아서
라기보다도 할아버지에 대해서 주위에서 이렇게 성대하게 기념해

연병호항일역사공원 건설 현장(2015년 9월 현재)

주고 그러니 정말 감개무량하죠. 내가 정말 한국 잘나왔다! 결론은
그겁니다. 그래서 내가 주변 사람들에게 그 얘길 항상 해요. 한국
사회가 이렇게 눈부시게 발전하는 동안 나라는 사람은 한국사회에
공헌한 바가 없죠. 단지 이런 조상을 두었다는 이유로 여러분들이
건설해놓은 덕을 보는데 내가 할 일이라면 사회와 국가에 어떠한
흠이라도 가지 않게 하는 것! 누가 되지 않게 정말 정직하게 사는
것! 이것이 보답이라고 난 이렇게 생각합니다.

Q 이번 기념사업에 많은 분들이 힘써주셨는데, 그중에서 더 특별히
　　고맙게 생각되시는 분이 있다면요?

延 모든 분들이 다 고맙죠. 옛날에 이 부지를 매입해 주셨던 그때 도
　　지사님한테도 늘 고맙고요. 그래도, 특별히 고맙게 생각되는 분을
　　꼽으라면, 이번 일을 이렇게 성대하게 매듭짓게 많은 일을 해주신

연창흠 실장님하고 송기민 원장님. 이분들 노력이 커요. 그리고 또 한 분은, 홍성열 증평 군수님!! 이 군수님이 연임되셔서 자리에 계속 계셨기 때문에 이것이 성사되었다고 봅니다. 물론 다른 분들도 다 감사드리지만 특별히 이 분들, 홍 군수님께는 더욱 감사드리고 싶습니다.

Q 장시간 피곤하실텐데 귀한 말씀 감사합니다.

延 아닙니다. 저희 할아버지들 일로 애써주시는데 제가 후손으로서 당연하죠. 오히려 제가 고맙습니다.

연병호항일역사공원 조감도

필자 소개

박걸순朴杰淳
　충북대학교 사학과 교수
　한국근현대사학회장
　『식민지시기의 역사학과 역사인식』 외

이명화李明花
　독립기념관 한국독립운동사연구소 수석연구위원
　도산학회 이사
　『도산 안창호의 독립운동과 통일노선』 외

김건실金建實
　영동대학교 강사
　한국근현대사학회 이사
　「용연 김정규의 저술과 역사인식」 외

장석흥張錫興
　국민대학교 국사학과 교수
　독립기념관 한국독립운동사연구소장
　『임시정부의 버팀목 차리석 평전』 외

한시준韓詩俊
　단국대학교 사학과 교수
　단국대학교 동양학연구원장
　『한국광복군연구』 외

증평曾坪 곡산연씨谷山延氏 일가一家의
독립운동

초판 인쇄 ｜ 2016년 2월 15일
초판 발행 ｜ 2016년 2월 23일

편　　자 ｜ 박걸순
발 행 처 ｜ 경인문화사
등록번호 ｜ 제10-18호(1973년 11월 8일)
주　　소 ｜ 경기도 파주시 회동길 445-1 경인빌딩
전　　화 ｜ 031-955-9300
팩　　스 ｜ 031-955-9310
홈페이지 ｜ http://kyungin.mkstudy.com
이 메 일 ｜ kyunginp@chol.com

ISBN　978-89-499-1183-0　03990
가격 20,000원